L'Évolution de l'Industrie

Bibliothèque de Philosophie scientifique

DANIEL BELLET

PROFESSEUR A L'ÉCOLE DES SCIENCES POLITIQUES

L'Évolution de l'Industrie

« L'évolution sociale est conditionnée
par l'évolution industrielle. »

PARIS

ERNEST FLAMMARION, ÉDITEUR
26, RUE RACINE, 26

1914

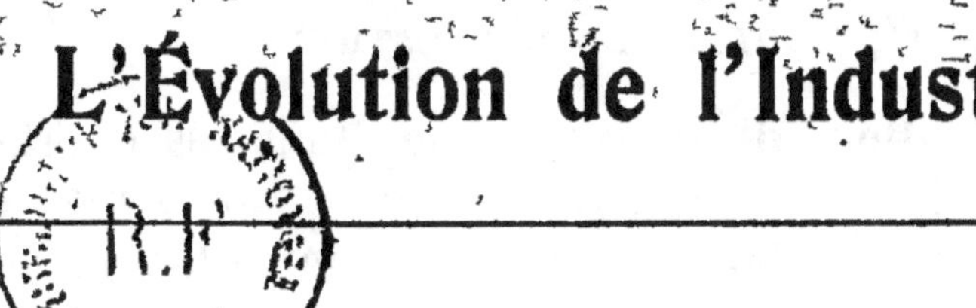

L'Évolution de l'Industrie

CHAPITRE I

Les premiers balbutiements de l'industrie humaine.

Les débuts des sociétés humaines dans la sauvagerie, et les lois immuables et toujours identiques du progrès. — Les besoins matériels et les moyens d'y satisfaire. — Les premières manifestations du travail; l'esprit d'invention. — Origine lointaine de l'industrie élémentaire; outils et culture.

Lorsqu'on veut suivre les progrès successifs de la société humaine, on se trouve en présence d'une grosse difficulté : ce n'est pas seulement que les documents écrits manquent pour les débuts de cette histoire ; c'est aussi que l'histoire n'est pas une, et que les sociétés se développent tantôt parallèlement, tantôt à des époques très différentes les unes des autres. Et en face de documents qui paraissent d'abord quelque peu contradictoires, il est malaisé de généraliser, de tirer des lois, de retrouver les caractéristiques des débuts de la vie en société, ou plus exactement de la vie humaine, lors même que l'on ne cherche à la suivre et à la saisir que dans les manifestations de son industrie, dans les efforts qu'elle a faits pour répondre à ses besoins matériels, s'alimenter, s'abriter et lutter contre les forces de la nature.

Heureusement certains faits, certains phénomènes, certaines lois naturelles viennent-ils aplanir la difficulté. Tout d'abord, pour compléter les documents fort imparfaits que l'on possède sur les manifestations premières des sociétés et des populations aujourd'hui arrivées à un degré de civilisation très avancé, on a la possibilité de pouvoir étudier, directement ou par les récits de voyageurs, des sociétés encore très primitives, parfois même restées presque au premier stade du genre humain.

Un écrivain, à la fois voyageur, sociologue et psychologue, qui a créé la collection dans laquelle paraît ce volume, le Dr Gustave Le Bon, dans son livre sur *L'Homme et les Sociétés*, a fait à cet égard une remarque à laquelle ne peuvent qu'adhérer pleinement les économistes, du moins ceux qui croient réellement à la science économique, et sont convaincus qu'il existe des lois économiques naturelles. Le Dr Gustave Le Bon, s'élevant assez vivement contre certaines affirmations un peu hasardées dues notamment à l'illustre Renan, insiste sur ce que tous les peuples (comme on peut le constater chaque fois qu'il est possible de pénétrer dans les arcanes de leur histoire) ont commencé par l'état de sauvagerie, et non point par une forme même atténuée de civilisation. Un peu plus loin, traitant de la science sociale et de ses limites, démontrant l'existence de cette science, que volontiers nous appellerions la science économique, il affirme que les sociétés humaines sont régies dans leur développement par des lois immuables.

C'est ce que les économistes appellent classiquement les *lois naturelles*. S'il n'y avait pas ces lois naturelles, ces lois immuables, faites de la nature physique même de l'homme, il n'y aurait point de science économique ; et nous ne pourrions pas trouver dans le développement de l'industrie humaine à travers les âges les grands principes qui ont dirigé et qui dirigent encore l'évolution de l'homme vers un bien-être constamment accru, vers une défense plus facile contre la nature hostile, vers une meilleure et plus abondante satisfaction des besoins matériels de toutes sortes qui s'imposent à lui.

§ 1. — La satisfaction nécessaire des besoins matériels.

Il ne faut pas oublier que, si nous sommes ici sous l'influence de phénomènes psychologiques inhérents à la nature humaine, nous sommes néanmoins en plein domaine matériel. De tout temps, et à plus forte raison dans les temps nébuleux de son existence sur notre globe, l'homme a dû d'abord vivre ; il n'en est arrivé à philosopher que peu à peu ; et dans ces sociétés grecques ou latines que nous pouvons considérer comme primitives par rapport à notre civilisation matérielle, scientifique, technique, industrielle proprement dite ; si l'on pouvait déjà philosopher, c'est que l'on était déjà aussi fort loin de la situation particulièrement ingrate, misérable, de l'homme chez lequel aucune industrie élémentaire n'était venue modifier quelque peu l'état de choses primitif.

En dépit de tous les paradoxes plus ou moins brillants que l'on a pu émettre à ce sujet ; en dépit des dires de tant de philosophes grecs qui affirmaient que la félicité ne consiste pas dans la possession de la richesse ; en dépit des idées, assez peu originales d'ailleurs, lancées par ce songe-creux qu'était Jean-Jacques Rousseau, esprit faux, vivant en dehors des réalités de la vie et répétant ce qui, au cours des siècles, avait été énoncé tant de fois avant lui ; en dépit des périodes poétiques de Lamartine sur le Banquet de la Nature ; l'homme s'est toujours trouvé, et bien plus jadis qu'aujourd'hui, bien plus dans l'état tout à fait primitif que dans des sociétés un peu moins sauvages, en présence de besoins matériels urgents.

Aujourd'hui, à la vérité, les plus urgents de ces besoins sont satisfaits avec grande facilité, par suite même des perfectionnements et de la transformation de l'industrie. Mais l'homme ainsi avantagé s'est créé de nouveaux besoins, en vertu de cette extensibilité indéfinie qu'a si bien caractérisée M. Paul Leroy-Beaulieu.

A cet homme il faut, il fallait surtout, se procurer les aliments indispensables pour entretenir son existence, se défendre contre les intempéries, c'est-à-dire trouver un abri, se pourvoir de quelques vêtements, se défendre contre les animaux sauvages en quête de nourriture. Et c'est pour répondre à tous ces besoins, aux plus essentiels d'abord, aux autres ensuite, que l'homme s'est mis à produire, comme on dit en économie politique ; il a imaginé l'industrie, il a créé, puis perfectionné les premiers outils, il en a trouvé d'autres ; il a transformé ultérieurement ces outils rudimentaires en machines, qui ne sont guère encore que des outils mus plus avantageusement que par le muscle de l'homme. Ces besoins avaient leur racine, si l'on peut dire, dans la nature humaine ; c'est à sa nature, à son infériorité toute relative et toute temporaire par rapport à la nature des animaux, que l'homme doit d'avoir été amené à devenir industrieux, aux divers sens du mot. C'est grâce à cette industrie que, d'abord si démuni, jeté nu dans la nature, il a dominé peu à peu cette dernière : chaque acte industriel étant véritablement une manifestation, un effort continu vers ce mieux-être, qu'a si bien caractérisé Yves Guyot en parlant de « la domination toujours grandissante de l'homme sur les choses », qui assure un maximum de satisfaction avec un minimum de peine. C'est pour cela qu'on est dans la vérité absolue en disant que l'évolution sociale est conditionnée et a toujours été conditionnée par l'évolution industrielle. Tout progrès matériel de l'homme et, comme conséquence, tout progrès moral, ont été dus aux progrès de l'industrie, en même temps que de la technique ; les perfectionnements de celle-ci ne pouvant réussir que s'ils répondent aux lois générales qui doivent présider à l'évolution industrielle dans le sens d'un abaissement du prix des choses susceptibles de satisfaire tous les besoins, d'une vulgarisation crois-

1.

sante de satisfactions matérielles si longtemps inaccessibles à tant de gens.

§ 2. — Les débuts de l'industrie primitive.

Nous avons parlé tout à l'heure d'outils : et, en effet, qui dit industrie dit aussi outillage, le développement de l'industrie ne pouvant guère être rendu possible que par un progrès préalable des outils, des machines.

Aux débuts mêmes, c'est l'invention de certains outils qui a permis à l'homme de produire réellement, de se livrer au travail profitable, de s'engager dans le domaine de l'industrie. Nous associons d'un mot l'industrie avec le travail, car c'est le travail humain, le travail considéré dans la variété infinie de ses applications, pour reprendre un mot de Charles Coquelin, qui constitue l'industrie ; c'est l'exercice des forces physiques et des facultés intellectuelles de l'homme, avec toutes les combinaisons sociales qui en augmentent la puissance, et aussi avec le concours des agents physiques qui, une fois domestiqués, en favoriseront l'action.

Et qu'on ne s'y trompe point, quand on parle d'industrie, il s'agit toujours d'industrie humaine : les animaux, quoi qu'on en puisse penser, bien que les apparences puissent tromper quelquefois à cet égard, ne se livrent pas à l'industrie, ne travaillent pas réellement, les efforts qu'ils font ne correspondent pas aux définitions logiques et aux caractéristiques du travail et de l'industrie. Aussi bien, n'échangent-ils pas : et nous verrons plus loin que l'échange, même sans recourir à cet intermédiaire précieux que l'on appelle la monnaie, a été un des phénomènes les plus importants qui a agi heureusement sur les progrès de l'industrie à ses débuts. Sans doute, on a cité maintes fois l'exemple des castors, qui abattent des arbres pour constituer des digues de retenue et tassent de la terre dans les intervalles qui subsistent entre ces arbres pour empêcher l'eau de passer ; mais, sans vouloir invoquer brutalement le fameux argument de l'instinct (l'instinct étant chose bien difficile à caractériser), on peut constater du moins que ce travail n'est vraiment pas raisonné, que ces animaux se livrent encore à ce travail lors même qu'il est devenu parfaitement inutile, lors même qu'on leur fournit des huttes toutes bâties qui doivent leur éviter toute peine. Sans doute aussi, les fourmis élèvent-elles ou maintiennent-elles en esclavage de véritables vaches à lait que sont les pucerons, et elles font des cultures de petits champignons qui leur servent à constituer des réserves alimentaires ; mais, on ne les voit point faire de progrès au delà de ces tentatives timides d'une production, d'une industrie, d'un travail qui donne l'illusion d'un raisonnement : ce qui prouve que, au contraire de l'homme, une fois un premier pas fait dans cette voie de l'industrie et du travail, elles ne cherchent point des perfectionnements nouveaux pour économiser l'effort, pour mieux satisfaire les besoins déjà partiellement remplis, pour satisfaire de nouveaux besoins et se donner de nouvelles jouissances.

Même chez les animaux qui paraissent travailler,

on a l'impression que l'effort n'est pas un moyen, comme c'est le cas chez l'homme ; le travail humain et l'industrie humaine comportant une série d'actes, une activité constante et méthodique en vue de l'obtention d'objets déterminés ; et continuellement chez chacun des producteurs, des travailleurs, de ceux qui collaborent à l'industrie, il y a désir de réduire sa peine, de restreindre l'effort en intensité ou en durée, pourvu que toujours le même résultat soit obtenu moyennant un effort moindre. C'est même ce qui caractérise les perfectionnements de la production et de l'industrie, que cette économie des forces pour un effet donné.

Aussi, l'industrie est-elle un phénomène essentiellement progressif ; sous l'influence de ces lois invariables dérivées de la nature même de l'homme, auxquelles nous faisions allusion tout à l'heure, elle ne se constitue que graduellement, pour partir d'un point de départ rudimentaire, primitif, d'un état brut, ainsi qu'on l'a dit parfois, et arriver aux miracles d'organisation dont nous sommes témoins[1]. C'est pour cela aussi que l'industrie ne se développe pas toujours d'une manière régulière, qu'elle est très inégalement perfectionnée, selon les milieux, et que même dans des civilisations très avancées, on trouve encore des restes de sa constitution originelle.

C'est, d'ailleurs, parce que l'acte du travail est un acte pénible, une quasi-souffrance pour l'homme, que celui-ci cherche à éviter cette peine le plus

1. V. *Dictionnaire d'Économie politique*, de Charles Coquelin et Guillaumin, 1852.

qu'il le peut, et que la loi d'économie des forces est mise en jeu par les êtres humains, partout et à toutes les époques, quand une intervention violente ne vient pas les empêcher.

Mais si l'homme a pu inventer les premiers outils indispensables à son industrie, puis perfectionner cette industrie, la conduire jusqu'au point où elle est parvenue à l'heure actuelle dans les milieux tout à fait civilisés, c'est qu'il disposait d'un facteur naturel précieux : l'esprit d'invention et de combinaison. Un sociologue d'un grand mérite, aujourd'hui disparu, M. Tarde, a insisté avec raison sur ce que la première cause de la richesse, comme il dit, c'est l'invention : la richesse devant être entendue ici au sens des biens qui sont susceptibles de satisfaire nos besoins matériels.

Il est à coup sûr bien difficile de saisir par l'observation directe, ou même par des documents historiques très anciens et quelque peu sûrs, les lointaines origines de l'industrie, les premières manifestations du travail humain. C'était l'observation très juste que faisait un homme trop peu connu pour ses mérites, M. Paul Guiraud, dans une étude sur *la Main-d'Œuvre industrielle dans l'ancienne Grèce;* étude à laquelle il est besoin de se reporter bien souvent, quand on veut étudier les phénomènes industriels. Eschyle nous rappelle bien un temps où les hommes ne savaient pas employer la brique, ni le bois, pour construire les maisons, où ils habitaient sous terre comme des fourmis ; mais dans les siècles les plus reculés dont nous ayons quelques notions historiques, les premières populations de la Grèce étaient déjà sorties depuis longtemps de cet état de sauvagerie.

Les découvertes faites un peu partout montrent qu'à une époque fort lointaine, il y avait, partout également, une certaine industrie : quels progrès n'avait-il pas fallu, par rapport à l'état tout à fait primitif, pour créer les fils de cuivre, les instruments de pierre, les poteries grossières que l'on a découverts dans les fouilles. Il semble qu'entre le xxv⁰ siècle et le xv⁰ siècle avant Jésus-Christ, la primitive ville d'Hissarlick possédât une civilisation industrielle étrangement avancée par rapport à l'âge de pierre de nos contrées de l'ouest de l'Europe. Les instruments mêmes de l'âge de pierre, instruments tranchants ou percutants, avaient nécessité de la part de l'homme l'application de cet esprit d'invention dont nous signalions tout à l'heure le rôle, et l'on était déjà sorti de l'état tout à fait primitif du début lorsque ces instruments furent inventés. C'était la pensée que traduisait le Dr Gustave Le Bon dans son chapitre sur « l'Industrie et l'économie sociale », en disant que l'industrie est contemporaine des premiers hommes.

Aussi les explorateurs, que ce soit Samuel Baker, Cameron ou tous ceux qui ont exploré le centre de l'Afrique, alors qu'il était absolument sans relations avec le monde extérieur, ne peuvent pas, par les descriptions qu'ils nous fournissent des populations sauvages rencontrées, nous donner une idée de populations absolument sans industrie. Ce qui n'empêche que la plupart de ces explorateurs mettaient ces peuplades africaines au niveau de la brute, ne cultivant point, n'habitant point de cabanes, parce qu'elles ne savaient ni cultiver ni construire le moindre abri ; se procurant leur nourriture comme elles pouvaient, en cherchant les fruits sauvages, en essayant de surprendre les animaux, pratiquant d'ailleurs très volontiers l'antropophagie parce qu'elles n'avaient point d'animaux d'élevage et que les matières alimentaires leur manquaient.

Les Australiens, au moment de l'occupation du grand continent sur lequel ils vivaient, donnaient idée d'une race et d'une industrie très primitives ; néanmoins, ils avaient su combiner, inventer, cet outil de chasse curieux qu'est le boomerang ; ils savaient faire du feu et se construire des huttes. Tout dernièrement, il est vrai, le professeur Wolz, de l'Université de Breslau, publiait, dans la revue bien connue *Petermanns Mitteilungen*, une étude sur les populations absolument primitives, dites Kubos, des forêts de l'intérieur de Sumatra. Il y a trouvé de véritables *animaux humains*, vivant comme de grands singes anthropoïdes, pratiquant la cueillette pour se nourrir, mais ne connaissant pas, ne sachant pas encore pratiquer la chasse.

La cueillette, la récolte des fruits de la terre, des baies, des racines, constitue pratiquement le seul moyen d'alimentation des populations absolument primitives qui ne possèdent encore aucune industrie. Cette cueillette se complétait le plus souvent par une chasse élémentaire, véritable cueillette elle-même : nous voulons parler de la capture des animaux, des êtres vivants, que l'homme pouvait se procurer sans combiner et employer aucun piège, aucun instrument, simplement en les saisissant avec les mains. Ce ne sont pas là des suppositions, quoi qu'en disent ceux qui accusent les économistes de faire du « roman ». Récemment M. Pierre, parcourant le Soudan égyptien, y trouvait les Shillouks, réfractaires à tout travail manuel, commençant à peine à cultiver le Sorgho. Les Kajakajas de la Nouvelle-Guinée méridionale, d'après M. de Saint-Sauveur, chassent et pêchent un peu, mais surtout se nourrissent de moelle de sagoutiers, de pommes de terre sauvages et de quelques autres fruits ou de vers, en se déplaçant constamment pour pouvoir pratiquer cette cueillette peu rémunératrice.

Et c'est parce que ces procédés le nourrissaient trop mal, parce que l'homme souffrait trop de tant de besoins à peu près complètement inassouvis, que cet être paresseux, mais ingénieux, a songé qu'il pouvait perfectionner les moyens qu'il possédait naturellement pour se procurer des aliments: et c'est alors que peu à peu il a inventé des instruments de chasse et de pêche pour capturer les animaux qui lui auraient échappé sans cela; il est arrivé à domestiquer certains de ces animaux, et, pour se constituer des réserves alimentaires, il a créé l'industrie de l'élevage; il s'est engagé ensuite plus profondément dans l'industrie agricole en commençant les premières cultures[1]. Dans les milieux sauvages auprès desquels ont pénétré les divers explorateurs, c'est toujours sous cette forme que

1. C'est avec la période néolithique que l'on commence à voir l'homme domestiquer les animaux, et, de chasseur et pêcheur seulement, devenir agriculteur.

l'on a trouvé les premières manifestations de l'industrie humaine.

Bien des économistes, voulant traduire en lois les observations multiples qui ont été faites sur cette évolution de l'industrie humaine, ont essayé de ramener la série des phénomènes économiques à un certain nombre de phases par lesquelles les divers peuples seraient passés; et ils ont établi cinq divisions successives à travers lesquelles aurait évolué la civilisation industrielle : l'état sauvage, l'état pastoral, l'état agricole, état agricole se doublant de l'état manufacturier, et enfin l'état tout à la fois agricole, manufacturier et commerçant. Ces idées ont été adoptées par bien des économistes, comme Levasseur, List, Roscher; et quoique les catégories soient toujours dangereuses à établir, parce qu'elles supposent dans les divisions, dans les classifications, une rigueur qui ne se présente jamais dans les faits humains, du moins elles sont assez commodes pour traduire l'évolution générale de la civisation industrielle.

Il est bien évident que la domestication seule des animaux[1], amenant la civilisation pastorale, procurait des ressources autrement abondantes que la cueillette ; celle-ci est forcément par elle-même dévastatrice. On en trouverait encore des exemples multiples dans les sociétés civilisées modernes, notamment sous la forme de l'exploitation des forêts, où l'on détruit les arbres sans prévoir l'ave-

---

1. Voir à ce sujet une curieuse étude sur les peuples primitifs de Ceylan, de Sumatra, de la Nouvelle-Guinée, due au D' Mozkowski.

nir; et sous celle des exploitations caoutchoutières, là où les plantations ne sont pas pratiquées. Mais l'industrie pastorale avait, elle aussi, ses défauts qui devaient amener l'homme à lui substituer graduellement et partiellement l'industrie culturale proprement dite. Les peuples pasteurs, qui conduisent leurs troupeaux de pacage en pacage, sans se préoccuper d'assurer le renouvellement des pâturages plus ou moins détruits par la dent des animaux, sont également des destructeurs; et ici encore, le phénomène se renouvelle dans nos sociétés modernes, quand le mouton, de sa dent avide, prépare sur les pentes des montagnes l'entraînement des terres par les neiges et les pluies.

L'industrie culturale, tout au contraire, est venue multiplier les ressources : du grain de blé elle a fait jaillir les moissons. Bien entendu, il fallait qu'elle eût en mains quelques outils suffisants pour travailler sommairement la terre; il fallait aussi et d'abord, pourrait-on dire, que la propriété, ou tout au moins le respect fût assuré, des parcelles où quelques individus ingénieux, sachant prévoir l'avenir, sachant s'imposer des sacrifices actuels en vue de satisfactions ultérieures plus grandes, avaient mis en terre le grain des moissons futures.

L'industrie culturale allait ainsi être la première école où l'homme passerait et se formerait pour les travaux divers de l'industrie proprement dite.

CHAPITRE II

L'Industrie domestique satisfaisant à tous les besoins.

L'homme à peu près assuré de son alimentation perfectionne son outillage, son vêtement; il se découvre des besoins nouveaux. — Il fabrique pour lui et pour sa famille; la production familiale. — L'industrie domestique intégrale les souvenirs qui restent de cette conception. — Le rôle industriel de la femme.

Dans un livre fort intéressant intitulé *la Révolution industrielle au XVIIIe siècle*, et qui s'applique spécialement à la grande industrie moderne de l'Angleterre, M. Paul Mantoux[1] confirme une observation que nous avons faite plus haut. Lui aussi, cherchant à décrire une évolution en même temps qu'une révolution, se heurte à la difficulté, pour ne pas dire à l'impossibilité qu'il y a de déterminer des périodes bien nettes dans les transformations sociales. Il s'est aperçu que, même à l'intérieur d'un pays déterminé, les modifications économiques, industrielles ou autres, se font suivant des phases qui se superposent, parfois avec des retours imprévus, et tantôt plus vite, tantôt plus lentement dans

1. Société nouvelle de librairie et d'édition, Paris, 1906, un vol. in-8°, 543 pages.

tel ou tel milieu. Il hésite à fixer une date, même un peu approximative, pour l'aurore de la grande industrie, se rappelant, comme nous l'indiquerons plus expressément, que certaines manifestations de cette grande industrie, sans recours aux machines bien entendu, s'étaient produites à Corinthe, au temps où les poteries fabriquées dans l'isthme se répandaient dans tous les pays de la Méditerranée. Il en conclut que l'évolution industrielle a des phases nombreuses, où l'abstraction seule peut marquer des limites. C'est pour cela, encore une fois que ce n'est que par des généralisations, nécessaires pour qui veut se rendre compte des transformations profondes subies par les sociétés humaines en matière d'industrie, qu'il est possible de subdiviser l'histoire de l'industrie et de son évolution en chapitres correspondant à peu près à des périodes successives et ayant leur individualité.

§ 1. — Extension des besoins et de l'industrie.

Il est bien certain cependant que, à telle ou telle époque plus ou moins lointaine, plus ou moins longue, suivant qu'il s'agit de tel groupe, de telle unité humaine, durant telle période qui dure toujours pour les sauvages que nous voyons encore exister, en Australie ou dans la Terre de Feu, les premiers efforts industriels de l'homme se sont faits uniquement dans le but de le pourvoir des aliments qui lui manquaient presque complètement, dont l'existence naturelle était juste suffisante pour que, parmi ces individus, il en échappât quelques-uns à la mort qui assureraient la perpétuité de l'espèce. Même chez ces Gaulois de la Gaule libre, au delà des Cévennes, qui étaient pourtant loin, par leur civilisation relative, des premiers sauvages ayant habité ces régions, ces Gaulois dont Diodore de Sicile nous parle en reproduisant un récit de Posonius ; chez ces hommes grossiers et chez ces barbares du Nord, encore plus barbares que ceux du Sud, l'alimentation tenait la place primordiale : il est vrai qu'ils avaient des moutons, des bœufs, qu'ils pratiquaient la domestication des animaux, l'élevage même ; qu'ils possédaient des outils et des instruments multiples, qu'ils savaient construire des maisons autant que des étables, et se procurer des abris, à commencer par des vêtements.

Les hommes mêmes de la période préhistorique avaient su se créer un outillage qui laissait augurer le développement relativement rapide d'une industrie élémentaire sans doute, mais d'une véritable industrie. S'ils se nourrissaient surtout par la chasse, comme le montrent les ossements d'animaux trouvés en si grand nombre dans les cavernes où ces hommes primitifs se défendaient contre les éléments ; ils avaient néanmoins des instruments divers du type tout à fait industriel, à commencer par les râcloirs pour préparer les peaux, les aiguilles ou les poinçons pour les coudre, les tendons, les boyaux, les crins qui leur servaient de fil, et tant d'objets quasi manufacturés qui entraient déjà dans la décoration du vêtement. C'est tout particulièrement dans la période que l'on appelle néolithique, pour ce qui est maintenant la France, que l'on saisit bien la constitution de cette industrie à ses débuts dont nous avons indiqué la formation graduelle dans le chapitre précédent, et qui nous amène peu à peu à l'industrie beaucoup plus complète d'une époque ultérieure. Les hommes étaient devenus agriculteurs, ils avaient du bétail, ils cultivaient des céréales, et aussi des plantes textiles, ce qui prouvait qu'ils savaient se fabriquer des vêtements, non plus en utilisant les peaux, mais à l'aide d'une véritable industrie textile elle-même. Quelque chose de ressemblant à la quenouille et au fuseau avait été imaginé pour transformer les fibres textiles en fil ; ils étaient arrivés à combiner également un métier très primitif, mais un métier à tisser, rappelant certainement de très près les métiers élémentaires qui sont encore utilisés dans le centre de l'Afrique.

Pour se livrer à la fabrication de ces outils pourtant élémentaires, pour les combiner, les construire, l'homme non seulement avait fait preuve d'une imagination créatrice et d'une ingéniosité remarquables ; mais encore il lui avait fallu s'astreindre à perdre du temps en apparence, s'immobiliser dans un travail directement infructueux, cesser les efforts qu'il était obligé constamment de poursuivre afin d'assurer son alimentation. Pour réussir dans une pareille entreprise, il lui avait fallu faire appel à un sentiment inné, le sentiment de la prévoyance : il avait dû accumuler des ressources alimentaires, au lieu de les consommer immédiatement, se donnant ainsi le temps nécessaire pour fabriquer les objets dont il espérait tirer bon parti. Les premiers individus qui avaient osé se livrer à une tentative aussi audacieuse ne devaient point tarder à susciter des imitateurs : on constatait qu'ils s'étaient enrichis, grâce à l'outillage dont ils s'étaient dotés; on les voyait à même de produire, ou, si l'on veut, de se procurer plus rapidement et plus aisément les matières alimentaires et les objets dont ils avaient besoin pour leur vie quotidienne.

L'industrie s'est étrangement perfectionnée quand, grâce à la mise à contribution de certains métaux, l'outillage lui-même a pu se perfectionner. Le bronze est venu fournir une matière précieuse; on a été encore bien mieux doté le jour où l'on a su fabriquer le fer et en tirer des outils et instruments. Ce ne sont là que des détails au point de vue auquel nous nous plaçons. Ce qu'il est intéressant de remarquer, c'est que l'évolution s'est sans doute faite de façon sensiblement identique chez tous les peuples. C'est le sentiment que l'on a en face d'une collection anthropologique curieuse que le Dr Hamy a faite jadis au Muséum d'histoire naturelle, en plaçant, à côté des instruments et outils des races ou générations ayant appartenu aux temps préhistoriques, des instruments à peu près semblables dont se servent ou se servaient encore tout récemment certaines peuplades contemporaines.

Le perfectionnement de l'outillage, la possibilité d'employer des matières nouvelles que l'on savait travailler, étaient venus donner à l'homme la possibilité de satisfaire, non pas seulement beaucoup plus largement ses besoins primordiaux, mais encore des besoins nouveaux qu'il s'était découverts : en vertu de cette extensibilité des besoins humains à laquelle nous avons fait allusion. De nouvelles fabrications et productions avaient été inventées. Mais on fabriquait pour soi, pour sa famille, pour les besoins de la petite unité humaine. Et cela tout à la fois parce que, par nécessité et par crainte, on vivait dans l'isolement; et aussi parce que, sans pressentiment de ces lois économiques qui gouvernent le monde et que l'on est resté si longtemps à ignorer, on ne se rendait point compte que la production et la consommation pouvaient gagner à un échange des produits provenant des différentes industries, par des individus se livrant à telle ou telle forme d'activité, soit dans un même centre, soit dans des centres plus ou moins éloignés les uns des autres.

C'est à cette époque lointaine que se trouvait appliquée particulièrement bien la fameuse maxime : *Homo homini lupus*. L'isolement était pour ainsi dire de rigueur. Sans doute l'anthropophagie ne régnait plus guère; elle a disparu au fur et à mesure que l'homme a su mieux cultiver, a su élever des animaux, se procurer plus aisément des matières alimentaires. Mais il y avait toujours à redouter ces déprédations qui sont le résultat des manifestations guerrières, et que nous allons voir s'accentuer de jour en jour, au fur et à mesure que les petites sociétés humaines produisent davantage, sont plus riches, offrent par conséquent un butin plus attrayant pour les voisins. On estimait donc avoir avantage à ne se livrer qu'à l'industrie domestique, à ce que les Allemands ont appelé parfois l'économie domestique : à un travail industriel mettant à profit toutes les découvertes faites en vue de la fabrication et de la production d'objets divers; mais à un travail familial englobant toutes les manifestations possibles de cette production.

§ 2. — L'industrie familiale.

Cette industrie domestique intégrale, peut-on dire, fournissant à tous les besoins du petit corps social dans lequel elle se pratique, a atteint son apogée à des époques différentes, suivant les pays considérés. Il est facile cependant, par des recherches même rapides, de prouver que, pour chacun de ces pays, à un moment donné et pendant longtemps, elle est demeurée la seule manifestation industrielle. Ce qui est curieux, et ce qui montre l'importance qu'elle présentait, c'est qu'elle a donné naissance à certains préjugés. C'est sous l'influence de la tradition, qui en faisait survivre le souvenir comme celui d'une chose nécessaire, que s'est créé ce besoin pour bien des gens, pour bien des peuples, de se suffire à eux-mêmes, avec l'illusion qu'ainsi la vie se fait mieux : illusion que, après des siècles, des siècles et des dizaines de siècles, nous retrouvons dans ces théories et ces pratiques protectionnistes que nous aurons à signaler, pour les conséquences qu'elles ont eues et qu'elles ont encore sur le développement industriel des pays contemporains.

Le dédain que manifestent, même à l'heure présente, certaines gens pour les professions industrielles remonte à la même tradition lointaine, dont était imbue la République romaine, aux premiers siècles principalement. Il n'existait à Rome qu'une industrie rudimentaire, qu'un petit nombre de métiers; on se flattait qu'il n'y eût ni meuniers, ni boulangers, ni bouchers, ni tisserands; la plupart des familles vivaient du produit de leurs champs, et la matrone romaine tissait ses étoffes comme elle cuisait son pain. On n'admettait qu'une seule industrie, l'industrie agricole, parce que celle-ci avait un passé autrement lointain que les autres manifestations industrielles. Il y avait sans doute aussi, dans le milieu romain, l'influence de ce fait qu'une bonne partie du travail industriel était confiée aux esclaves; mais, comme nous l'expliquerons, il ne faudrait pas croire que les industries diverses, dans ces temps lointains de Rome et de la Grèce, ne fussent exercées que par des esclaves; le travail libre y contribuait également.

Quoi qu'il en soit chaque famille, chaque cellule sociale se suffisait à elle-même. C'est ce que, dans un petit volume : *The Evolution of industry*, M. Th. Mac Gregor[1] explique en disant que, dans les premières périodes de l'industrie, les gens étaient en contact direct avec la terre et ses produits; ils vivaient près d'elle; chaque homme ou chaque ménagère faisait porter son travail et l'action de ses outils sur les grains ou sur les fibres cultivés obtenus sur sa terre même. Il fait remarquer à ce propos la longue survivance de ces pratiques de l'industrie familiale,

---

1. Volume faisant partie de la Home university library of modern Knowledge, Williams and Norgate, éditeurs, Londres, 1910, un vol. in-18, 253 pages.

que l'on retrouvait en Angleterre il y a environ cent vingt ans, et il rappelle que cette forme de vie industrielle existe encore dans beaucoup de contrées de l'Extrême-Orient.

Si nous reprenons cet ouvrage si remarquable, si bourré de documents, qu'est l'étude de M. Paul Guiraud sur la main-d'œuvre industrielle dans l'ancienne Grèce; nous y voyons les preuves les plus nettes de cette prédominance exclusive d'abord, très grande longtemps encore, de l'industrie domestique dans les sociétés primitives : nous entendons primitives par rapport aux époques ultérieures, alors qu'elles sont déjà très civilisées, puisque l'industrie y joue un rôle important. Le savant professeur, entre tant de sources qu'il met à contribution, s'est reporté particulièrement à l'Iliade et à l'Odyssée. Celle-ci, suivant lui, se rapporte à des temps notablement postérieurs et représente une société moins primitive que celle de l'Iliade, mais où l'on peut pourtant faire les observations les plus typiques sur ce que l'on est bien en droit d'appeler l'industrie primitive. Comme il le fait remarquer, vu la lenteur de l'évolution formant alors les mœurs et les usages, les erreurs chronologiques offrent peu d'inconvénients. De même qu'à l'époque mycénienne, une grande partie des besoins de la famille sont satisfaits par des objets confectionnés à l'intérieur même de la maison, que les vêtements communs, les meubles ordinaires sont dans ce cas; de même, au temps de l'Odyssée et de l'Iliade, la maison est une espèce d'atelier où se fabriquent les objets d'un usage courant, la maîtresse du logis ayant la surveillance directe de toutes ces fabrications. Il ne s'agit pas seulement de moudre le grain, de faire le pain, mais encore de filer, de tisser, de confectionner les vêtements et de mille autres choses.

On trouve, il est vrai, à cette époque, beaucoup de travailleurs esclaves dans l'atelier familial; mais, en l'absence d'esclaves, les mêmes méthodes sont appliquées; on s'en tenait aux rapports formés par le lien familial, dont parle Summer Maine. Aussi les anciens conçoivent-ils tout naturellement les Dieux travaillant à des occupations diverses, édifiant des remparts, gardant des troupeaux, construisant des portes, fabriquant des armes. Les rois et les personnes de sang royal pratiquent elles-mêmes le travail industriel. Le fils de Priam tresse le devant d'un char avec des rejetons de figuier sauvage qu'il a été couper lui-même; Ulysse construit l'embarcation qui l'emportera loin de Calypso. C'est lui qui, à Ithaque, a élevé les murs de sa chambre, façonné son lit tout décoré d'or, d'argent et d'ivoire. M. Guiraud revient à plusieurs reprises sur ce fait que, à l'époque homérique, chaque ménage se suffisait à lui-même, depuis la mouture du blé jusqu'à la confection du vêtement, les travaux de la vie courante se faisant dans l'intérieur de la maison par les soins du maître, de sa famille et de son personnel. Il ajoute et il montre qu'à l'époque de Démosthène, il en était très différemment, parce qu'il s'est produit, entre temps, une évolution de l'industrie, que nous caractériserons mieux dans le chapitre suivant. Hésiode estime que le devoir d'un propriétaire avisé est de profiter de l'hiver pour construire ses chariots et ses charrues, ce qui suppose que le métier de charron n'existe pas.

On était d'ailleurs très fier de cette industrie domestique intégrale, si l'on nous passe le mot, puisque Aristophane, pour bien montrer que les Athéniennes n'ont pas dérogé, rappelle qu'elles « font des gâteaux comme jadis ». Sous l'influence du misonéisme et de la tradition, on considère volontiers que ce qui s'est fait jusqu'à présent doit être ce qu'il y a de mieux. On redoute instinctivement une transformation dans les mœurs, dans les sages industriels; car en apparence, et de prime abord, il semble plus simple de tout fabriquer par soi-même et de se rendre indépendant, que de compter sur autrui pour vous fournir ce dont vous pouvez avoir besoin. L'industrie de l'habillement tenait naturellement une très grande place dans cette industrie domestique, par suite de la place considérable que tient lui-même le vêtement et que nous lui avons vu prendre pour la vie humaine. La plupart des opérations qui se rattachent à cette industrie de l'habillement, depuis le lavage de la laine en suint jusqu'à la couture, avait lieu sous la direction de la maîtresse du logis, avec sa participation; la jeune fille y était initiée de bonne heure par sa mère, et plus tard, après son mariage, c'était là sa principale tâche.

On ne saurait trop y insister au surplus : lors même que l'industrie s'est *extériorisée*, c'est-à-dire que les consommateurs sont devenus les clients de fabricants spécialistes, remplissant un métier déterminé, la tradition a maintenu pendant longtemps, et même pendant des siècles et des siècles, une partie de ce travail industriel domestique : on en trouverait des preuves dans l'habitude que l'on avait gardée en France de faire le pain à la ferme même, et dans la coutume qui s'est conservée en Angleterre, jusqu'à nos jours, de fabriquer le pain à la maison. La persistance et même l'existence de l'industrie domestique étaient facilitées par ce fait que les objets dont on faisait usage étaient particulièrement simples : l'art de la confection du vêtement, en particulier, était rudimentaire. Il y aurait à cet égard à relever d'intéressantes observations dans l'*Écomique* de Xénophon, où, par exemple, un des personnages se félicite d'avoir épousé une femme qui a appris dans sa famille la manière de distribuer la tâche aux fileuses. Il ajoute qu'une des tâches de la femme est de rester debout près de son métier à tisser, et Platon remarque que le rôle de la femme, c'est le gouvernement des navettes, des quenouilles.

Le rôle industriel de la femme était tel que c'est une femme de Cos, si l'on en croit Aristote, qui aurait inventé un procédé pour dévider les cocons du ver à soie et faire avec les fils obtenus des étoffes transparentes. C'est ce que dans son volume *l'Expérience des peuples*, A. Coste[1] appelle l'industrie patriarcale. Et Coquelin, dans le vieux Dictionnaire d'économie politique, rappelle à l'article « Industrie », qu'on peut trouver une image fidèle de cette constitution primitive de l'industrie dans la vie même des patriarches, telle qu'elle nous

---

1. Alcan, éditeur, Paris, 1900, un vol. in-8°, 500 pages.

est représentée par l'Écriture. Abraham et ses premiers successeurs vivent seuls avec leurs familles et leurs serviteurs, sans contact ordinaire avec le reste des hommes.

On trouve dans leur groupement tous les travaux industriels assemblés, se réunissant autour de l'industrie agricole proprement dite, qui forme le fond des occupations communes. Et nous ne sommes pas loin dé cette industrie patriarcale avec Ulysse, tout à la fois faucheur, laboureur, maçon, charpentier, menuisier, peut-être même tanneur et teinturier. Ce qui nous prouve, au surplus, combien ces habitudes étaient ancrées dans les mœurs, c'est qu'elles survivent en grande partie, sinon tout à fait intactes, jusqu'aux derniers temps de la République romaine et pendant l'Empire : Columelle nous en donne les preuves ; et lors même que la patricienne riche ne s'occupe plus des métiers domestiques, l'atelier de la maison n'est point fermé, la famille s'en trouve plus indépendante du marché, moins obligée d'avoir recours à des achats : sentiment qui se rencontre encore au cœur de tant de paysans de nos campagnes françaises. Aussi bien, le travail esclave a-t-il permis longtemps de rendre encore plus marqué ce caractère domestique de l'industrie, parce que la mise à contribution de bras plus nombreux, et souvent de gens venant de pays étrangers, donnait la possibilité d'aborder dans l'atelier familial les métiers les plus divers. On retrouverait dans un passage de Pétrone : « *Omnia domi nascuntur* », la trace de cette tradition qui voulait que les Romains produisissent dans leur maison tout ce qu'ils pouvaient.

Malgré tout, il allait se trouver des gens exceptionnels pour ne point croire que les méthodes suivies étaient les meilleures, simplement parce qu'elles étaient pratiquées universellement. Grâce à l'intelligence plus claire chez certains de ce qu'on n'appelait pas encore les questions économiques, mais de ce qui était bien des questions économiques; on allait se mettre peu à peu à pratiquer la division des professions, pour en arriver ultérieurement à la division du travail. D'autre part, l'échange, qui n'existait point de façon normale, allait commencer de se vulgariser. Comme conséquence, il allait faire comprendre aux industriels, aux producteurs, la possibilité de se procurer certains produits, certaines satisfactions chez d'autres industriels, en leur fournissant ce qui serait le produit normal de l'industrie des premiers. Les échanges qui avaient pu s'effectuer exceptionnellement, jusqu'alors, avaient déjà amené quelques spécialisations dans tel ou tel centre, chez telle ou telle peuplade. On connaît, à cet égard, l'histoire des fameux silex du Grand-Pressigny; on a retrouvé de ces silex taillés, de ces outils, produits d'une fabrication humaine, pourtant très primitive, à de très grandes distances de la station où on les fabriquait, notamment dans les Iles Britanniques : ce qui atteste que ces outils faisaient l'objet d'un commerce important, d'échanges, par conséquent.

Il est probable, du reste, que, comme l'affirme M. Paul Leroy-Beaulieu, l'échange jouait un certain rôle, même à l'époque de l'industrie tout à fait patriarcale; mais précisément, parce qu'il était exceptionnel, il ne pouvait qu'avoir une influence très faible sur l'industrie. Il est probable que cet échange, d'abord collectif, s'effectua entre des tribus, des associations de familles, par suite des productions naturelles différentes que pouvaient fournir les territoires occupés par ces tribus. Le développement des relations commerciales, la découverte, pour ainsi dire, de populations plus ou moins voisines fabriquant, obtenant des produits nouveaux susceptibles de susciter des désirs, allaient contribuer à pousser à la production industrielle : même dans l'atelier familial, on s'était trouvé quelquefois sans doute, en présence d'un excédent de production ; mais c'était quelque peu par hasard. Et l'on allait s'engager plus avant dans cette voie de façon méthodique. Le Dr Mozkowski, s'appuyant sur ses explorations, affirme que c'est l'accumulation de provisions qui a provoqué le premier commerce d'échange. On chercherait une clientèle pour les objets que l'on aurait produits en plus grande abondance que n'en réclamaient les besoins de la famille : clientèle qui deviendrait à la fois vendeuse et acheteuse, par la voie du troc.

Les constatations de la vie quotidienne faisaient peu à peu entrevoir un état industriel meilleur. On était heureux que ces primitives industrie et économie patriarcales disparussent. Elles n'étaient point sans comporter certaines vertus, certaines qualités. Mais elles étaient essentiellement stationnaires. L'économie, les efforts ne suffisaient pas à compenser les disettes, l'insuffisance des ressources : ce que le commerce, l'échange allaient faire de mieux en mieux. C'est, d'ailleurs, en très grande partie le stimulant de l'extensibilité des besoins humains qui a poussé les sociétés humaines hors de l'industrie patriarcale, et les a conduites à pratiquer une division des productions, une division du travail, qui devaient étrangement s'accentuer de jour en jour.

CHAPITRE III

L'Influence de l'échange et de l'esclavage sur l'industrie.

La division des tâches aidant aux perfectionnements de la
production; la tendance à l'échange et son influence heureuse. — La nécessité du travail pour autrui. — Les premières pratiques de l'échange; l'action des guerres. — La
mise en esclavage des vaincus. — L'esclave permettant
d'accroître la production et de séparer les tâches.

L'échange, avons-nous dit en terminant le chapitre précédent, allait aider au perfectionnement
industriel ; non pas seulement en multipliant le
nombre des personnes qui devaient être satis-
faites par les produits industriels de toutes
sortes; mais encore en incitant de plus en plus
chacun des producteurs à se spécialiser dans une
branche d'industrie déterminée. Cette influence de
l'échange sur l'industrie, par l'intermédiaire de la
division des professions et de la division du travail,
de la spécialisation, est aujourd'hui une thèse que
l'on trouve couramment exposée dans les traités
d'économie politique, et dont la vérité est universellement reconnue. Ce sont les fondateurs de la
science économique qui, il n'y a pas bien longtemps,

ont mis en lumière cette vérité si importante, importante aujourd'hui comme hier, puisque tous les perfectionnements de la technique, toutes les améliorations et de l'industrie, en général, et d'une industrie particulière, et même d'une branche spéciale de fabrication dans une industrie considérée, sont dus à une division du travail plus perfectionnée, plus accentuée.

Il est impossible, en effet, de se perfectionner de façon sensible dans une fabrication, dans un travail quelconque, dans la production d'un objet, si l'on ne produit pas, si l'on ne fabrique pas cet objet de façon courante. C'est seulement alors que l'on peut acquérir l'habileté manuelle indispensable à une fabrication rapide et économique ; c'est par la répétition qu'on l'acquiert, en même temps que la continuité de l'occupation permet de ne point perdre de temps dans les mises en train successives, et de produire, par suite, un plus grand nombre d'unités dans un temps déterminé. De plus, ce n'est que pour des besognes constamment et régulièrement répétées que l'on arrive à imaginer des outils et des méthodes plus efficaces, que l'on trouve les tours de main susceptibles de rendre la production beaucoup plus rapide ; il faut absolument la répétition de l'acte pour acquérir l'habileté professionnelle. Aussi bien, il peut y avoir spécialisation individuelle des divers actes, fabrications et genres de travail ; chacun peut adopter l'espèce de travail qui lui convient le mieux, ce qui l'amènera à fournir les résultats les plus heureux. C'est, comme l'a si bien dit l'Anglais Adam Smith, cette substitution du système supérieur des travaux séparés et de l'échange des produits au système rudimentaire du travail en commun, qui a été la véritable source de la grandeur et de la puissance de l'homme : grandeur et puissance que nous n'envisageons, bien entendu, qu'au point de vue matériel et industriel.

§ 1. — Division des professions et échange.

Sans la division des tâches, des professions, et la division du travail, qui est comme une subdivision des professions ; sans cette division multiple qui va constamment en se perfectionnant (au contraire de quelques exemples de division du travail que nous trouvons chez les animaux), l'homme ne se serait guère élevé au-dessus de ces animaux. De même, et de façon indirecte, c'est le penchant naturel de l'homme à troquer et à échanger une chose pour une autre, ainsi que l'a dit également Adam Smith, penchant qu'on ne remarque dans aucune autre espèce animale, qui est venu permettre un étrange perfectionnement des manifestations industrielles humaines. L'échange primitif, mais surtout l'échange grandissant, voyant son domaine s'élargir chaque jour, est absolument opposé dans son principe au travail en commun, à la communauté de la production des fruits du travail ; et c'est pour cela que, comme l'a remarqué Charles Comte, même dans les populations barbares qu'il nous est possible d'observer, le système de l'échange est plus étendu qu'il ne l'était au sein des tribus sauvages ; parce que la production est plus variée, plus perfectionnée et plus efficace.

Il va de soi que ce n'est point dans la production familiale ou domestique intégrale que la division des professions, la division du travail, au sens large du mot, peut se réaliser. Ce n'est pas pour soi-même ou pour les siens, pour les membres de la famille que l'on peut avoir occasion de produire en assez grande quantité tel ou tel objet, pour arriver à répéter l'acte de production de manière à se perfectionner et à se spécialiser. Cette spécialisation, cette continuité dans la production d'un objet déterminé, suppose de nombreux besoins à satisfaire; il faut donc que ce soit pour autrui que l'on travaille, pour des acheteurs ou pour des échangistes, afin de ne pas employer ce mot d'acheteur qui suppose le plus ordinairement le recours à la monnaie. Par l'échange, on trouve la quantité de consommateurs nécessaire à une production répétée et continue. Dans cet échange, on bénéfice au reste soi-même de la spécialisation d'autrui; on lui livre l'objet dans la fabrication duquel on est devenu particulièrement habile, comme résultat même de la spécialisation; et on réclame de lui, en paiement de ce qu'on lui donne, un autre objet qui est le fruit de sa spécialisation personnelle.

Le Dr Gustave Le Bon, examinant l'évolution sociale et l'influence des progrès de l'industrie sur cette évolution, faisait une observation qui concorde avec celle que nous venons d'indiquer; il montrait les hommes vivant d'abord en petites familles, isolées; et chacun devant savoir suffire aux besoins les plus divers ; l'aptitude pour les différents travaux étant d'autant moindre qu'elle s'exerçait sur des objets plus variés. Il insiste sur ce que, dans les agglomérations humaines ayant quelque cohésion, commençant à se former, la division du travail se manifeste et s'accroît de jour en jour. Notons, au surplus, que ce n'est pas surtout l'importance et la cohésion de l'agglomération qui agit en ces matières : c'est la pratique de l'échange ; mais, en tout cas, le Dr Gustave Le Bon est parfaitement dans la vérité quand il dit que, au fur et à mesure que la division du travail augmente, la perfection des œuvres exécutées augmente elle-même.

Il est assez malaisé, pour des êtres primitifs, de comprendre les avantages de cette façon de faire nouvelle ; encore à l'heure présente, quand il s'agit de spécialisation entre nations, c'est-à-dire entre nationaux de pays différents, la compréhension de ces vérités économiques et industrielles est tout à fait imparfaite. Et pour ce qui est particulièrement des denrées agricoles, jusqu'à notre époque, et aujourd'hui encore, dans bien des pays, les petits agriculteurs sont restés convaincus qu'ils avaient avantage à faire exception à cette règle, à produire eux-mêmes, pour eux et pour leur famille, la grosse masse des matières alimentaires qu'ils consomment. La spécialisation des cultures a été plus longue à s'introduire qu'aucune spécialisation industrielle.

Il est bien probable, d'ailleurs, que l'importance de ce phénomène économique qu'on appelle l'échange a été découverte quelque peu par l'effet du hasard. C'est en ce sens que l'on a dit avec pleine justesse que l'on avait commencé par échanger le surplus de sa production contre le superflu de la production d'autrui. Mais, sous l'influence de facteurs variés, d'une habileté naturelle plus grande chez tel individu, quand cet individu s'est trouvé en présence d'un excédent quelconque de production, que son industrie fût culturale ou autre, il a naturellement cherché à échanger tout superflu. Et au bout d'un certain temps, à la suite de cette première leçon à lui donnée par l'expérience, il a tenté de pratiquer méthodiquement ce qu'il avait été amené à faire sous l'influence de circonstances accidentelles.

A un point de vue plus général (en adoptant les idées d'autorités en ces matières, notamment de M. Paul Leroy-Beaulieu), il est vraisemblable que l'échange a d'abord été international (quoique le mot soit bien exagéré), avant de se présenter sous la forme intérieure et locale. C'est tout au moins ce commerce que nous appelons audacieusement international, se manifestant, par exemple, par des caravanes périodiques dont on retrouve des traces chez les populations demi-barbares, qui, par un phénomène d'imitation, a, plus que toute autre chose, habitué les hommes à des échanges fréquents, les amenant également à perfectionner leur outillage, en même temps que les procédés de l'échange.

Ce sont sans doute quelques groupes d'hommes doués d'une activité ou d'une ingéniosité rares, pour reprendre les mots mêmes de M. Leroy-Beaulieu, favorisés par une situation naturelle, tels que les fameux Phéniciens ou, plus tard, les Grecs qui, les premiers ont eu l'idée d'aller vendre au loin les objets fabriqués et les productions dont ils avaient un excédent. L'échange devait d'autant plus tenter les populations auxquelles on venait s'adresser, qu'on leur apportait des produits inconnus, frappant davantage leur curiosité et éveillant leurs désirs.

C'est ce qui se passait, d'après Hérodote et d'après d'autres, pour ces Carthaginois qui venaient offrir leurs marchandises aux habitants de la Lydie occidentale, sans établir d'ailleurs des relations directes avec leurs clients. Cela contribuait à éduquer les populations, à leur faire comprendre qu'il fallait des marchandises de leur cru pour troquer contre celles qu'on venait leur offrir. Et le fait est que l'échange a réagi sur les besoins, de la façon la plus curieuse et la plus précieuse, en réagissant, par suite, sur le développement industriel. L'échange a fait connaître, a fait apprécier, a fait désirer, par conséquent, des matières et des objets nouveaux; il a poussé les populations qui appréciaient et désiraient ces objets, ces matières, à produire méthodiquement, par une application plus grande et une spécialisation du travail, les produits susceptibles d'être appréciés par ceux-là mêmes avec qui ils commençaient à établir des relations commerciales.

Comme toujours, c'était le premier pas à franchir qui avait été le plus difficile; l'échange et l'industrie devaient se développer grandement après les premières expériences faites; les moyens de transport, les facilités des relations matérielles permettant aux échanges de se faire et aux débouchés de se créer pour les productions des industries naissantes. Nous verrons cette question des débouchés, si merveilleusement étudiée par l'économiste français Jean-Baptiste Say, influer de la façon la plus prédominante sur l'évolution de l'industrie moderne. En tout cas, lors même que la spécialisation des professions, des tâches et des industries, était loin de ce qu'elle est à l'heure actuelle où elle domine toute la vie sociale, néanmoins, l'échange était devenu assez vite systématique. La conscience des avantages de l'échange était telle, même chez des populations fort anciennes, que c'est elle qui a amené ces Phéniciens, que nous avons cités tout à l'heure, à créer une sorte de grande industrie avant la lettre, si l'on nous permet l'expression. Ils possédaient comme des manufactures qui, toutes proportions gardées, faisaient pressentir les manufactures du commencement du xix⁰ siècle et les usines mêmes de notre époque.

On a des preuves multiples de la compréhension qui s'infiltre chez des êtres primitifs, des avantages de l'échange et des conséquences qu'il entraîne. Est-ce que les explorateurs de l'Afrique, même dans ces régions de l'Afrique centrale, qui étaient restées si sauvages jusqu'à notre époque, n'ont pas toujours trouvé la possibilité de s'assurer des vivres par le troc, forme primitive de l'échange ? Ils apportaient à ces peuplades primitives des articles de parure ou des objets de vêtement, d'autant plus appréciés qu'ils ne faisaient pas double emploi avec les articles que les industries locales pouvaient produire. Les anciens Egyptiens que, il est vrai, on ne peut citer comme appartenant à une civilisation réellement primitive, et qui, bien dotés par la nature, auraient pu à peu près se suffire à eux-mêmes en se restreignant à certaines satisfactions, faisaient avec la Chaldée, avec l'Afrique, avec l'Orient, des échanges particulièrement suivis, recevant, par l'intermédiaire des caravanes, des métaux, des vases émaillés, des étoffes, en échange des produits de leur industrie. Si plus tard les Phéniciens, les Carthaginois sont arrivés à se créer une situation exceptionnelle dans le bassin de la Méditerranée et même ailleurs, c'est qu'ils apportaient aux populations qu'ils visitaient les avantages de l'échange, en poussant au développement industriel.

Qu'on lise l'étude due au professeur italien Salvioli, et intitulée le *Capitalisme dans le monde antique*[1], et l'on y verra, au début même de l'histoire des Romains, des échanges se faire souvent dans des foires qui se tenaient près des temples ; c'étaient les premières manifestations de ces marchés commerciaux dont nous aurons à reparler. Tous les savants, qui ont étudié ces époques, nous ont montré les professions, d'abord peu nombreuses, simples, rudimentaires, se multiplier au fur et à mesure que se développaient les échanges. (On trouvera dans Salvioli les références les plus complètes relativement aux textes sur la matière.) Qu'on lise également l'étude si remarquable que nous avons déjà citée plusieurs fois, de M. Paul Guiraud ; on y verra que l'échange était apprécié à sa valeur

---

1. Giard et Brière, éditeurs, Paris ; un vol. in-8°, 320 pages, 1906.

par Athènes et les cités grecques. Les comédies d'Aristophane nous montrent les Athéniens faisant grand usage des articles fabriqués à l'étranger.

§ 2. — Influence des guerres et de l'esclavage.

Ce qui est curieux à remarquer, et ce qui semble même quelque peu paradoxal de prime abord, c'est que les guerres ont certainement contribué à faire connaître les produits nouveaux et à développer les échanges. La guerre, dans les temps primitifs, et telle qu'elle est demeurée bien longtemps ensuite, n'était qu'une forme de production (production entendue au sens économique : opération qui consiste à mettre à notre portée ce qui ne l'est point). Cette guerre, qui devait devenir plus tard si coûteuse, si nuisible à ceux-là mêmes qui étaient victorieux, a été d'abord un précieux moyen de se procurer les richesses, les produits créés dans les pays voisins par les populations auxquelles on s'attaquait. C'était une façon violente, injuste certes, mais une façon de mettre à contribution l'activité d'un plus grand nombre de gens : on ne se contentait point de l'activité des producteurs nationaux, on allait chercher les produits fabriqués par les voisins et chez des voisins; on se les procurait, non par le troc, ni par l'échange, mais par la capture. Et l'illustre et regretté économiste G. de Molinari a expliqué dans ses livres le côté productif d'abord de la guerre dans la vie économique, pour en arriver d'ailleurs à montrer que, ultérieurement, la guerre est devenue une industrie qui ne payait plus. L'envahisseur parvenait à se procurer une foule de produits que son activité personnelle ou que l'activité de ses compatriotes n'aurait pu suffire à préparer; aussi la guerre était-elle particulièrement pratiquée par les populations prolifiques.

Elles y étaient poussées par l'insuffisance des ressources et des productions indigènes, et se livraient d'autant plus facilement à ce mode de production particulier qu'on appelle la guerre, qu'elles disposaient d'un grand nombre de bras pour la lutte militaire. Or, cette prise de possession des produits fabriqués par les voisins n'avait pas seulement pour résultat d'augmenter les ressources de la peuplade qui avait réussi dans son expédition militaire; elle avait aussi pour effet de faire connaître à cette peuplade, considérée ou non comme une nation, des productions, des matières, des articles qui souvent lui étaient pratiquement inconnus auparavant. De là à susciter les échanges, il n'y avait qu'un pas. Dans bien des circonstances, les nouveaux consommateurs comprenaient qu'ils avaient avantage, dès lors, à pratiquer l'échange avec les producteurs, et non plus à les razzier.

Les guerres, qui devaient entasser tant de ruines, pendant des siècles et des siècles, avaient encore une autre influence sur la production industrielle. Dans les expéditions militaires, on ne se contentait pas toujours de razzier les productions, et l'on ne pratiquait pas toujours non plus la mise à mort de l'ennemi, c'est-à-dire des peuplades dépouillées. Souvent aussi on faisait la conquête de ces populations, et on les ramenait dans le pays d'où l'expédition militaire était partie. Ce fut l'origine de l'esclavage. Or, cette mise à contribution des esclaves, cette introduction dans un pays donné d'individus venant d'une autre contrée, tout cela allait accentuer la division des professions. Ces esclaves, en effet, hommes ou femmes, étaient introduits dans le pays qui les avait capturés avec leurs facultés spéciales, leurs connaissances de telle ou telle fabrication ; facultés dont il était assez logique et profitable pour le propriétaire de tirer parti au mieux.

D'autre part, le fait que la capture d'esclaves augmentait le nombre des bras à la disposition de la société, entraînait une production plus intense, la fabrication d'une masse de produits qui allaient dépasser les besoins immédiats de la consommation locale. M. Salvioli, dans l'ouvrage déjà cité, s'appuyant sur une documentation tout à fait remarquables, nous montre le travail de spécialisation, de division fonctionnelle, accusé déjà nettement à l'époque de la loi des Douze Tables. Il nous montre également les chefs de famille trouvant que le superflu des produits pouvait être utilement échangé, que les bras inoccupés pouvaient être occupés ; par conséquent, obligeant leurs esclaves à se livrer à telle ou telle nature d'industrie, pour ce qu'on peut appeler la vente au public. Et cela pourtant à une époque où l'on considérait que l'industrie domestique était encore la caractéristique bien nette de la vie sociale.

Il est d'autant plus intéressant de noter cette influence de l'esclavage sur l'évolution industrielle, que le travail esclave, dans les sociétés antiques, c'est-à-dire dans les sociétés primitives, a joué un rôle considérable. A la vérité, il ne faut pas se figurer que le travail industriel libre eût complètement disparu : c'est une opinion erronée contre laquelle s'est élevé vivement M. Paul Guiraud, en donnant des preuves de ce qu'il affirme. Il a pu consacrer tout un chapitre de son bel ouvrage au travail libre, s'attaquant à l'opinion que nous venons de viser, opinion qui se fonde sur certaines assertions des philosophes, qu'on avait regardées comme l'expression de la vérité. En fait, le travail libre avait une grande place dans l'industrie ; non pas seulement, bien entendu, dans la direction générale, mais encore dans l'humble besogne de l'ouvrier.

Dans la plupart des professions, une main-d'œuvre libre fonctionnait souvent côte à côte avec de la main-d'œuvre servile ; et, en tout cas, dans les mêmes professions, on trouvait des travailleurs libres et des travailleurs esclaves. Nous ne pouvons, d'ailleurs, que renvoyer au livre de M. Guiraud pour les preuves de ce qu'il avance et de ce que nous sentons être la vérité. Néanmoins, le travail esclave tenait une place considérable ; car c'est l'abondance des bras fournis par l'esclavage qui permettait à l'industrie de se développer et à la production de s'accroître. La population des esclaves était, au surplus, d'autant plus nombreuse que, même en temps de paix, la piraterie s'exerçait méthodiquement ; les vols d'êtres humains étaient très fréquents, et certaines peuplades, comme les Paphiens, se livraient à cette sorte d'opération quasi commerciale. Et avec ces esclaves, ainsi que nous l'avons laissé entendre, la division des métiers ne pouvait faire que de rapides progrès ; si bien que deux siècles avant Jésus-Christ, comme nous le prouve M. Salvioli, toutes les productions manufacturières étaient représentées à Rome, grâce à une spécialisation croissante du travail.

La séparation n'était pas toujours tres nette entre les différents métiers ; on ne trouvait rien de semblable à ce qui se passe à notre époque : tel ouvrier était à la fois armurier et serrurier, tel autre charron et charpentier. Cependant la division du travail, pour flottante qu'elle était, reposant principalement sur la nature des matières employées, bien plus que sur la nature des objets fabriqués, supposait et nécessitait l'échange permanent, normal. Aussi bien l'outillage était assez sommaire ; et c'est ce qui permettait de pratiquer plusieurs métiers voisins, sans être obligé d'engager un capital d'établissement important, qu'on aurait été à peu près dans l'impossibilité de se procurer à cette époque. La concurrence était, d'ailleurs, extrêmement faible dans chaque groupe de population ; il suffisait pour ainsi dire d'un artisan de chaque espèce.

A cet égard, la lecture de Xénophon est fort intéressante : il nous montre les mêmes individus faisant successivement des lits, des portes, des charrues, des tables, souvent même des maisons, dans l'impossibilité où ils auraient été de trouver assez de clients pour les occuper s'ils s'étaient limités à une profession nettement déterminée. Mais, dans les grandes villes, nous voyons, d'après le même auteur, qu'un seul métier suffisait pour nourrir son homme ; quelquefois même on n'exerçait qu'une partie de métier, une spécialisation très marquée se faisait : l'un fabriquait des chaussures d'hommes, l'autre des chaussures de femmes ; l'un taillait des tuniques, l'autre se contentait d'en ajuster les différentes pièces. Cela nous permet de constater en passant ce que nous avons dit déjà : c'est que, à titre exceptionnel, on trouve dans les civilisations un peu primitives, des phénomènes qui sont caractéristiques de la civilisation contemporaine, mais qui, à l'heure présente, sont tout à fait généralisés au lieu d'être exceptionnels.

On avait si bien compris, sans pouvoir toujours la pratiquer, la spécialisation des métiers et ses avantages, que Platon, dans ses Lois, interdit le cumul des métiers, disant que « nul ne réunit en soi les talents nécessaires pour exceller dans deux arts à la fois ». La division du travail était donc considérée comme le but à poursuivre ; lorsqu'on s'en écartait, c'est qu'il était impossible de faire autrement. Les fouilles menées à bien sur certains points de la France, les recherches poursuivies à Bibracte notamment, ont montré que des groupements d'artisans d'un même métier se faisaient dans telle ou telle rue des agglomérations, ce qui prouve bien la division des métiers. M. Rambaud signale ce fait que, au temps de l'indépendance de la Gaule, telle spécialité avait pu se créer sur certains points du pays, et que des industries particulières s'étaient développées çà et là.

Il s'était donc fait une nouvelle organisation de

l'industrie. Ce que l'on a appelé les fonctions diverses de l'industrie, d'abord étroitement unies et exécutées par les mêmes soins, étaient séparées les unes des autres; et la nouvelle organisation avait pour base essentielle l'échange et la division du travail. Il va de soi que cette division du travail avait eu pour premier effet de séparer l'industrie manufacturière de l'industrie agricole. Et l'on allait devoir à cette séparation, à cette modification profonde, la naissance des villes; les arts manufacturiers, ainsi que l'a dit fort bien Coquelin, n'étant point rivés au sol et ayant avantage à se grouper, à se concentrer, à former par leur réunion les agglomérations de population qu'on appelle des villes. Une réaction nouvelle devait se produire sous l'influence de la formation des villes : les échanges allaient se multiplier, parce qu'ils étaient plus faciles, et l'industrie se perfectionner; sous réserve, bien entendu, des efforts que les producteurs mêmes allaient faire pour gêner la concurrence naissante, pour limiter les perfectionnements possibles de l'industrie, qui les auraient obligés à modifier leurs méthodes.

CHAPITRE IV

L'Industrie d'exportation. — L'Influence de la monnaie. — La rareté des capitaux.

Les défauts constatés du travail esclave; le travail libre suivant la voie ouverte de la spécialisation. — Production par grandes masses et exportation dans certains cas. — L'inconvénient de la rareté des capitaux. — La transformation des échanges par l'emploi de la monnaie.

Nous avons expliqué comment l'esclavage avait rendu de grands services pour le perfectionnement économique de l'industrie. Cet esclavage allait disparaître des pays qui devaient progresser réellement; mais il avait eu l'avantage de faire comprendre aux hommes les bienfaits de cette division des professions et du travail qui fait la puissance extraordinaire de l'industrie moderne. Suivant un mot de M. Paul Leroy-Beaulieu, dans tous les anciens systèmes d'entraves à la liberté humaine, de quelque façon que fussent mis en esclavage certains travailleurs, les hommes éclairés avaient constaté que le travail esclave, le travail contraint, n'est pas toujours le plus productif; et c'est pour cela que, même durant la période romaine, tant de gens étaient arrivés à laisser une certaine initiative et à concéder certains bénéfices à leurs esclaves, travaillant pourtant à leur profit. Par la force des choses, sous l'influence du puissant intérêt personnel, il se fit des brèches de plus en plus larges dans les divers régimes de contrainte imposés à la personne humaine.

C'est sous cette influence que se sont développés les métiers chez les Anciens, que l'esclavage a peu à peu disparu, et l'esclave, en tant que producteur industriel (ce qui nous intéresse ici). On pourrait, sur cette question, interroger une intéressante étude de M. Lemonnier sur la condition des affranchis : on constaterait, au surplus, la diminution graduelle du nombre des esclaves par la raréfaction relative des guerres, l'adoucissement des mœurs, l'influence dn christianisme, et surtout la compréhension de l'intérêt même des maîtres. Peu à peu on allait mieux saisir les avantages de cette division du travail, de cette spécialisation, sur laquelle nous avons tenu à insister.

§ 1. — Fabrication par grandes masses.

On devait, comme conséquence, fatalement arriver à fabriquer par grandes masses les divers produits, les divers objets; tout ouvrier, tout fabricant se spécialisant, même sans pratiquer la spécialisation morcelée comme celle qui est de règle à l'heure actuelle, arrive forcément à produire, dans sa journée, dans la semaine, dans le mois, dans l'année, un nombre considérable des objets à la production desquels il se consacre. Et, naturellement, il faut qu'il les écoule, sous peine de ne pas tirer parti avantageusement de son travail. La spécialisation devait donc inévitablement amener certaines gens à essayer de constituer des manufactures, c'est-à-dire des entreprises d'une certaine envergure, dont la production méthodique se ferait sur une échelle aussi grande que possible; et conduire ces industriels ou les auxiliaires mêmes de ces industriels (les commerçants) à chercher l'écoulement facile des produits fabriqués en grand nombre. Cette réalisation, ou du moins cette recherche de la réalisation des produits, c'est la fameuse loi des débouchés, à laquelle nous avons fait allusion tout à l'heure; loi qui a toujours dominé le monde industriel, du moment où la production n'est plus restée familiale, domestique et toute locale.

Nous trouvons, dans l'histoire très ancienne, un exemple d'un peuple qui a cherché tout à la fois à créer de véritables manufactures, une industrie de grande envergure, produisant par quantités énormes des produits à peu près identiques, et qui, d'autre part, s'est fait lui-même commerçant pour aller écouler au loin les produits ainsi fabriqués. Les Phéniciens étaient, en effet, à la fois industriels et commerçants, ce qui est un peu une négation du principe de la spécialisation tel qu'on le comprend aujourd'hui. On peut même dire que ces Phéniciens étaient un peuple composé de gens à la fois commerçants, industriels et aussi navigateurs, c'est-à-dire transporteurs; alors que l'industrie des transports est aujourd'hui bien séparée de l'industrie proprement dite. Ces Phéniciens avaient créé dans toute la Méditerranée orientale des comptoirs, sorte de bazars où ils débitaient leurs marchandises, et qui étaient également pour eux des lieux d'approvisionnement, puisque, à cette époque, les échanges se faisaient sous la forme du troc. Par la longue pratique de leur métier, ils avaient acquis une adresse, une sûreté de main qui leur permettaient de fabriquer notamment des articles de pacotille se vendant en quantités énormes; d'ailleurs, ils écoulaient aussi très volontiers des produits étrangers en même temps que les leurs. On a pu, sans exagération aucune, parler des usines phéniciennes, bien que, actuellement, le mot d'usine implique plutôt l'idée de machines.

On retrouverait, dans l'histoire de bien d'autres peuples, des traces de ces premières tentatives de manufactures, de fabrication par grandes quantités, rencontrant souvent le succès, bien qu'il' ne s'agit pas d'une production, de ventes rappelant par leur importance rien de ce qui se fait aujourd'hui.

C'est ainsi qu'à l'époque mycénienne, il existait en Grèce d'importants ateliers où l'on fabriquait des céramiques par grandes quantités, pour les charger sur des navires phéniciens, précisément, et les expédier en Égypte, en Italie, en Espagne.

A partir du xiiie siècle, en Grèce, on s'empressa d'imiter l'exemple des Phéniciens, on s'appropria quelques-uns de leurs procédés; et les Grecs se mirent à fabriquer de véritables objets manufacturés. Si ce n'était pas la grande industrie au sens que nous entendons maintenant, c'était du

moins l'industrie d'exportation, suivant le mot de
M. Guiraud. La ville de Milet, par exemple, fabriquait les étoffes et les tapis, et aussi le meuble probablement. Samos était devenue une grande ville
industrielle; les commandes lui affluaient de tous
côtés, notamment pour son industrie métallurgique,
qui s'était étrangement perfectionnée par suite
d'inventions successives. Assurément, si l'on consulte, notamment pour le monde grec, de multiples
auteurs, à commencer par Platon, on constate bien
que l'artisan se borne souvent à exécuter les commandes de ses clients; mais souvent aussi, il les
devance, il fait du stock, comme on dirait à notre
époque; il crée un assortiment destiné à attendre
l'acheteur, et cet acheteur lui vient par suite même
des habitudes de spécialisation.

Suivant ce phénomène qui veut que des hommes
intelligents aient compris les lois économiques sans
qu'elles aient encore été énoncées par personne, et
sous la seule influence de leur intérêt personnel
éclairé; on a saisi généralement, dès une très haute
antiquité, (après, il est vrai, une longue évolution,
si l'on considère les débuts lointains de la société
humaine) qu'il y a profit pour le producteur, et aussi
pour le consommateur, à ce que la fabrication d'un
article donné se fasse de façon continue par un
producteur déterminé. Encore une fois, ce n'est pas
la grande industrie, réunissant dans une même
usine une masse considérable d'ouvriers, comme
à notre époque; c'est d'autant moins la grande
industrie que l'on ne possède qu'un outillage élémentaire, qu'on ne sait pas demander à la nature

la force motrice nécessaire pour remplacer ou aider le muscle humain. La fabrique de boucliers de Lysias ne groupe que 120 travailleurs; la fabrique d'armes et la fabrique de meubles qu'exploitait le père de Démosthène comptent respectivement 32 et 30 ouvriers. Néanmoins, on attribue à ces fabriques une réelle importance, étant donnée la faiblesse de la consommation par suite du prix élevé des choses, de l'effectif réduit de la population, du renouvellement très rare des produits chez chaque consommateur. Elles prendraient une bien autre envergure, si le transport et le commerce étaient plus actifs pour aller chercher la clientèle. Ce sont également des manufactures que, à l'époque romaine, l'on a créées en Gaule (il est vrai, manufactures de l'État), pour la fabrication des armes, des cuirasses, des boucliers, et même de tissus, pour l'exploitation de salines, de carrières, de mines. Il suffit de parcourir ce que l'on appelle la *Notice de l'Empire*, pour trouver des détails sur ces curieuses manufactures.

Toutefois, on doit bien reconnaître que, dans l'antiquité, et même jusqu'à une époque assez voisine de nous, les sociétés civilisées n'ont connu la grande industrie et la fabrique qu'à titre exceptionnel. Suivant M. Salvioli, les exceptions ne se sont produites que pour les industries de luxe, pour celles que certaines conditions naturelles constituaient en monopole, comme la métallurgie; les relations de l'artisan et du consommateur se faisaient généralement à façon, comme on dit maintenant, le travail s'exécutant sur commande. On verrait ce genre de travail se poursuivre pendant des siècles et des siècles, et même jusqu'au xixe siècle, en France, pour l'industrie de la meunerie. Le fait est que les ouvriers, les producteurs, n'osaient point anticiper sur les besoins, incertains qu'ils étaient de la possibilité de réaliser ensuite les produits fabriqués, et manquant de capitaux.

§ 2. — Formation timide des capitaux.

Il ne faut point oublier, en effet, que c'est la formation du capital, sa multiplication, qui, d'abord sous une forme bien réduite, a permis la constitution de l'industrie la plus élémentaire; pour assurer ensuite, au fur et à mesure que ce capital croissait, le développement de cette industrie, et surtout rendre possible la grande industrie moderne. Le capital est l'auxiliaire indispensable du travail; aussi bien quand ce capital se présente sous la forme de quelques rares et simples outils, que quand il sert à se procurer par avance et à accumuler des matières premières, ou encore à garder en réserve jusqu'à la vente les produits manufacturés. Au fur et à mesure que les pratiques industrielles se perfectionnent, les instruments, l'outillage représentent un capital de plus en plus élevé; et pour pouvoir faire du stock, comme nous le disions tout à l'heure, il faut tout à la fois des matières premières, des approvisionnements en abondance, et une accumulation de capital énorme, sous la forme des produits fabriqués en très grand nombre.

Encore devrions-nous ajouter que le capital était et est non moins nécessaire à l'industrie pour répondre au paiement des salaires qui est toujours anticipé par rapport à la réalisation des produits, et constitue toujours une avance faite par le chef de l'entreprise aux travailleurs qu'il emploie. Or, le capital faisait défaut dans les sociétés tout à fait primitives, et il était rare dans les sociétés qui commençaient à se civiliser, où l'industrie prenait quelque essor par la spécialisation. Phéno-mène naturel, car capital veut dire accumulation, épargne; et pour accumuler et épargner, il faut déjà avoir produit plus que sa suffisance; cela nécessite un certain temps; cela suppose une pro-duction dépassant de beaucoup les besoins et la consommation du jour même. C'est ce que M. Paul Leroy-Beaulieu (qu'il faut toujours consulter en ces matières économiques) a traduit en disant que les sociétés ont passé par des phases successives au point de vue de la formation des capitaux. Dans la première phase, avec les sociétés et l'industrie à leurs débuts, on n'a guère d'avances, guère de réserves; on vit au jour le jour; il n'y a que dans une deuxième période, qui vient assez lentement et péniblement, que le capital peut s'accumuler, puis s'accroître.

Quoi qu'il en soit, le travail humain, devenu plus habile et plus varié, constitue, pendant de longs siècles, le facteur principal de la production. On en est toujours à ce que M. de Molinari (un autre Maître) a appelé justement l'Âge de la petite indus-trie, que l'on retrouve encore au Moyen Age en

France; l'évolution vers une plus grande abondance de capital ne se faisant qu'avec une lenteur qui donne l'illusion d'une société presque cristallisée et immobile. L'homme a sans doute formé du capital presque immédiatement, dès qu'il s'est créé certains outils; mais ce capital est resté trop longtemps élémentaire pour permettre une généralisation, sinon de la grande industrie, du moins de manufactures véritables.

Il est vrai que M. Salvioli et tous ceux qui le citent, tous ceux qui se sont occupés de l'origine du capitalisme, à commencer par Mommsen, à continuer par Marquardt, par Goldschmidt et bien d'autres, disent volontiers que la République romaine et l'Empire romain furent des époques de capitalisme. C'est fort exagéré; il y avait accumulation de richesses, et notamment de métal précieux, entre des mains exceptionnelles; mais ce capital, très spécial d'ailleurs, n'était guère employé à la création de manufactures, d'usines et d'une industrie un peu importante.

A étudier M. Salvioli, on constate que l'organisation du travail industriel ne permettait d'accumuler que de faibles réserves monétaires, pour les appliquer ensuite à la production. L'accumulation était progressive, lente; d'autre part, les capitalistes romains se jetèrent surtout sur les opérations de prêt, en poursuivant l'accaparement de la terre, et non point en se faisant les commanditaires de l'industrie naissante. On réalisait également des gains très importants en construisant de grands bâtiments pour les gens pauvres et des palais pour les gens riches; on accaparait les terrains. L'auteur ajoute, ce qui confirme ce que nous disions, que la plupart des artisans travaillent pour des commandes ou en prévision de celles-ci; que le capital technique est presque inexistant; qu'il n'y a pas d'importantes mises de fonds pour les matières premières, les machines et le fonds des salaires; et qu'il n'est pas besoin, pour pratiquer la petite industrie de l'époque, de fortes avances ni d'un capital de roulement notable.

Toutes ces observations sont d'autant plus intéressantes à faire qu'en somme, jusque vers l'époque contemporaine, on s'est trouvé dans des conditions presque identiques, sous réserve des observations rapides que nous ferons tout à l'heure sur les débuts réels des manufactures et de la grande industrie. Le petit atelier est pour ainsi dire la règle, nous le voyons prédominer presque exclusivement jusqu'à cette époque quasi contemporaine à laquelle nous faisions allusion; nous le voyons survivre aujourd'hui même, et, à plus forte raison, il y a cinquante ans, au milieu des grandes usines, des grandes manufactures déjà créées; tout simplement parce que l'évolution économique, et, en particulier, industrielle, ne se fait que lentement.

Elle est retardée par la tradition, le misonéisme, l'ignorance des lois économiques; il lui faut des capitaux énormes pour transformer le petit atelier en grande usine, grande manufacture. Dans l'admirable *Histoire des Classes ouvrières et de l'Industrie en France avant 1789*, due à Émile Levasseur, on trouverait des preuves innombrables de cette

prédominance du petit atelier, de sa prédominance
à peu près exclusive au Moyen Age, et de sa persistance acharnée pour ainsi dire jusqu'à l'époque
contemporaine. Ce caractère se trouvait particulièrement accentué durant la période féodale, qui a
été caractérisée par une immobilité et un isolement
surprenants. En France particulièrement, sous l'influence des invasions, lorsque le servage remplaça
l'esclavage de l'antiquité païenne, l'industrie devint
même presque entièrement familiale et domestique, ce qui était un retour en arrière très marqué.

§ 3. — L'action de la monnaie.

Malgré tout, et bien que l'industrie n'eût pas pu
prendre le développement qu'on était en droit d'espérer après la création des premières manufactures
aux époques lointaines que nous avons indiquées ;
cette industrie bénéficiait d'une transformation profonde qui s'était produite dans les échanges, dans
la vente des produits, dans leur réalisation. On avait
vu peu à peu, et toujours sous l'influence d'une
compréhension instinctive des lois économiques, le
troc remplacé par la monnaie, c'est-à-dire l'échange
direct des produits contre des produits par le recours
à ce que l'on a appelé, et ce que l'on appelle juste..
ment l'intermédiaire et la commune mesure des
échanges : le métal précieux, d'abord sous forme de
lingot, ensuite monnayé, et portant en conséquence
sur lui-même le certificat de sa valeur par l'attesta-
tion de son poids et de sa qualité de métal réellement précieux et sensiblement pur.

Nous ne pouvons songer ici, quelle que soit l'action exercée par l'emploi de la monnaie sur l'industrie dans le passé et sur l'industrie actuelle, à faire la théorie complète de cette monnaie, à montrer tous ses avantages. Pour peu qu'on réfléchisse au troc et aux échanges tels qu'ils se font à notre époque par achat et vente, chaque opération commerciale comportant en réalité double vente et double achat, la monnaie étant elle-même une marchandise pour celui qui achète comme pour celui qui vend ; il est facile de se rendre compte des qualités de cet intermédiaire.

Non seulement la monnaie permet de trouver une commune mesure entre des marchandises diverses, même entre toutes les marchandises ; elle met aussi chacun en mesure de comparer ce qu'il produit et ce qu'il vend avec les marchandises et les produits dont il peut avoir à faire acquisition pour satisfaire ses besoins. Non seulement cette monnaie (qui est une marchandise quelconque, mais choisie pour ses qualités particulières de divisibilité, de facile conservation, de facile transport, etc...) fournit le moyen de séparer l'acte d'achat et l'acte de vente, donne au vendeur la faculté d'accumuler aisément chez lui la représentation des produits fabriqués et vendus, une matière susceptible de payer les innombrables vendeurs auxquels il aura recours lui-même ; mais encore le recours à cet intermédiaire monnaie nous assure la possibilité, par deux opérations qui paraissent d'abord compliquées, après avoir vendu un objet d'une valeur considérable, de trouver dans la monnaie reçue une valeur extrêmement minime pour nous procurer et payer à son juste prix un objet de minime valeur lui-même. On comprend que, si le fabricant d'un objet déterminé n'était pas à même de pouvoir être payé par son acheteur à l'aide d'une marchandise échangeable reçue partout et pour tous les achats possibles ; il se trouverait constamment à la tête d'un approvisionnement énorme de produits, à lui fournis par son acheteur en échange des produits par lui vendus ; il serait dans l'obligation de réaliser, le plus souvent très difficilement, les approvisionnements qu'il aurait dû constituer d'objets incapables pour la plupart de répondre directement à ses besoins.

D'ailleurs, par suite de la division des professions, les transactions au détail se sont introduites et multipliées, alors qu'elles tenaient assez peu de place dans l'industrie primitive ; et pour ces transactions de détail, il fallait un intermédiaire d'échanges aisément divisible : ce fut le métal précieux. Ce qui prouve l'influence de la monnaie sur l'industrie (il est vrai par l'intermédiaire du commerce), c'est que l'industrie s'est développée, parallèlement au commerce, au fur et à mesure que l'usage des métaux précieux en lingots, puis l'usage des métaux précieux monnayés se développaient eux-mêmes. Les Égyptiens ne livraient les produits de leur industrie que moyennant un troc, aux gens qui leur apportaient des productions de la Chaldée ou même de l'Orient.

Les Phéniciens eux-mêmes n'ont longtemps pratiqué d'autre système que le troc, considérant que le retour de leurs bateaux chargés de marchandises leur assurait des bénéfices supplémentaires par la réalisation de ces marchandises à leur arrivée dans leur propre pays. Néanmoins, alors qu'on n'en tirait pas encore parti, au point de vue monétaire, les barres et les lingots de métaux étaient usités pour les paiements, spécialement en Égypte. Enfin, la Grèce, à partir du milieu du xiiie siècle notamment, vit apparaître les monnaies, qui succédaient aux barres et aux lingots, et qui, en évitant de peser et de reconnaître le métal chaque fois qu'on en faisait usage, vinrent faciliter singulièrement le commerce, et par conséquent l'industrie. Nos lecteurs savent sans doute les perfectionnements que subirent ultérieurement ces monnaies, grâce surtout à l'intermédiaire des banquiers et commerçants en argent, qui sont les auxiliaires les plus précieux des industriels.

C'est la constatation de l'action bienfaisante de la monnaie sur les échanges, par suite sur la production, qui a amené M. Adolphe Coste à dire que l'institution d'une monnaie, « dispositif de régularité dans les échanges », est venue marquer la fin du régime de la production patriarcale.

CHAPITRE V

L'industrie itinérante. — Le colporteur.
L'industriel dans les foires.

La recherche de la clientèle, la nécessité des débouchés; le
rôle des foires et marchés. — La fabrication sur place et
l'industrie itinérante, sa longue survivance. — Production
à l'avance exceptionnelle. — Le rôle précieux du colporteur.

Du moment où la production, comme disent les
économistes, l'industrie, cesse d'être étroitement
familiale, et au fur et à mesure que chacun produit
pour d'autres cellules sociales, pour d'autres individus, avec lesquels il échangera ses produits propres contre leurs produits à eux; il devient nécessaire pour l'industriel de rechercher une clientèle ;
il n'y a pas d'industrie sans commerce, le commerce
ayant pour mission de réaliser les produits. Bien
entendu, l'industrie et le commerce peuvent ou non
être réunis dans les mêmes mains. Mais, d'une façon
absolue, l'industrie a besoin de clients. C'est la loi
des débouchés, que nous avons déjà mentionnée.
On peut dire que le perfectionnement de la production, l'évolution de la technique industrielle, la mise

à contribution de méthodes qui permettent de produire à meilleur marché, de mieux satisfaire la clientèle, résulte du développement même de cette clientèle, et du nombre de plus en plus élevé des produits que peut vendre l'industriel. Nous verrons la confirmation de cette loi économique, c'est-à-dire de cette observation matérielle, quand nous examinerons la production par grandes masses de l'industrie moderne. C'est cette production en grand qui est le secret du bon marché auquel peuvent se vendre la plupart des produits à notre époque. Il y a, d'ailleurs, interréaction entre les deux phénomènes : en ce sens que, grâce à une clientèle très nombreuse, à des achats de plus en plus multipliés, l'industriel peut perfectionner ses méthodes, fabriquer à bon marché en fabriquant par grandes masses ; et, d'autre part, cette fabrication à bon marché développe la clientèle, attirée par le prix avantageux des objets qu'on lui offre.

§ 1. — Recherche de la clientèle.

Nous avons assisté, dans des périodes très lointaines, à certaines manifestations d'une grande industrie débutante ; nous avons vu l'esprit d'initiative pousser certaines populations à pratiquer au loin les échanges, en sachant trouver, dans des contrées éloignées, la clientèle qui manquait dans leur proche voisinage. D'une façon générale, il fallait que l'industrie allât chercher sur place la clientèle, faire connaître son existence propre en même temps que ses produits, la tenter, la solliciter d'acheter.

C'est encore une façon de faire à laquelle, même dans nos sociétés civilisées, on est forcé de recourir, puisque tous les pays industriels sont obligés de lancer dans le monde des commis voyageurs et des représentants de toutes sortes, chargés de rabattre cette clientèle. Aux époques où la grande industrie n'existait pas encore, bien qu'on fût déjà loin de cette industrie tout à fait primitive que nous étudiions dans des chapitres antérieurs, à un moment pourtant où l'esprit d'initiative était peu développé ; il fallait de même aller chercher cette clientèle si nécessaire. C'était ce qui se passait en France au temps de Charlemagne, comme beaucoup plus tard au Moyen Age, ou à l'époque de la Renaissance ; c'est d'ailleurs ce qui se passe (par suite de cette observation que nous avons répétée plusieurs fois, que l'évolution des sociétés ne se fait pas par périodes simultanées dans les différents pays du monde) même encore dans certaines parties de pays à civilisation peu avancée, comme l'Inde, et à plus forte raison dans des pays fort primitifs comme l'Afrique ou la Chine ; cette dernière pouvant être considérée comme primitive au point de vue industriel et commercial.

Pour aller chercher sur place la clientèle, l'industriel avait plusieurs procédés possibles, qu'il a employés, soit successivement, soit simultanément. Il avait d'abord la faculté d'aller fabriquer sur place même. C'est ce que l'on a appelé et ce que l'on peut appeler encore, puisque des exemples en subsistent, l'industrie itinérante. Il pouvait aussi, sinon fabriquer au milieu même de la clientèle, dans les villages, dans les petites agglomérations où il la trouvait, du moins aller débiter sur place ce qu'il avait fabriqué dans son centre normal d'activité ; il pouvait être alternativement colporteur et industriel, en réunissant en lui les deux métiers de commerçant et d'industriel.

Il était également possible, pour faciliter la réalisation des produits fabriqués par des industries dispersées dans des centres éloignés d'un gros noyau de clients (industries toujours à la recherche d'une clientèle relativement abondante par suite de la spécialisation, de la fabrication pour autrui, de l'industrie transformée et non plus domestique) de créer des centres d'achat. Ce devaient être les foires : à une place et en un endroit déterminés, les industriels avaient l'espoir de trouver des acheteurs nombreux, et ceux-ci avaient la certitude de rencontrer une série d'industriels apportant leurs produits, fabriquant au besoin sous leurs yeux.

§ 2. — L'industrie itinérante.

L'histoire n'a pas manqué de nous donner des preuves de l'importance qu'a eue l'industrie itinérante. L'ouvrage de M. Salvioli, souvent cité ici, nous retrace, d'après les écrivains, les juristes, d'après les monuments épigraphiques ou figurés, la vie de l'artisan allant couramment de pays en pays, parcourant les campagnes ; travaillant d'ailleurs le plus souvent, dans ses déplacements, sur commande et d'après les ordres reçus du consommateur. Ce détail est ici un peu secondaire ; ce qu'il y a, d'important, c'est de voir cet artisan, l'industriel, aller chercher sur place le client possible. Souvent, cet artisan livrait son travail à la journée, en emportant avec lui les outils spéciaux de son métier; ce qui, toujours à ce point de vue particulier des déplacements de l'industrie, donne une preuve de cè que nous avancions. C'est seulement dans les métiers demandant peu d'avances, et dont les produits étaient de vente certaine, ou encore pour les produits de luxe que l'ouvrier produisait longtemps à l'avance; ce qui n'empêche qu'il devait souvent se déplacer ensuite pour vendre ses produits.

Émile Levasseur, dans ses admirables études historiques autant qu'économiques, a longuement parlé des marchands ambulants, qui n'étaient bien souvent que des industriels se transformant, de façon intermittente, en commerçants. Presque tous les métiers étaient représentés dans ce qu'il a appelé la colonie errante encombrant les rues, à commencer même par des industriels qu'on ne se serait guère attendu à trouver ici : les cuisiniers vendant de la sauce. L'étalagiste, marchand fixe et industriel fixe, était du reste au-dessus du marchand ambulant dans la hiérarchie des professions. Tout particulièrement dans son *Histoire des classes ouvrières*, Levasseur a montré combien souvent, au Moyen Age, les artisans se transportaient chez le client, sur le lieu même du travail à exécuter ; aussi bien les ouvriers de l'alimentation que ceux du vêtement.

Le rôle que l'industrie itinérante a joué dans la vie sociale, pendant bien des siècles, s'explique d'autant mieux que cette industrie occupe encore une certaine place; et que surtout il y a 30 ou 40 années, dans les campagnes, là où n'avaient pas suffisamment pénétré les moyens de transports modernes, elle continuait de jouer un rôle presque de premier ordre. Combien ne rencontrait-on point de cordonniers emportant sur leur dos tout leur outillage et un petit approvisionnement de cuir; c'était le cas également pour le vitrier ambulant, qui n'a pas disparu complètement, même dans les grandes villes, bien qu'il perde du terrain avec une rapidité extraordinaire. Et n'aurions-nous point encore à citer le marchand de lunettes, le marchand de papier à lettres, le canneur de chaises : tous gens qui sont au moins pour partie des industriels, et qui venaient au client, craignant que le client ne vînt pas à eux. Nous voyons enfin, travaillant toujours pour ainsi dire avec la même intensité que jadis, le fabricant et surtout le raccommodeur de paniers.

A la même catégorie d'industriels itinérants appartient le rétameur, et bien d'autres que nous ne pouvons même pas mentionner. Parmi les industriels agricoles, il existe une foule de marchands de légumes, qui passent dans les rues des petites villes, et qui vendent les produits propres de leur industrie personnelle; quant au marchand des quatre-saisons de Paris, c'est un commerçant, un intermédiaire, plus qu'un industriel.

Dans les pays à civilisation industrielle relativement peu avancée, par exemple dans l'Inde, on trouve encore des métallurgistes véritables qui circulent de village en village, et qui transportent toute leur petite installation pour la fabrication du fer ou de l'acier,

et aussi pour la fabrication des outils et armes qu'ils
tirent de cette matière première. Tout naturellement, cette industrie itinérante tend à disparaître,
au fur et à mesure que les communications se font
plus faciles, que les moyéns de transport se perfectionnent ; et que, par suite, les produits obténus
dans une fabrique et par un industriel à poste fixe,
peuvent atteindre plus facilement la clientèle. Tout
naturellement aussi, la formation des agglomérations, des villes (avant même que ce fussent de
grandes villes) a contribué à la disparition de cette
industrie itinérante : dans l'agglomération, l'industriel était à peu près assuré de trouver une clientèle
suffisante pour répondre à l'importance — toute
relative — de sa production. Nous allons voir, d'ailleurs, dans un prochain chapitre, que, en raison
même de la faiblesse des débouchés, du petit nombre de clients à l'intérieur de ces agglomérations,
les industriels s'entendirent souvent, par l'intermédiaire des corporations, pour se réserver la clientèle possible.

Nous avons dit que la recherche de la clientèle se
faisait souvent par l'intermédiaire de colporteurs ;
qui tantôt étaient les industriels mêmes ayant fabriqué le produit vendu, tantôt des intermédiaires
facilitant le placement de certains produits, l'assortiment du colporteur pouvant être de nature variée.
L'importance et le rôle de ce colporteur, nous les
verrons se manifester dans tous les ouvrages traitant de l'histoire du commerce, qui est aussi
forcément l'histoire de l'industrie; puisque le
commerce n'a d'autre raison d'être que l'industrie

même produisant des objets qu'il s'agit d'écouler.

Aussi M. Mantoux, étudiant l'histoire de la révolution industrielle au xviiie siècle, les commencements de la grande industrie moderne, insiste-t-il tout particulièrement sur l'essor commercial; il montre ce personnage dont nous venons de prononcer le nom, le colporteur, jouant pendant des siècles, dans la vie des populations rurales, un rôle essentiel, qu'il joue encore dans les pays isolés ou attardés. La balle aux épaules ou menant par la bride un cheval de bât, le colporteur visite les hameaux, les fermes, les petites agglomérations, vend des ciseaux et des lunettes, des mouchoirs ou des almanachs, des étoffes, des articles de maroquinerie, d'horlogerie, et fournit tout ce que les producteurs locaux ne sauraient fournir; parce que ce sont des articles nécessitant une spécialisation trop grande pour les besoins locaux eux-mêmes. Ce colporteur était si bien un auxiliaire, sinon de la grande industrie, du moins d'une industrie importante cherchant à pénétrer les divers marchés locaux; que les producteurs de ces marchés, dans de multiples circonstances, demandaient l'interdiction du colportage, qui leur faisait une redoutable concurrence.

Il s'est fait aussi un colportage en sens inverse, pour ainsi dire, et qui a rendu également de très grands services au développement industriel. C'est l'agent que l'on trouvait en Angleterre comme en Belgique, en Belgique comme en France, et qui allait récolter dans certains centres les produits fabriqués par de tout petits industriels spécialisés; afin d'emporter ces produits vers des centres importants de consommation et de clientèle, ou tout au moins vers de grands industriels qui étaient surtout des commerçants, et qui se chargeaient de réaliser les produits et d'atteindre la clientèle à laquelle ils étaient destinés. C'est, en somme, un peu une survivance de cette façon de faire que l'on trouve parfois encore dans la région lyonnaise ou stéphanoise, sous la forme de ce que l'on appelle le *fabricant*, qui, par ses agents, écoule les tissus fabriqués à domicile par une série de tisseurs indépendants. Cette toute petite fabrication, donnant pourtant l'illusion d'une assez grande industrie par sa facilité à écouler dans une clientèle plus ou moins lointaine les produits fabriqués en très grande quantité et à bon marché, a été étudiée dans un pays où elle a joué un rôle considérable, par Arnold Toynbee, dans son ouvrage intitulé : *Lecture on the industrial revolution in England*[1].

§ 3. — Le rôle des foires.

Les difficultés que l'on avait pour mettre les produits à la disposition d'une clientèle assez dispersée, assez lointaine, nous préparent à comprendre l'influence extraordinaire que la transformation des moyens de transport, la mise à contribution des chemins de fer et des bateaux rapides, ont eue sur l'industrie contemporaine. Mais à défaut de tout cela, on avait imaginé, pour faciliter la réalisation

1. Revingtons, éditeur, Londres, 1884; un vol. in-8°, 250 pages.

des produits, des centres de réunion, les foires et marchés, où acheteurs et industriels étaient assurés de se rencontrer. M. Paul Leroy-Beaulieu a dit avec une précision et une justesse remarquables, qu'une des circonstances qui ont le plus poussé à la production par anticipation, en vue de besoins pressentis, ce fut l'établissement des grandes foires : aussi bien celles de France que celles de Russie, d'Allemagne ou des autres pays.

Nous n'avons pas à faire l'histoire de ces foires, qui nous entraînerait en réalité dans l'évolution commerciale proprement dite, et non plus seulement dans l'évolution industrielle; mais il est remarquable de constater qu'elles se sont organisées dès longtemps, sous le besoin toujours identique où se sont trouvés les industriels désireux de modifier et d'améliorer leurs procédés de production et d'abaisser leur prix de revient. Ce besoin, c'était trouver des débouchés. Durant la belle période des Grecs, des foires s'étaient créées près de tous les sanctuaires ; des marchés s'étaient ouverts dans toutes les villes, ainsi que le fait remarquer M. Henri Cons, dans son *Précis d'histoire du commerce*[1]. Bien plus tard, on vit en France, au temps de Dagobert, quand les routes eurent été quelque peu améliorées, se fonder la foire du Lendit, qui devait rendre les mêmes services que les foires grecques. Au commencement du XIIIe siècle, les foires de Champagne étaient fort courues; on y venait du Nord et du Midi. Et dans ces foires

1. Berger-Levrault, éditeur, Paris; deux vol. in-8°, 1896.

on vendait de tout : il y avait les jours spéciaux pour les industries textiles, puis les foires aux cordouans et pelleteries, ; la foire aux épices, aux drogueries, etc... C'est sous l'influence des mêmes besoins industriels que se sont créées les foires comme celles de Dantzig, de Leipzig, de Nijni-Novgorod; et tant d'autres, qui subsistent encore aujourd'hui, en constituant d'ailleurs quelque peu un anachronisme qui tend à disparaître de plus en plus.

C'est, de même, une survivance du passé, que ces marchés qui, à notre époque, se tiennent à des jours déterminés dans telle ou telle agglomération, et où viennent les industriels d'agglomérations voisines désireux d'augmenter leur clientèle, en offrant leurs produits dans une autre agglomération. Du reste, si l'on examine de près ces petits marchés forains, comme on les appelle d'un nom très caractéristique, on s'aperçoit que les industriels les plus éclairés ont tendance à les abandonner, parce qu'ils savent trouver d'une autre façon la clientèle. Par contre, dans les pays restés à un état assez primitif de civilisation, les foires, sous leurs formes diverses, continuent de jouer un rôle essentiel. C'est le cas, par exemple, de toute l'Afrique occidentale, où circulent les *Dioulas*, véritables colporteurs soudanais, qui courent les foires et marchés tenus souvent une fois par semaine, et à jours fixes, dans une série de localités.

Malgré tout, les communications restaient difficiles. Et non point seulement parce que les routes étaient mal entretenues ou que les véhicules de transport laissaient fort à désirer ; que le coût du transport, avec les moyens primitifs employés, était très élevé ; mais encore, et surtout, parce que la sécurité manquait sur les routes ; que les péages locaux, quand ce n'étaient point les pillages, faisaient surgir des difficultés terribles pour les industriels en mal de réaliser et de vendre leurs produits. Aussi les industriels allaient-ils s'entendre, sous la forme des corporations ou d'organismes analogues, pour s'assurer localement une clientèle suffisante : cela aux dépens du consommateur, qui serait plus ou moins rançonné ; aux dépens également de l'industrie, dont les progrès devaient être arrêtés par l'absence de concurrence, par le manque de développement des débouchés et de la clientèle.

CHAPITRE VI

Les Corporations et la Cristallisation
de l'Industrie.

L'arrêt de l'évolution dans les agglomérations sous l'influence
de la suppression de la concurrence : les corporations et
guildes, leurs avantages et leurs défauts. — La routine et la
haine de l'industrie extérieure. — Suppression graduelle de
l'influence des corps de métiers. — L'élargissement des
débouchés.

A la suite des progrès que nous avons indiqués,
il allait se faire, pendant bien des siècles, une sorte
d'arrêt à peu près complet de l'évolution et du progrès industriels. La création des agglomérations
urbaines, qui avait été certainement un facteur de
ce progrès, devait, par une incidence particulière,
sous la tendance naturelle à l'homme d'éviter quand
il le peut la concurrence, de s'endormir sur un
mol oreiller, entraîner ce que nous appelons peutêtre un peu audacieusement la cristallisation de
l'industrie. Chacun pour ainsi dire, à bien peu d'exceptions près, chercherait à demeurer sur les positions conquises ; en empêchant le voisin de modifier
ses méthodes, ses procédés, de peur d'avoir à modifier les siens propres. Nous devons reconnaître que

7

la violence qui régnait en maîtresse dans tant de manifestations de la vie sociale ; l'insécurité des routes et des voies de communication plus ou moins élémentaires qui existaient ; la tyrannie que les souverains, petits ou grands, avaient tendance à exercer sur ceux qui étaient leurs sujets, c'est-à-dire ceux qui s'étaient mis à l'abri de leur puissance militaire ; tout cela excusait quelque peu les pratiques qu'allaient suivre les corporations, les guildes, les associations diverses d'industriels. Nous devons dire de petits industriels, à peu près hors d'état d'aller chercher à l'extérieur une clientèle, à cause même de l'insécurité des communications et des relations interurbaines, à plus forte raison internationales ; et prétendant dès lors se réserver, sans concurrence extérieure, et sous bénéfice d'une concurrence interne strictement limitée par l'association, la clientèle de l'agglomération où ils se trouvaient réunis.

§ 1. — Débuts et action des corporations.

Mais de ces corporations, qui, à la fin du xviiie siècle, en France, allaient attirer sur elles, et légitimement, tant de malédictions, on a pu dire avec justesse que leur privilège, devenu ensuite odieux, avait été d'abord un instrument de liberté : liberté octroyée, suivant le mot de M. Paul Leroy-Beaulieu, mais bienfaisante au milieu d'un système d'assujettissement général. Les corporations, par l'association des intéressés, étaient arrivées à opposer une digue aux fantaisies des seigneurs et des souverains auxquels nous faisions allusion. Sans refaire l'histoire connue de ces associations, rappelons que, pour Émile Levasseur « elles furent une institution très profitable à l'industrie pendant le Moyen Age, à la fois forteresse et foyer de l'industrie naissante. »

Mais les services rendus furent payés, et trop largement, par des abus, des conséquences nocives de toutes sortes : tendance au monopole, routine dans les procédés, obstacles aux nouveautés, entraves à la grande industrie. C'est ce dernier caractère que nous retiendrons surtout ici ; c'est lui qui a fait que l'industrie moderne n'a pu débuter, que des méthodes plus économiques, plus rationnelles pour le producteur comme pour le consommateur, n'ont pu commencer de s'introduire, que quand les corporations ont disparu complètement, ou du moins quand leur influence a été suffisamment atténuée. Les corporations, après avoir servi à protéger le droit individuel, étaient devenues un facteur de stabilité. Plus tard, quand l'industrie essayait de se développer, que l'esprit d'invention et le capital se portaient vers elles, elles ne pouvaient plus avoir qu'un effet : gêner ce développement et ces transformations.

La corporation s'était créée pour la petite industrie, et elle ne pouvait convenir qu'à elle. C'est même pour cela qu'on la retrouve encore à l'heure actuelle et assez puissamment organisée en Tunisie, par exemple, et également au Maroc ; elle n'a disparu que tout récemment de certains pays des Balkans, et elle a dû disparaître quand on a voulu introduire dans ces pays l'industrie moderne.

Les corporations n'évitaient point, du reste, les crises, crises de consommation, crises de production ; elles les faisaient même plus redoutables, à cause de l'étroitesse du marché où pouvaient se vendre les produits. L'industriel ne pouvait pas modifier ses méthodes, car il se heurtait à la réglementation corporative, et il n'aurait eu guère intérêt à le faire, parce qu'il n'aurait pas pu écouler ses produits.

§ 2. — Routine et privilège.

A qui voudrait se renseigner pleinement sur l'organisation, le fonctionnement, les avantages, les inconvénients, et finalement la tyrannie des corporations et leurs effets cristallisants sur le mouvement industriel, nous ne saurions trop recommander un livre écrit par M. Georges Renard, le savant professeur au Collège de France [1]. Des corps de métiers ont été constitués comme une association de défense et de secours mutuels par les classes ouvrières, dont le travail commençait à être plus demandé ; ils protégeaient l'homme de métier, qui sortait du servage, et par conséquent l'initiative et la responsabilité du petit industriel, au grand bénéfice même de la production, c'est-à-dire de l'industrie. Mais ce qu'ils avaient en vue, ce n'était pas seulement assurer la bonne police du métier, prévenir les malfaçons et les fraudes, dans l'intérêt de ce métier et du consommateur ; ce fut aussi, et très

1. O. Doin et fils, éditeurs, Paris ; un vol. in-18, 400 pages, 1909.

rapidement, s'assurer le monopole de ce métier et celui de la clientèle. C'était un enrégimentement très strict, dont ne manquaient point de souffrir les « maîtres », pour peu qu'ils eussent un peu d'initiative et désirassent améliorer leur industrie ; mais dont souffraient encore bien davantage les collaborateurs de la production, ouvriers et apprentis, qui voyaient les conditions d'apprentissage, de travail même, minutieusement réglées.

En dépit de la besogne de cristallisation entreprise par les corporations, certains progrès ne manquèrent point de se faire. En France, notamment dans le courant du xvi⁰ siècle, l'industrie se développant, c'est-à-dire ayant besoin de se spécialiser davantage, le nombre des corporations augmenta. Ce qui n'empêcha point le joug pesant qu'elles faisaient sentir aux industriels de s'accentuer, jusqu'à amener ultérieurement une rupture violente des liens qui ligotaient l'industrie.

Nous retrouverions dans les pays étrangers la même organisation corporative, avec ses avantages des débuts bientôt suivis d'inconvénients innombrables. En Flandre, il y a eu les guildes, qui pendant très longtemps ont fait de ce pays un grand centre manufacturier, ce qui ne veut pas dire un pays de grande manufacture. En Italie, il y a eu des groupements de métiers analogues ; c'étaient les « Arts majeurs » de Florence par exemple, Arts majeurs qui ne purent arrêter que relativement la marée montante des Arts inférieurs, comme on l'a dit pittoresquement, et le développement des arts intermédiaires. Cette impossibilité où ils furent mani-

festa bien cette spécialisation et cette division du
travail grandissantes, que nous avons vues s'accentuer au fur et à mesure de la disparition graduelle
de l'industrie domestique. L'Angleterre a eu de son
côté des corps de métiers, les *Craft guilds*.

Ainsi que nous l'avons laissé entendre, on ne
tarda pas à s'apercevoir des inconvénients de ces
corporations, du jour où les services qu'elles étaient
susceptibles de rendre furent étrangement dépassés
par la tyrannie qu'elles exerçaient sur le progrès
industriel. On a parlé souvent des manifestations
les plus caractéristiques de cette tyrannie. L'esprit
de monopole est toujours mauvais, mauvais pour le
consommateur, mauvais même pour ceux qui se
figurent en profiter directement et au profit desquels
le monopole a été établi. On était arrivé à ce que
constamment des procès se poursuivaient entre corporations rivales, à cause d'empiétements commis
par une corporation sur ce qui était légalement le
domaine d'une autre; alors que ces empiétements
résultaient le plus souvent d'un progrès technique,
d'une diminution du prix de revient réalisée par un
producteur, et qui aurait pu profiter au consommateur en même temps qu'à lui.

L'intervention de la royauté dans la réglementation des métiers, des corporations, des procédés
techniques, ne fit qu'aggraver le mal : ce fut le cas
pour les règlements pris par Colbert, sans doute
dans une bonne intention, mais qui eux aussi ten-
daient à une cristallisation, en décidant que tel produit, tel tissu, tel objet se fabriquerait dorénavant
suivant une formule immuable, que telle étoffe

compterait toujours tant de fils, et des fils de telle nature, au pouce carré, quelles que fussent les possibilités de modifications apportées à la filature et au tissage. En somme, il fallait aux corporations empêcher que la clientèle du métier ne fût accaparée, ou tout au moins attirée en bonne partie, par un habile, par un industriel perfectionnant le métier.

Des esprits routiniers avaient bien été parfois, comme au xviiie siècle, obligés malgré le monopole de modifier un peu les procédés prévus dans les règlements ; mais les modifications n'étaient acceptées et incorporées dans ces règlements que quand elles s'imposaient depuis des années et des années, alors que les articles fabriqués étaient devenus surannés ; le consommateur n'en avait pas moins payé pendant ce temps un prix de vente beaucoup plus élevé, comme conséquence du prix de revient auquel on s'était entêté.

Nous devons ajouter que parfois par des lettres patentes l'autorité royale est intervenue en créant un privilège, un monopole, en vue d'affranchir tel industriel privilégié des restrictions à la liberté qui avaient pour base l'esprit de routine et la crainte de la concurrence, de l'accaparement de la clientèle. Ces autorisations royales ont permis jusqu'à un certain point à la grande industrie de débuter timidement en France au xviie, puis au xviiie siècle, ainsi que nous le verrons. Les industriels de l'époque, dans l'admiration traditionnelle de la corporation et de la réglementation, se figuraient, quelque peu de bonne foi, que la concurrence devait appauvrir les *gens établis;* ils ne se rendaient pas compte du coup de fouet qu'elle donne à la consommation, c'est-à-dire à la demande.

On comprend que, désireuses comme elles l'étaient de supprimer la concurrence intérieure, de conserver à chacun sa clientèle traditionnelle, les corporations fussent encore bien plus opposées à l'industrie foraine, c'est-à-dire au commerce des produits venant du dehors. Et à Florence, pour l'*Arte calimala,* de même que dans les autres pays pour les divers métiers, il était fait défense d'accaparer la clientèle, d'inviter à entrer chez soi les pratiques arrêtées devant l'étalage du voisin, d'appeler les passants circulant dans la rue, d'envoyer à domicile une pièce d'étoffe ou tout autre objet. pour le faire voir à un client possible; toute réclame individuelle était regardée comme faite au détriment d'autrui et pour cela défendue. La corporation voulait exclure du marché de sa ville toutes les villes voisines, tous leurs fabricants : comme le dit si bien M. Renard, c'est le secret des guerres acharnées qui mirent aux prises Bruges et Gand, Sienne, Pise et Florence, Gênes et Venise.

Le brevet de maître obtenu dans une ville ne valait rien dans les autres; les forains étaien' gênés par toutes sortes d'obligations, de réglementations, de contraintes; la corporation entendait fermer la porte aux produits de l'extérieur qu'elle pouvait produire elle-même. C'est d'ailleurs dans le même esprit que l'on interdisait aux ouvriers de transporter en pays ou en région étrangère un art ou un métier;

on sait sans doute les réglementations féroces prises
par la République de Venise à cet égard. L'érudition
admirable de notre regretté maître Émile Levasseur
a accumulé les preuves de cette hostilité dont les
corporations poursuivaient la concurrence des marchands forains. Sous cette influence, le marché
était étrangement étroit : on se trouvait juste à
l'inverse des conditions présentes de la vie sociale,
qui ont permis à l'industrie d'atteindre un bon marché exceptionnel.

§ 3. — Retour à la liberté et au progrès.

Turgot, en faisant signer au roi le fameux Édit,
allait mettre un terme aux abus et à la routine des
corporations. Sans doute l'Édit devait être abrogé
peu de temps après, mais il avait jeté les bases
d'une réforme féconde et définitive du régime de
l'industrie. La transformation allait se faire, ou
avait déjà commencé de se faire dans les pays
étrangers, avec les mêmes résultats pour le développement de la technique et l'évolution industrielle.

Il faut dire que, sous des influences diverses que
nous allons préciser, dans certains pays assez rapidement, dans d'autres un peu plus lentement, l'industrie avait trouvé moyen d'échapper à la contrainte : c'est ainsi qu'en Angleterre beaucoup d'industriels s'étaient établis dans des bourgs non dotés
de chartes corporatives, pour pouvoir appliquer les
modifications de la technique industrielle qui avaient
été découvertes, et dont ils espéraient grand bien au
point de vue du développement de la clientèle et des

ventes. Ce sont ces villages créés grâce à la liberté, qui devinrent des centres industriels puissants, comme Birmingham, Manchester, Leeds, Sheffield : démonstration déjà probante de l'essor que devait prendre l'industrie sous l'influence de la suppression des contraintes. Les « Craft guilds » virent la décadence les atteindre comme conséquence de cette évolution, et elles ne manquaient pas de se plaindre de ce que les cultivateurs des hameaux et des villages s'étaient mêlés de faire du tissu. Cette évolution se fit de très bonne heure en Angleterre, car en 1547 le coup de mort fut porté aux corporations par un acte du Parlement voté sous Henri VIII; et le pivot économique de l'Angleterre se trouva déplacé, ainsi que l'observe Levasseur, l'industrie se développa sans l'entrave corporative. Il est vrai que la réglementation royale se substitua quelque peu à la réglementation corporative; mais c'est certainement en grande partie à cette évolution précoce que l'avance de l'industrie anglaise est due.

Un facteur pour ainsi dire extérieur venait influencer les pratiques industrielles. Il s'était formé des États, l'unité nationale commençait à se fonder de toutes parts; les villes ne pouvaient donc plus demeurer isolées en face de leurs voisines comme en face d'ennemies; elles ne pouvaient plus se traiter en étrangères; et sans parler d'économie nationale se substituant à l'économie urbaine, pour ne pas employer la définition trop absolue de M. Bücher, il est indiscutable que les relations commerciales n'étaient plus restreintes à l'intérieur d'une ville, mais se faisaient tout au moins d'un bout à l'autre d'un pays.

Aussi bien, les moyens de transport par voie de terre et par mer s'étaient modifiés et améliorés considérablement : il y avait, par suite, élargissement des débouchés, et nous en revenons là à cette fameuse question qui domine le développement industriel à toutes les époques. Des découvertes maritimes. énormes dans leurs conséquences, étaient faites, des colonies se créaient, des relations avec les pays lointains s'établissaient, pour une clientèle tellement élargie qu'il fallait arriver à produire davantage, à produire plus économiquement, étant donnés les frais de transport que les produits fabriqués avaient à supporter. Il allait falloir modifier les pratiques industrielles autant dans l'organisation de l'industrie que dans les procédés techniques employés, les deux choses se tenant étroitement. Sous l'influence de ces expéditions à grande distance des marchandises à vendre, la spécialisation des professions s'accusait : à côté des industriels gravitait tout un monde de commerçants, industriels d'une nature particulière, dont le concours réagirait heureusement sur l'écoulement des produits.

La grande industrie mécanique devait enfin bientôt se constituer. à la suite de découvertes précieuses; et, comme l'a dit M. Alfred Marshall, la nouvelle industrie allait faire éclater de toutes parts les cadres étroits des vieilles routines industrielles.

CHAPITRE VII

Les débuts de la production en grand et l'accumulation des capitaux.

Premières créations de manufactures fabriquant en grand, premières formations de capitaux dans l'industrie ancienne. — Manufactures royales, grandes usines au XVIIe siècle. — L'apparition de métiers.

En dépit de la faible productivité d'une industrie qui ne faisait pas de gros bénéfices, tout en vendant relativement très cher à sa clientèle les produits qu'elle fabriquait ; en dépit de l'impossibilité où l'on se trouvait d'accumuler dés capitaux liquides pour répondre à d'importantes immobilisations industrielles, notamment sous la forme de matières premières ; en dépit d'une clientèle toujours restreinte, et dont la très faible abondance provenait en très grande partie des prix trop élevés de revient et de vente des produits fabriqués ; on avait pourtant parfois réussi à accumuler des capitaux ; parfois aussi, on avait vu tenter des essais de grande industrie ; on avait vu s'établir des manufactures fabriquant par grandes quantités eu égard au rendement de ce que l'on pouvait appeler l'industrie normale.

La création de ces manufactures ou la formation de ces capitaux était, il est vrai, due à des interventions gouvernementales et réglementaires, manifestations artificielles, sans doute, mais qui modifiaient heureusement pour une fois le régime artificiel lui-même que l'on devait aux corporations de métiers.

§ 1. — L'accumulation des capitaux.

Cette formation du capital, de l'épargne sous toutes ses formes, est chose naturelle dans une société dès que l'industrie y a débuté : les premières manifestations mêmes de l'activité industrielle, de la production, nécessitent, comme nous l'avons expliqué, la création d'outils préalables ; il a fallu qu'il existât chez l'homme un esprit de prévoyance et d'épargne ; et comme cet esprit de prévoyance trouve bien vite sa récompense, il ne peut que se développer ; à condition, bien entendu, que l'organisation politique et sociale ne vienne y opposer des obstacles.

Aussi observe-t-on, dans des civilisations fort anciennes, les premières manifestations embryonnaires, il est vrai, de la formation de capitaux : les auteurs auxquels nous avons fait de nombreux emprunts pour avoir étudié avec eux et avec leur érudition les civilisations primitives et le monde antique, nous fournissent des preuves de ce que nous avançons : à cet égard, le livre de M. Salvioli est plein d'enseignements. Sans doute, il montre qu'au début de la civilisation romaine, l'organisation du travail industriel ne se prêtait guère à l'emprunt de capitaux pour les appliquer à la production; d'autre part, il insiste sur la lenteur de l'accumulation progressive, qui résulte précisément de cette faible productivité à laquelle nous faisions allusion. Sans doute aussi, il s'élève quelque peu contre l'opinion beaucoup trop absolue de M. Mommsen, qui compare Rome à l'Angleterre au point de vue de la puissance des capitaux; et aussi contre Marquardt, qui affirme que le régime capitaliste s'empara du commerce et de l'industrie au moment de l'empire romain. Mais tout en insistant, comme nous, sur la faible productivité de l'industrie et sur cette conséquence que les capitaux n'étaient point attirés vers elle, il constate bien que, dans certaines circonstances, des capitaux se formaient qui, par voie indirecte, pouvaient servir à la production industrielle.

Ce qui nuisait à cette formation du capital, c'est qu'on n'avait point la certitude qu'il serait protégé comme celui qui était employé en terres; et aussi qu'on ne disposait point de cet organisme précieux du monde moderne : la société par action, l'association des capitaux sous la forme anonyme. Aussi bien, M. Guiraud va-t-il nous donner des documents particulièrement précieux sur l'usage industriel des capitaux qui se faisait dans l'ancienne Grèce. A Corinthe, il nous cite la grande famille des Bacthiades. qui cherchait dans l'industrie et le trafic les ressources que l'agriculture lui refusait, et qui utilisait pour cela des capitaux accumulés.

C'était la classe gouvernante riche qui procurait aux artisans la mise de' fonds indispensable. Si

médiocre que fût l'outillage, il fallait des avances
pour entreprendre une profession ; et ces avances
devaient être considérables quand il s'agissait d'un
travail compliqué comme l'exploitation des mines,
les transports maritimes, deux industries couramment pratiquées par les Grecs. L'usine était certainement une rareté ; et M. Guiraud, bien que
n'étant pas économiste de métier, a bien compris
que c'est la machine qui a créé les grandes usines
(sinon les manufactures, car le mot qu'il emploie ici
est un peu mal appliqué). Mais, au temps de l'ancienne Grèce, il existait de gros concessionnaires de
mines ; il en était un peu de même en matière de métallurgie ; et si, à notre époque, ces exploitations paraî-
traient bien modestes, ridiculement petites, elles
nécessitaient néanmoins, dans ces temps lointains,
une accumulation de capitaux relativement considérable, pour l'outillage comme pour le paiement,
c'est-à-dire l'avance des salaires.

Mais il est bien certain qu'il fallait des capitaux
autrement importants, capitaux immobilisés plus ou
moins sous des formes variées, pour rendre la production plus régulière, plus intense, pour la faire
sortir de ce que M. de Molinari a appelé l'âge de la
petite industrie.

§ 2. — Premières grandes manufactures.

Il est fort intéressant de jeter un coup d'œil,
même rapide, sur les premières grandes manufactures, créés un peu artificiellement, ainsi que nous
l'avons indiqué, et que l'on a vu apparaître en

France, par exemple, dans le courant du xviiᵉ siècle. Ce n'est point la grande industrie proprement dite, il s'en faut ; c'est encore moins la grande industrie prenant définitivement racine ; mais, ce sont des manifestations particulièrement intéressantes, puisqu'elles montrent que certaines gens se sont rendu compte des avantages que de grands établissements industriels peuvent assurer à la production.

Déjà, sous Henri IV et au temps de Richelieu, on voit se fonder certaines usines, certaines manufactures jouissant d'une protection spéciale : fabriques de maroquin, manufactures de glaces et de cristaux, fonderies mécaniques dotées de martinets, manufactures pour le tréfilement ou le laminage des tuyaux de plomb, etc. C'est aussi la création des manufactures royales, développement des quelques essais du genre qui avaient été faits au temps de François Iᵉʳ et même de Louis XI. Cette création répondait à des idées spéciales, au désir de permettre à la France de s'affranchir de bien des produits venant de l'étranger. Malgré tout, ces établissements étaient bien des manifestations de grande industrie. Émile Levasseur a rappelé à ce propos la manufacture de toiles de Saint-Sever, près de Rouen, possédant 350 métiers, ce qui était énorme pour l'époque ; tellement énorme qu'il fallait pour mettre en œuvre ces entreprises des sociétés commerciales fournissant le capital.

Le roi, avec ses ressources exceptionnelles, était parmi les capitalistes qui « faisaient » l'argent nécessaire. Au temps de Colbert, (plus enclin pourtant que quiconque à renforcer la réglementation corporative qui maintenait l'industrie à l'état de petite industrie) on vit se développer, se multiplier les manufactures royales, se livrant à la fabrication en grand. Et qu'on ne s'y trompe point; ces manufactures royales n'étaient point toujours des manufactures de l'État; ce pouvaient être des groupes de fabriques jouissant du monopole de fabrication de tel produit; des établissements particuliers, ou appartenant bel et bien à une société et ayant reçu des lettres patentes. Cette question de la grande industrie sous le règne de Louis XIV a été étudiée de la façon la plus autorisée, d'une part, par M. Boissonnade dans un mémoire couronné par l'Académie des sciences morales et politiques, et aussi par M. Germain Martin. La grande industrie s'est trouvée implantée artificiellement, elle s'est enracinée profondément; mais à la suite de bien des dépenses, de bien des ruines, avec le concours de capitaux appartenant à des grands seigneurs, qui trouvaient avantageux de les faire ainsi valoir. Elle ne pouvait être qu'exceptionnelle, parce qu'elle ne vivait qu'à coups de privilèges; et ces privilèges empêchaient des industries concurrentes de se créer, de se développer, ce qui arrêtait le progrès de la technique industrielle.

Ce qui allait permettre à celle-ci de se modifier de la façon la plus avantageuse, et aussi aux usines d'apparaître, ce serait l'emploi de la force motrice mécanique et d'un outillage mécanique, en même temps que la mise à la disposition des entreprises industrielles de capitaux plus abondants. Nous devons reconnaître, d'ailleurs, que dans certaines manufactures royales jouissant de privilèges, comme en matière de bonneterie, la protection du souverain avait permis l'introduction de métiers, notamment du métier à tisser les bas. Mais les métiers, en général, ne pouvaient se propager qu'avec la liberté grandissante.

Les premières manifestations artificielles de grande industrie s'étaient naturellement produites aussi bien en Angleterre, en Italie, qu'en France; car, conformément à l'universalité des lois économiques, l'évolution industrielle s'est faite sensiblement de la même manière en tous pays, quoique à des époques différentes suivant un processus plus ou moins rapide. Karl Marx, qui a vu assez juste dans l'ensemble quand il s'est agi de suivre les transformations industrielles, et notamment l'évolution de la technique, a insisté sur cette forme précoce de la grande industrie, qu'il appelait si justement la manufacture. De son côté, M. Mantoux, dans sa volumineuse étude déjà citée, étudie cette même forme de la grande industrie, se manifestant, par exemple, par les grands drapiers du xvie siècle, ou par les maîtres de forges du Sussex. Les véritables débuts de la grande industrie en Angleterre ne devaient se faire qu'avec la découverte des machines à filer.

Nous allons suivre dans un instant cette véritable révolution, qui a fait école peu de temps après dans les autres pays, et qui nous a amenés à l'organisation moderne de l'industrie. Elle a, du reste, été puissamment suscitée et puissamment aidée par le développement du commerce, qui était arrivé à dépasser pour ainsi dire les facultés productrices de l'industrie, était à même de renseigner les producteurs sur les besoins des marchés, et de les inciter par conséquent à produire davantage, à meilleur marché, en mettant à contribution les mécanismes nouveaux.

CHAPITRE VIII

Les débuts de la machinofacture.

L'apparition des premières machines; premiers dispositifs
mécaniques et commande à bras : rouet, navette volante, etc.
— Transition entre la petite et la grande industrie. —
L'esprit nouveau, le désir de satisfaire le consommateur. —
Turgot et son influence. — Formation de grands ateliers. —
Les influences multiples de la machine.

Qu'on nous pardonne ce mot, quelque peu bizarre
et barbare, de machinofacture; mais il répond bien
à la réalité des choses. Il s'oppose au mieux au mot
de manufacture, que l'on utilise pourtant souvent
pour qualifier nos usines et notre industrie modernes,
alors qu'il s'applique si mal à ces usines, où la
machine joue un rôle autrement considérable que la
main de l'ouvrier. Ce mot s'impose quand il s'agit
d'opposer les procédés modernes aux procédés
anciens, c'est-à-dire aux procédés qui ont subsisté
jusqu'à la fin du xviii° siècle, et où cette main, com-
plétée par quelques outils assez primitifs, quelquefois, il est vrai, par des dispositifs mécaniques,
mais très primitifs eux-mêmes, fabriquait les objets
déjà nombreux devant satisfaire aux besoins

humains. Sans vouloir faire à nouveau une monographie de la machine que nous avons faite par ailleurs[1], nous sommes bien obligé d'insister sur ce fait que les transformations profondes auxquelles nous devons l'industrie moderne, sont caractérisées en très grande partie par l'emploi de la machine, qui a entraîné ou permis une évolution curieuse dans les procédés, dans la technique, dans l'organisation matérielle ou même commerciale; et qui, ne l'oublions pas, est à la base de cette transformation des moyens de transports dont nous signalerons plus loin le rôle primordial dans l'évolution industrielle moderne.

Naturellement, si parfois un peu avant l'avènement des premières machines, parfois peu de temps après, dans les divers pays réellement civilisés au point de vue industriel, on n'en était pas arrivé à supprimer l'organisation routinière de l'industrie que nous avons vue se manifester sous la forme des corporations, la multiplication des machines, leur emploi grandissant n'aurait pu se réaliser. En sens inverse, on peut dire que l'apparition des premiers métiers et des premières machines, le progrès industriel et technique se manifestant grâce à elles, sont venus activer la disparition des corporations.

§ 1. — La fabrication mécanique.

L'introduction de la machine et du métier, autrement dit de la fabrication mécanique, ne s'est

---

1. V. notre ouvrage *la Machine et la main-d'œuvre humaine*, Doin et fils, éditeurs; Paris, 1912.

évidemment pas faite avec une brusquerie déconcertante dans l'industrie : elle a été préparée par certaines modifications timides, quelquefois à assez longue distance, et qui, sans laisser présager aux contemporains l'évolution, la révolution qui allait se produire, nous permettent, à nous, de mieux comprendre les antécédents de cette transformation profonde.

Bien entendu, nous ne faisons point allusion au métier à tisser. Son origine remonte à des siècles et des siècles; mais, pour admirable qu'avait été cette invention, elle ne, s'était guère perfectionnée puisque, au XVIIIe siècle, elle conservait à peu près la forme primitive qu'on lui voit dans des civilisations tout à fait élémentaires : cela tenait en grande partie à ce que, en dépit des avantages qu'il assurait, il n'était pas susceptible d'une commande autre que la commande à bras.

Mais il y avait eu d'autres inventions qui s'étaient manifestées par la création de véritables dispositifs mécaniques : tel le rouet, commandé encore au pied, il est vrai, mais pouvant si bien se commander par une machine motrice, à eau par exemple, rouet se substituant à la quenouille et au fuseau. C'étaient aussi, à titre un peu moins important, les machines à ourdir permettant les arrangements de la chaîne avant la mise en place de cette chaîne sur le métier ; ou encore les moulins à foulon, permettant le feutrage de l'étoffe et se substituant au traitement dans l'eau par piétinement. C'était aussi, ce sur quoi a insisté plus particulièrement, et avec raison, Arnold Toynbee dans un volume que nous avons déjà cité, l'invention de la navette volante ; non seulement cette navette volante, combinée par Kay en 1738, permettait au tisseur de travailler deux fois plus vite, rendait possible à un seul homme de fabriquer les étoffes les plus larges, alors qu'autrefois il fallait deux travailleurs pour cela ; mais encore on recourait pour la propulsion, le lancement alternatif de cette navette volante, à un dispositif mécanique multipliant étrangement la force humaine, simplifiant considérablement le travail.

L'évolution dont nous nous préoccupons avait été préparée, d'autre part, par une invention des plus intéressantes, celle du métier à tricoter les bas ; invention dont les conséquences étaient demeurées relativement limitées en 1597, année où William Lee la fit, et qui même, comme tant d'autres, avait été fort mal accueillie au début. Ce fut seulement, au bout de bien longtemps que le tricotage à la machine put s'acclimater à Nottingham, pour remplacer bientôt presque complètement le tricotage à la main. Si l'influence du métier à tricoter ne fut pas plus considérable sur l'évolution industrielle, c'est que ce métier pouvait s'employer à domicile, qu'il ne présupposait nullement l'existence de grandes usines ou machinofactures. Comme toutes les transformations que nous poursuivons encore à l'heure actuelle, et comme le régime de l'usine, il nécessitait d'ailleurs un capital assez élevé : la difficulté avait été tournée ici en ce que le métier était acheté par des manufacturiers, qui le louaient aux ouvriers tricoteurs.

Et dans cette industrie, comme l'a si bien fait remarquer M. Mantoux, on retrouvait un mélange curieux des caractéristiques de l'ancienne industrie traditionnelle et des transformations prochaines. Il y avait là une transition toute naturelle entre la petite industrie de jadis et la grande industrie de demain. Tel était le cas de ce que l'on a appelé, spécialement au point de vue anglais et au point de vue de la fabrication des draps, le marchand manufacturier, qui se retrouve également, et aujourd'hui encore, dans la pratique lyonnaise ; marchand manufacturier achetant la matière brute, mais ne possédant pas de locaux industriels ; distribuant du travail à domicile, faisant travailler à façon pour son compte des ouvriers demeurés des chefs d'entreprise.

Cette période transitoire pouvait s'observer un peu partout ; M. Lewinski, dans son livre sur l'évolution industrielle de la Belgique[1], et, d'autre part, M. Dechesne, ont donné de nombreux exemples pour leur pays de ces marchands drapiers dirigeant la production, fournissant la matière première à des artisans qui travaillaient pour leur compte, à eux marchands, et recevaient simplement le prix de façon. Dans ces conditions, l'industrie demeurait souvent l'occupation accessoire des agriculteurs à certaines époques. Dans les campagnes du Hainaut, les paysans faisaient des bas de fil ou de laine qu'ils portaient vendre en ville aux marchands en gros. Il en était un peu de même de l'industrie du tressage de la paille, ou encore de la clouterie.

Ceux qui se livraient ainsi à une industrie subsidiaire et pratiquaient cette façon spéciale de tra-

1. Institut Solvay, *Travaux de l'Institut de Sociologie et Études sociales*, Rivière, éditeur, Paris, 1911.

vailler, avaient échappé à peu près complètement à la tyrannie des corporations. Du reste, chacun pour ainsi dire était arrivé à désirer la disparition de ces dernières, par suite de la gêne terrible qu'elles imposaient maintenant. Par suite des découvertes maritimes, de l'extension du commerce, du rôle de plus en plus important qu'on lui reconnaissait, de l'initiative des banques naissantes, de la formation de grandes compagnies; on veut produire de façon intense; on comprend que l'on a avantage à chercher de toutes façons à satisfaire le consommateur. C'est l'opposé de l'esprit des corporations.

La transformation était particulièrement facile en Angleterre; et c'est une des causes pour lesquelles le machinisme s'y est développé tout d'abord, ainsi que la grande industrie : la réglementation y était beaucoup moins tyrannique qu'ailleurs; elle avait laissé hors de son atteinte de grandes villes comme Manchester, Birmingham et d'autres centres, dont nous avons parlé antérieurement. La disparition des corporations se fit dans ce pays, comme souvent tant d'autres choses, par une série de mesures graduelles, et non point par une législation logique faisant disparaître brusquement le passé.

Une série d'industriels, comme les chapeliers ou teinturiers, les imprimeurs d'indienne, puis les tricoteurs de bas, réclamèrent contre les réglementations vexatoires pour la manufacture et pernicieuses pour l'industrie; et par des éliminations successives, on peut dire qu'à la fin du xviiie, du moins au commencement du xixe siècle, le régime corporatif ne laissait plus de traces dans l'industrie anglaise.

En France, sous l'influence des Physiocrates et à la suite de mesures successives prises vers 1762, 1763 et 1765, intervint enfin le fameux Édit de 1776, préparé par Turgot et signé par Louis XVI; édit sur lequel on revint au bout de peu de temps, mais qui avait semé le bon grain. Ce grain ne tarda pas à lever, et la Révolution supprima définitivement corporations, jurandes, etc. Il subsiste bien quelques traces de ce régime en Autriche et un peu en Allemagne; cependant, même en Autriche, ce n'est plus la corporation ayant monopole du métier, ni arrêtant les progrès de la technique industrielle. Comme conséquence de cette suppression du régime corporatif, la concurrence allait jouer entre les industriels et entre les industries diverses, avec ses bienfaits multiples, en poussant constamment au perfectionnement de la production, à l'abaissement du prix de revient : abaissement qui entraîne forcément l'abaissement du prix de vente, puisque chaque industriel ou chaque commerçant (si les deux professions sont séparées) s'efforce d'attirer à lui le client en lui offrant l'article le plus avantageux au meilleur prix possible.

Sans doute, cette concurrence impose des sacrifices; elle est mal jugée même à notre époque; et il en devait être bien autrement encore au début de la grande industrie, lorsqu'on sortait du régime des corporations; néanmoins, ses avantages se sont tellement accusés, qu'on a demandé de toutes parts à la voir jouer aussi largement que possible, au moins à l'intérieur du pays.

§ 2. — Résistance de la petite industrie.

Si nous assistons à ce moment — et nous envisageons plus spécialement la fin du xviiie siècle — à la naissance, puis au développement de la grande industrie; cela ne veut pas dire, comme nous l'avons déjà fait remarquer, que la petite industrie disparaisse brusquement. Aussi bien, la voit-on subsister à l'heure actuelle dans des pays fort avancés en civilisation industrielle ; et dans des régions réellement civilisées comme les pays des Balkans[1], on s'aperçoit que la grande industrie est à peine née depuis quelques années. Jusqu'à ces temps derniers presque, tant que la Bulgarie, par exemple, est demeurée sous la domination ottomane, l'organisation de la production était tout à fait primitive, la vie économique rudimentaire ; et, ainsi que l'écrivait M. Daniloff, on trouvait dans les villes des artisans travaillant seuls avec quelques apprentis, faisant eux-mêmes le commerce de leurs produits, qu'ils vendaient dans leur boutique ou bien aux foires. Il est intéressant, à cet égard, de noter que les grandes foires de l'Empire ottoman, foires de Esky Djoumaïa, de Usundjovo, de Suil, de Marache, ont gardé jusqu'à notre époque leur raison d'être, par suite même de cette industrie si primitive.

Bien entendu, partout où subsistaient encore ces

---

1. En Roumanie actuellement, le paysan fabrique même encore presque tous les objets à son usage; M. Et. Martin-Saint-Léon en déduit que ce paysan est industrieux; nous en concluons que l'industrie est bien en retard.

petits ateliers, les progrès industriels étaient presque nuls, l'artisan travaillant comme on travaillait jadis, la technique et l'outillage étant demeurés ceux des aïeux. C'était le cas tout particulièrement pour l'Angleterre, par exemple pour l'industrie de la coutellerie de Sheffield, à la veille même du moment où les grandes usines et les machines allaient s'introduire si largement dans ce pays. Pour la France, M. Babeau, dans son étude sur les Artisans d'autrefois, a rappelé l'infime importance des diverses industries, ne possédant chacune que quelques ouvriers, quelques métiers, quand on pouvait mettre à contribution des métiers dans l'industrie.

De son côté, en Belgique, même dans cette industrie métallurgique que l'on considère comme ayant toujours présenté une importance unitaire assez notable, M. Lewinski nous montre les fonderies du pays de Liége n'occupant ordinairement que cinq à six ouvriers. D'après lui, l'exploitation de la houille ignorait aussi les grandes entreprises : elle était pratiquée par des groupes de mineurs constitués en compagnies et ne comptant qu'assez peu d'unités. Ces associations sans capital avaient, du reste, de très gros inconvénients au point de vue de la production.

§ 3. — Influence grandissante du machinisme.

On avait vu les premières manufactures, ces manufactures royales et privilégiées dont nous avons parlé, donner des résultats beaucoup plus heureux que les entreprises de la petite industrie : l'exemple devait porter ses fruits, il avait convaincu bien des gens de la voie dans laquelle on devait s'engager si l'on voulait réussir, à condition de trouver les moyens matériels de généraliser cette forme d'industrie. C'était le cas, même dès le temps de Henri VII, en Angleterre ; on avait vu certains drapiers, notamment, jouer dans le pays, toutes proportions gardées, un rôle analogue à celui de nos grands manufacturiers.

Le plus célèbre d'entre eux fut John Withcombe, dit Jack de Newbury, dont la richesse était devenue proverbiale, à cause même de l'intensité, de l'activité de production de ses vastes ateliers, où un nombreux personnel était occupé à carder, à tisser et à filer. Dans ces ateliers se trouvaient 200 métiers, chiffre invraisemblable pour l'époque ; et le roi d'Angleterre s'était écrié un jour « que ce Jack de Newbury était plus riche que lui ! » ce qui n'était pas un mince éloge à faire de cette première manifestation de la grande industrie. Même en admettant que le chiffre donné pour le personnel et les métiers de l'usine de Withcombe fussent exagérés par l'enthousiasme populaire, il n'y en avait pas moins là un exemple très édifiant de ce que pouvait donner la grande manufacture. Ce qui montre mieux que toute autre chose le succès rencontré par celle-ci, c'est qu'elle avait suscité des imitations. La création et les succès des manufactures royales ou privilégiées avaient attiré l'attention des capitalistes et des riches négociants, qui avaient commencé à s'adonner à cette nouvelle forme d'activité.

On allait pouvoir imiter ces exemples de façon

presque normale, grâce aux découvertes techniques s'appliquant notamment à la filature, au tissage et à la production de la force motrice ; à l'esprit d'invention par conséquent, pour employer un terme qu'affectionne justement M. Paul Leroy-Beaulieu.

D'autres facteurs, sans doute, allaient se superposer à ce premier et augmenter la rapidité de l'évolution. Karl Marx qui, si souvent, dans son œuvre dogmatique, confuse et assez peu originale, s'est contenté d'énoncer des idées creuses, en dehors de toute réalité et de toute observation, a pourtant, au point de vue de la technique et de son influence, assez heureusement aperçu l'évolution à laquelle nous faisons allusion, l'influence de la machine sur la création de l'usine. C'est elle qui a entraîné une division du travail grandissante, division à l'intérieur de la division des professions, amenant précision, rapidité, bon marché, plus d'ordre et de régularité dans la production, moins de main-d'œuvre, abaissant les prix, comme l'a expliqué Adam Smith.

Le titre d'un chapitre de Marx, *Machinisme et grande industrie*, est absolument vrai, en ce qu'il donne comme caractère distinctif de la grande industrie l'usage même de la machine. D'ailleurs, le capital fixe, le capital immobilisé, augmente dans des proportions considérables, en même temps que le capital circulant, c'est-à-dire les matières premières qui seront transformées pour donner finalement le produit.

Nous ne pouvons indiquer en quelques lignes quelles sont les grandes inventions, les principales machines qui ont amené à l'organisation de l'indusdustrie moderne, à la création des usines et de la machinofacture. Rappelons pourtant ce tissage de soie créé par Thomas Lombe dès 1717, usine mue par l'eau, où les ouvriers étaient déjà au nombre de 300 : par conséquent, l'industrie moderne déjà. Mais c'est du travail du coton que va venir l'impulsion réelle. Du fait même que Kay a fait entrer dans l'usage sa fameuse navette volante, il faut obtenir un procédé de filage plus rapide, puisque le tissage s'est fait plus rapide lui-même, et réclame plus de matière première sous la forme de filés. C'est d'abord John Wyac et Lewis Paul imaginant une forme primitive de ce qui sera plus tard les inventions d'Arkwright et de Hargreaves ; celui-ci invente à son tour la *spinning jenny*, l'autre le *water frame*. A la création de la filature mécanique, ont contribué encore Thomas Higs et Kay, que nous avons déjà cités, et ultérieurement Crompton. Nous n'avons pas à faire l'histoire de cette industrie, ni à insister sur la part respective de ces divers inventeurs.

Rappelons également d'un mot la découverte géniale de Cartwright, l'inventeur du métier à tisser mécanique, venant permettre de commander si facilement, soit au moyen d'une roue à eau, soit à l'aide de la machine à vapeur débutante, un appareil qui fabriquera avec une très grande rapidité, et à bon compte par conséquent, les tissus dont la matière première, le filé, est arrivé à se produire à un prix invraisemblable de bon marché, par suite des inventions déjà citées. Pendant ce temps, cette machine à vapeur, qui avait débuté avec Savery dès 1698, qui s'était perfectionnée avec Newcomen, est mise au point par Watt; elle allait forcément pousser à la création, à l'invention de machines nouvelles pour les usages les plus divers, puisque l'on avait la possibilité de leur fournir à bon compte la force motrice sans la demander au bras humain.

Nous pourrions ajouter que la métallurgie s'était étrangement perfectionnée par l'application du coke au chauffage des hauts fourneaux, puis par l'affinage de la fonte au coke. Et cette métallurgie allait fournir très facilement la matière première des machines innombrables qu'on inventait et qui, de jour en jour, allaient se multipliant. N'oublions pas que l'installation d'une usine de force motrice centrale, sous la forme de la machine à vapeur, devait forcément entraîner à installer dans un local unique tout l'outillage de fabrication, avec un personnel homogène : c'était la fabrique, manifestation de la machinofacture. On allait d'abord se limiter à des usines, des filatures par exemple, ne comportant que 150 à 600 ouvriers; on avait pu les créer alors même que l'on n'employait encore que l'eau comme force motrice; mais la machine à vapeur, utilisée comme auxiliaire de la machine hydraulique, notamment dans la fabrique de Manchester appartenant à Arkwright, allait rapidement supplanter la machine à eau; bien que d'abord Watt lui-même n'eût pas compris que la machine à vapeur était susceptible de rendre des services précieux dans les filatures.

La centralisation se fit donc; les usines se multiplièrent pour l'industrie de la laine et pour l'industrie du coton.

La grande industrie était née. Mais, comme toujours, un progrès allait en entraîner d'autres : les procédés généraux de la technique allaient se modifier, se transformer, se simplifier, pour accentuer l'abaissement du prix de fabrication que donnaient déjà la centralisation dans les usines et la mise à contribution des machines diverses, particulièrement de la machine motrice mécanique.

CHAPITRE IX

Les mœurs industrielles nouvelles. — Grandes usines et gros capitaux.

La période de transition et ses inconvénients; la haine contre
la grande industrie naissante. — Son développement gra-
duel, ses bienfaits. — Le machinisme croissant. — Les
associations de capitalistes; le rôle des sociétés anonymes;
accumulation et mobilisation des capitaux.

La transformation de la petite industrie, encore
pratiquée d'une façon générale, en une grande
industrie se condensant, se concentrant dans des
usines, fabriquant suivant de nouvelles méthodes
techniques, poursuivant de nouveaux procédés commerciaux, ne devait pas se faire sans bien des déchi-
rements. Il fallait rompre avec les anciennes traditions, ou tout au moins ceux qui demeuraient fidèles
à ces anciennes traditions voyaient se lever devant
eux une concurrence redoutable : redoutable parce
qu'elle suivait l'évolution naturelle des lois économiques, qui devait rendre la production plus avantageuse pour tous, pour les producteurs comme pour
les consommateurs. Aussi bien, le misonéisme ne
pouvait-il manquer d'agir à ce moment, comme tou-

jours dans toute transformation des habitudes. Il fallait, dans les grandes usines que l'on commençait d'établir, maintenir une discipline autrement stricte que dans les petits ateliers ; et, au surplus, ainsi que l'ont dit bien des économistes, peut-être en exagérant la note, cette grande industrie se présentait tout d'abord sous une forme un peu chaotique : en ce sens que les patrons, les chefs d'industrie eux-mêmes ne savaient pas encore très bien comment organiser la production, ne comprenaient pas complètement que, avec la mise à contribution de la machine, ils avaient intérêt à élever les salaires, en demandant à l'ouvrier un travail supérieur.

§ 1. — Haine suscitée par la grande industrie.

Aussi, en présence des tâtonnements de la grande industrie naissante, une foule de reproches ont ils été adressés à cette grande industrie, à l'usine et aussi à la machine, que l'on faisait volontiers le bouc émissaire. Ces reproches ont été énoncés par Sismondi, qui s'est trompé assez grossièrement sur ce qu'il a vu, ne se rendant pas compte que, bien souvent, les misères auxquelles il assistait résultaient de l'état de guerre dont l'Europe avait si longtemps souffert, et non point de la grande industrie elle-même. Cela a été répété et dramatisé par Karl Marx, qui a vu l'asservissement du travailleur, sans comprendre que cet asservissement apparent était une libération véritable, si l'on considérait l'effort, de plus en plus faible, que l'on allait exiger de ce travailleur, en demandant davantage à son intelligence. Sans doute, comme le dit M. Paul Leroy-Beaulieu, qui a inventé ce mot de période chaotique de la grande industrie, il s'est produit des tâtonnements et des malaises pendant la transition ; mais, presque immédiatement les avantages assurés à l'ouvrier ont dépassé les gênes, les inconvénients, les troubles que lui causait la transformation.

Beaucoup se sont plaints de la discipline de fer qui s'imposait aux ouvriers dans l'usine, même aux enfants et aux femmes que l'on y employait ; mais, cette discipline, qui paraissait dure à cause de sa nouveauté, était plutôt de la régularité, indispensable à tout machinisme. La mise à contribution de la machine nécessitait d'ailleurs, dès cette époque, l'immobilisation de capitaux très importants ; et ceux qui les avaient exposés n'admettaient pas volontiers qu'une grève, une coalition, une cessation de travail vînt immobiliser le capital, alors que son intérêt et son amortissement devaient toujours être couverts.

On s'attendrissait volontiers sur ces ouvriers qui arrivaient à peine à connaître le nom de leur patron dans les grandes usines où ils étaient employés, surtout parce que cela rompait étrangement avec les anciennes traditions, les anciennes habitudes, où l'ouvrier était tout près de ce patron, collaborateur immédiat en relations personnelles avec lui. On se plaignait d'un règlement inflexible, entraînant cet ouvrier comme un rouage dans le mouvement impitoyable d'un mécanisme sans âme. Ce qui n'empêchait que les ouvriers affluaient aux usines nouvelles, comme l'ont constaté ceux-là mêmes qui se sont déclarés les adversaires les plus irréconciliables de la machine : car, dès ces débuts, et bien qu'on fût dans une période chaotique encore, la machine assurait à l'ouvrier plus de régularité dans l'emploi et un salaire plus élevé pour un même effort fourni.

On a stigmatisé de façon exagérée les abus de ce régime nouveau de la machinofacture. On s'indignait contre ces chefs d'industrie ayant intérêt à embaucher un grand nombre de femmes et d'enfants, qui étaient d'excellents auxiliaires pour les machines, au moins à leurs débuts. On affirme que l'embauchage des femmes et des enfants donna lieu à des abus dont on a peine à se figurer l'inhumanité. Il faut dire, toutefois, que femmes et enfants, sans les chances d'occupation que leur offraient les grandes usines, n'auraient gagné probablement qu'une misérable existence en demeurant à la campagne, en dehors de l'influence de la machine.

Il semble, il est vrai, que bien des patrons, dans les débuts, ont cru habile et utile d'astreindre les femmes et les enfants, souvent même les ouvriers, à des journées beaucoup trop prolongées ; encore ignorants des lois économiques, ils ne se rendaient pas compte que l'employeur a toujours intérêt à avoir un collaborateur en bon état de santé, ne dépassant pas la mesure de ses forces dans le travail quotidien. Spécialement pour les adultes, on a reproché aux patrons un arbitraire absolu, ce que nous n'approuverons jamais. On leur a reproché également de se considérer comme les maîtres, devant uniquement le salaire et n'ayant pas à se préoccuper d'autre chose, n'admettant aucune intervention de l'État entre eux et leurs ouvriers, et recourant pourtant à l'État pour interdire les coalitions.

Nous ne voyons pas que l'intervention de l'État ait rendu grand service aux ouvriers qu'il prétend protéger; ce qui nous amène tout naturellement et logiquement à trouver que son intervention contre la liberté des coalitions était monstrueuse. Au surplus, en étudiant plus loin l'industrie moderne, ses incidences et ses réactions sur le consommateur, sur le producteur, soit ouvrier ou employé, soit patron, nous nous apercevrons que, par l'augmentation considérable des salaires et l'abaissement du prix de vente des objets de toutes sortes qui servent à entretenir la vie de l'ouvrier, la grande industrie lui a rendu des services signalés, encore beaucoup plus qu'aux capitalistes, qu'aux chefs d'entreprises. Les véritables souffrances qui se firent sentir, par exemple en Angleterre, là où la grande industrie s'était le plus rapidement introduite, furent bien plutôt dues à l'état de guerre, aux charges fiscales, aux crises commerciales de toutes sortes, et au protectionnisme même, qu'à l'essor de la grande industrie.

§ 2. — Bienfaits de la machine.

Au risque de nous faire considérer comme fort dur, ne pouvons-nous que nous réjouir d'avoir vu cette grande industrie se développer assez rapidement. Il est bon de remarquer que ce développement était dû en partie à l'afflux de la main-d'œuvre ; les gens des campagnes arrivaient vers les centres industriels, assurés qu'ils étaient d'y trouver une vie plus abondante, des salaires plus élevés ; par incidence, sans doute, cet afflux de la main-d'œuvre fit baisser les salaires, que M. Mantoux avait signalés lui-même comme ayant augmenté très vite. Ce désir de la population de s'introduire dans les usines n'est point pour nous faire admettre que la situation de l'ouvrier d'usine fût très inférieure à la situation du paysan.

L'exemple d'industrialisation donné par l'Angleterre a été imité par les autres pays. En France, nous sommes entrés un peu tard dans cette voie, car s'il y avait de grandes fabriques avant 1830 dans notre pays, c'est surtout sous le règne de Louis-Philippe que la grande industrie a commencé de prendre possession de certaines fabrications.

Tout naturellement, en France comme en Angleterre et comme ailleurs, on a accusé la grande industrie d'abaisser le niveau moral de l'ouvrier, de l'exploiter honteusement, alors que tant d'enquêtes ont reconnu au contraire que, sous le rapport de la moralité, les enfants, les adultes mêmes, étaient dans une plus mauvaise situation dans les petits ateliers que dans les grands. Il y aurait intérêt, à ce propos, à se reporter à un mémoire sur les progrès de l'industrie, dû au baron de Gérando. Le mal existait, mais la responsabilité ne doit pas en être rejetée sur l'industrie moderne.

On pourrait même dire que ce sont seulement de grands manufacturiers, possédant de vastes usines, des machinofactures, qui ont réussi à amasser suffisamment de capitaux pour tenter, en faveur de leurs ouvriers, des œuvres patronales, et qui ont si largement dépensé, sans au reste arriver toujours au but poursuivi. Villermé, lui aussi, a donné des renseignements curieux et édifiants sur l'introduction de la grande industrie en France et sur son influence plutôt moralisante que démoralisante.

Que l'on consulte l'ouvrage de M. Lewinski que nous avons déjà cité : quand on y verra l'entreprise capitaliste, c'est-à-dire les procédés modernes de l'industrie, s'introduire petit à petit dans l'industrie houillère, on s'apercevra que cette introduction a étrangement amélioré les conditions d'exploitation, et par conséquent de sécurité, en même temps que le gain de l'ouvrier. A l'époque où les mines étaient exploitées par des compagnies de mineurs, sans capital, et pratiquant la petite industrie, les puits d'accès aux chantiers étaient de simples trous de trois à quatre pieds de diamètre, où les terres étaient soutenues avec des cerceaux de bois ; naturellement, les accidents étaient fréquents et redoutables. La sécurité s'est étrangement accrue, la peine physique a considérablement diminué, du jour où l'on a supprimé les treuils mus à bras d'hommes et où l'on a eu recours aux machines à vapeur pour l'extraction et la remontée des ouvriers.

Nous pourrions ajouter que, au fur et à mesure que de grandes usines ou de grandes exploitations se créaient, elles formaient également de grandes agglomérations urbaines, de grandes villes industrielles. La rage véritable avec laquelle l'ouvrier des champs s'y est dirigé presque instantanément et continue de s'y diriger, ne laisse pas supposer que, à son point de vue, cette vie des agglomérations industrielles soit très inférieure à celle qu'il menait auparavant. Ces agglomérations, si nombreuses, si caractéristiques de notre époque, ont commencé de se former vers la fin du XVIIIe siècle, en Angleterre notamment ; on en suivra les progrès dans l'ouvrage de Toynbee. On y verra, entre 1700 et 1750, un accroissement formidable de population se produire dans les comtés anglais du Lancaster et du West Riding, centres des manufactures de coton et de laine ; ce sont de simples exemples que l'on pourrait facilement multiplier. C'est sous cette même influence que la population de Liverpool est passée de 40.000 habitants environ à plus de 550.000, entre 1760 et 1881. Et la progression a été de 30.000 à 394.000 pour Manchester ; de 30.000 à peu près à 400.000 pour Birmingham et tant d'autres que nous passons.

§ 3. — Nécessité des associations de capitaux.

Nous avons dit que le progrès avait entraîné le progrès. Et le fait est que la mise à contribution de machines dont les organes, le plus souvent, étaient faits de métal, avait poussé aux perfectionnements de la métallurgie ; de leur côté, la métallurgie et la construction mécanique, deux sœurs jumelles, avaient eu bientôt fait d'inventer des procédés de construction, des appareils qui devaient, en facilitant les diverses fabrications, pousser encore à une introduction plus générale, plus méthodique et plus heureuse des machines dans les usines diverses. En même temps qu'on découvrait, à la fin du xviiie siècle, le puddlage et le laminage; que l'on substituait les rails en fer aux rails en bois; que l'on construisait les premiers bateaux et les premiers ponts en fer, la première chaudière en fer; on s'apercevait que ce fer, qui avait déjà joué un rôle si actif dans les civilisations antérieures, mais plutôt sous la forme d'armes, était susceptible de répondre aux usages les plus divers et de nous donner les machines les plus compliquées, les plus productrices, à la place des outils mus à bras dont on s'était contenté si longtemps.

Mais, pour cela, pour acheter ou pour faire construire des appareils, il fallait des capitaux. Et le mouvement que nous avons signalé à ses débuts, allait s'accélérer rapidement. Les associations entre capitalistes se multipliaient, surtout avant que se fondassent les grandes fortunes industrielles qui, pendant un certain temps, ont pu permettre de créer et de soutenir des entreprises, mais qui sont devenues insuffisantes pour les immenses entreprises concentrées, aujourd'hui de règle. Arkwright lui-même, Peel surent créer des compagnies de ce genre : c'était un peu ce que nous appelons maintenant des sociétés par actions. Le mouvement ne se faisait pourtant qu'assez lentement, parce qu'une autorité comme Adam Smith s'était prononcée nettement contre ce mode d'organisation appliqué notamment à la fabrication des toiles et calicots imprimés. C'est ce besoin de capitaux qui explique le rôle de certaines familles nobles dans certains milieux anglais.

Le plus souvent, ces compagnies, comme celle dite Low Moor company, exploitant à la fois des mines et des établissements métallurgiques, ne se composaient que de quelques associés. Souvent les industriels, devant la nécessité de transformer leurs ateliers, s'adressaient à des bailleurs de fonds, des commanditaires. Il est bon de se rappeler qu'à ce moment, en Angleterre même, les banques ne comportaient généralement qu'assez peu d'associés, et se contentaient d'un capital assez modeste. Et précisément le rôle des banques dans la formation des gros capitaux, dans leur collection, dans leur emploi industriel, est venu, en la matière, rendre de très grands services. Ajoutons que dans ces associations particulières en nom collectif, ne comprenant que peu d'individus qui faisaient les frais des usines de la grande industrie naissante, chacun restait toujours intégralement responsable.

Ce régime, tant vanté par Smith, est en réalité fait pour gêner considérablement l'extension du commerce et de l'industrie. Les gens qui mettent leurs capitaux dans des entreprises aléatoires, aiment limiter par avance la responsabilité à laquelle ils s'exposent, en ne risquant autant que possible que les capitaux directement engagés. C'est le grand avantage de la société anonyme par actions. C'est pour cela que quand, comme le dit Coste, les sociétés particulières en nom collectif ne furent plus en état, en Angleterre, de réunir les capitaux de plus en plus importants nécessaires pour fonder de grandes usines ou pour en entretenir le fonctionnement; on inventa ce que l'on appelle les *joint stock companies*, qui ne sont sans doute pas identiques aux sociétés anonymes, mais où du moins la charte d'incorporation peut limiter la garantie, la responsabilité individuelle, au moment de la création.

Une nouvelle extension put se produire le jour où l'on inventa les sociétés à responsabilité limitée, sociétés anonymes de capitaux où le capital afflue plus facilement, parce que son propriétaire n'engage que lui, et non point sa personne. Qu'on lise la remarquable histoire de l'association commerciale due à Ernest Frignet; et l'on se convaincra des progrès faits en cette matière et de l'influence de cette législation sur les associations, au grand bénéfice du développement industriel.

Seule la société anonyme par actions et, par suite, à responsabilité limitée, donne à des gens qui ne se connaissent aucunement, qui peuvent venir de tous les coins du monde aussi bien que des diverses parties d'un même pays, le moyen de se réunir pour fonder, grâce à leurs épargnes, une vaste entreprise dont ils seront les patrons anonymes. En France, depuis 1863, et surtout depuis la loi de 1867, l'anonymat est devenu la forme la plus ordinaire des sociétés industrielles. Partout, il a permis la formation de ces énormes organismes dont les capitaux sont formidables eux-mêmes, et cet anonymat règne maintenant en maître sur presque toutes les industries.

Cette évolution devait nous amener à l'industrie et à la société contemporaines, dans lesquelles les valeurs mobilières, les actions notamment représentant les capitaux mis dans l'industrie, forment des totaux de centaines de millions et de milliards, qui stupéfient, à moins qu'ils n'excitent l'admiration. Lorsqu'on consulte certaines publications spéciales, comme la *Statististique internationale des valeurs mobilières*, due à M. Alfred Neymarck, on voit que, dans le courant d'une année, il s'émet dans le monde (sans parler, bien entendu, des emprunts d'État, de villes, ou même des emprunts faits par des établissements de crédit et de banque, qui sont des auxiliaires précieux de l'industrie et du commerce) pour 8 à 12 milliards de valeurs diverses, soit chemins de fer, soit sociétés, c'est-à-dire entreprises industrielles de toutes sortes.

CHAPITRE X

Concurrence, débouchés et moyens de transport.

La grande industrie moderne créée grâce aux machines, aux moteurs, bénéficiant de l'esprit d'invention. — La nécessité de l'écoulement de produits fabriqués en masses énormes; facilités données par l'évolution du commerce, de la banque, des transports rapides et à bon marché.

On peut dire que nous en sommes arrivés à la formation définitive de la grande industrie moderne, dont nous étudierons les caractéristiques dans le prochain chapitre et dans certains chapitres ultérieurs. Cette grande industrie, ces machinofactures dont nous avons parlé à plusieurs reprises, étaient le résultat des applications multiples du machinisme ou du mécanisme, des machines combinées des façons les plus variées et s'appliquant aux travaux industriels de toutes espèces.

§ 1. — Abaissement des prix. — Invention.

Il peut paraître bizarre que ces machines, auxquelles nous attribuons la transformation féconde et précieuse de la petite industrie, produisant des objets peu nombreux et chers, aient soulevé et soulèvent encore tant d'animosité; mais cette animosité est due justement à ce que la mise à contribution de ces mécanismes et de ces machines, venait transformer complètement les anciennes habitudes, et, grâce à une législation libérale supprimant les liens qui ligotaient les industriels, allait puissamment contribuer à établir comme règle générale la féconde concurrence. Les machines allaient épargner à l'homme la fatigue, le mettre à même, par conséquent, de produire davantage dans un temps donné. Elles allaient lui donner la possibilité d'accomplir certains travaux que jamais il n'eût pu arriver à exécuter, même en s'associant en très grand nombre; elles allaient exceller à la fois dans l'infiniment grand et l'infiniment petit, suivant la si heureuse formule de M. Paul Leroy-Beaulieu; elles assureraient la précision, tout en travaillant à grande vitesse, et cela sans se lasser, de façon continue, ce qui élevait encore la productivité de l'instrument; elles allaient pouvoir reproduire très vite, à l'infini pour ainsi dire, un modèle donné, ce qui devait avoir des conséquences précieuses et extraordinaires sur le prix de revient, le prix de vente et la multiplicité des objets mis à la disposition des consommateurs.

Grâce à toutes ces facultés, elles allaient abaisser considérablement le coût du produit, surtout quand il s'agirait d'objets d'usage normal, répondant à nos principaux besoins, et non point d'objets de luxe. Elles devaient, au reste, se présenter simultanément sous la forme d'outils permettant les travaux les plus variés, et aussi de moteurs fournissant à bon compte et en quantité indéfiniment croissante la force motrice nécessaire à la mise en marche des machines jouant le rôle d'outils.

Pour la création de ces machines, leurs perfectionnements ultérieurs et constants, il fallait que cet esprit d'invention dont nous avons suivi rapidement l'admirable développement vers la fin du xviii⁰ siècle, fût toujours en éveil; et nous verrons plus loin, par quelques chiffres empruntés à la statistique des brevets, combien il a dû continuer à se manifester sous les formes les plus diverses pour permettre les perfectionnements nouveaux, l'extension continue de l'industrie dans la voie où elle s'était engagée vers la fin du xviii⁰ siècle. Ainsi que nous l'avons indiqué, il avait fallu, pour cette évolution de la petite industrie vers la grande industrie, beaucoup d'audace et surtout une accumulation de capitaux : par une réaction fort heureuse, l'esprit d'invention venait lui-même aider à cette multiplication du capital. Il en augmentait grandement la productivité, en donnant le moyen d'appliquer l'épargne, c'est-à-dire le capital, à la création d'entreprises de production, où la mise à contribution des machines mêmes assurait des bénéfices beaucoup plus élevés. Et par une de ces incidences que nous avons déjà pu relever, les résultats financiers ainsi obtenus incitaient beaucoup d'autres gens à épargner, dans le but de consacrer leur épargne à la création d'entreprises nouvelles.

Mais, si l'emploi des machines assurait aux capitaux engagés dans l'industrie une rétribution très satisfaisante, c'était seulement à condition que les produits fabriqués en grand nombre par des installations mécaniques, pussent s'écouler facilement et trouver aisément des acheteurs. Or, justement, cet écoulement des produits, le fameux débouché si indispensable à qui veut produire en grand et suivre la voie du progrès en matière industrielle, devait être étrangement facilité, d'une part, par l'augmentation de la population, qui résultait d'une amélioration de la situation économique générale, par la possibilité que chacun avait de trouver plus facilement à employer ses bras et à toucher un salaire ; d'autre part, par les perfectionnements apportés au commerce, sous l'influence des négociants qui, en se faisant les intermédiaires de l'industriel vis-à-vis du public, aident puissamment à la réalisation des produits fabriqués[1].

§ 2. — Écoulement des produits et transports.

On disposait aussi d'une meilleure monnaie et du concours des banques ; or, la monnaie est le véhicule des échanges, l'instrument qui permet de réaliser dans de bonnes conditions les produits à vendre. Enfin, la transformation des moyens de transport allait apporter également la facilité d'écoulement,

1. Un exemple de l'influence du commerçant sur la production, l'industrie et les fabricants, nous est donné par l'histoire de Matthew Boulton, de Soho, qui a contribué beaucoup à exciter les fabricants à augmenter sans cesse leur production, en même temps qu'à perfectionner leurs procédés : commerçant habile, audacieux, au courant des besoins du marché, il a poussé puissamment l'industrie à tirer parti de l'invention de Watt.

de réalisation des produits ; permettre d'atteindre aisément les débouchés, les lieux de vente. Disons tout de suite que c'était encore la machine, sous la forme du moteur à vapeur, qui, soit appliquée aux chemins de fer comme locomotive, soit adoptée à bord des bateaux comme machine propulsive, allait puissamment aider à cette transformation des moyens de transport, que M. de Foville a montrée comme révolutionnant le monde à la fin du xixe siècle ; et qui, tout particulièrement, a révolutionné l'industrie, la production des biens indispensables à la satisfaction de nos besoins matériels.

C'est avec raison qu'en se plaçant à ce point de vue, et même à un point de vue plus général, M. Mantoux a dit que l'avènement de la machine à vapeur avait ouvert la dernière phase, la plus décisive, de la révolution industrielle. Elle a rendu possible l'immense et rapide développement de la grande industrie, qui désormais ne sera plus subordonnée à des conditions de situation, à des ressources locales. Toutefois, en semblable matière, on n'est jamais arrivé à la dernière phase ; et voici que l'électricité, avec ses stations hydro-électriques, a ouvert une phase nouvelle, qui, il est vrai, n'est que la continuation de l'évolution extraordinaire commencée sous l'influence de la machine à vapeur.

Sans doute, le nombre des consommateurs avait considérablement augmenté, notamment par suite des relations qui s'étaient établies entre les Indes, soit Occidentales, soit Orientales, et les pays européens. A l'intérieur même de ces pays européens, et comme a essayé de le montrer Quetelet dans son mémoire sur les anciens recensements, la population nationale s'était accrue très notablement. Mais ce qui importait, c'était que se développât l'étendue de ce qu'Adam Smith a appelé le marché accessible aux produits. Autrement dit, il fallait que ces produits fussent à même d'atteindre les consommateurs virtuels, les consommateurs possibles, en un temps relativement court, sans dépenses exagérées, pour que le prix de ces produits ne fût pas relevé démesurément au moment de leur mise en vente. Il fallait absolument des moyens de transport perfectionnés, relativement rapides, relativement bon marché, et à l'intérieur de chaque pays et entre contrées voisines, même vis-à-vis de ces contrées de plus en plus éloignées dont on recherchait la clientèle.

Il fallait, en même temps, une division du travail plus accentuée entre le fabricant et le commerçant, le négociant d'exportation devant décharger ce fabricant de la connaissance des marchés étrangers, de la solvabilité des acheteurs, se faire véritablement l'intermédiaire. Ceci, bien entendu, ne signifiait pas qu'il fallait des intermédiaires plus nombreux, dont la mise à contribution serait venue quelquefois grever, exagérer le prix de vente de l'objet ; mais des intermédiaires plus rationnels, que nous verrons notamment se présenter dans l'industrie et le commerce tout à fait modernes sous la forme des grands magasins.

Nous ne pouvons suivre, naturellement, en détail tous les progrès des moyens de transport, leur multiplication, leur rapidité, l'abaissement des prix :

cela nous ferait sortir du sujet où nous devons nous limiter. Mais quelques indications rapides sont nécessaires pour montrer l'importance de l'abaissement du prix de revient qui devait résulter pour l'industriel vendeur comme pour le consommateur acheteur, des moyens de transport perfectionnés qu'on inventait. Aussi bien, ce perfectionnement n'était-il qu'une manifestation des bienfaits de cette division du travail que nous avons vue s'accentuer depuis les débuts de la production, c'est-à-dire de l'industrie humaine.

La situation de l'industrie anglaise, à la fin du xviiie siècle, au temps d'Adam Smith, montrait déjà tout l'intérêt de cette question des moyens de transport : l'Angleterre était particulièrement bien partagée, à une époque où les routes étaient dans un état exécrable, de ce fait que des cours d'eau et des canaux permettaient des transports, sinon rapides, du moins assez sûrs et à bon marché. Au fur et à mesure que la production augmentait, que des machinofactures se créaient, on éprouvait le besoin d'améliorer les voies d'eau et de mettre en état les routes. Il suffit de lire Arthur Young pour se rendre compte de ce qu'étaient les routes, à la fin du xviiie siècle, en Angleterre, aussi bien que dans le reste de l'Europe. De 1818 à 1829, toute une série de routes furent construites en Angleterre, pour lesquelles les revenus étaient assurés au moyen de barrières à péage ; en même temps, Macadam, par son procédé, était venu rendre les services les plus signalés.

Les transports par canaux constituaient un progrès considérable par rapport aux transports sur de mauvaises routes, ou dans ce qui n'était le plus souvent que des sentiers mal entretenus ; tandis que ces sentiers et les transports par bêtes de somme ou, à plus forte raison, sur des chariots, avaient déjà assuré d'autres avantages notables par rapport au transport à dos d'homme, qui s'est pratiqué si longtemps, puisque, presque jusqu'à notre époque, on rencontre le colporteur écoulant un peu partout les produits de l'industrie. Dans l'admirable ouvrage de M. de Foville, *La transformation des moyens de transport*[1], on trouve les indications les plus précises sur le prix du transport avec les moyens primitifs dont nous venons de parler, et avec ce moyen si perfectionné qu'est le chemin de fer, en 1880 ou même à ses débuts. Avec le colporteur, le transport d'une tonne à un kilomètre (ce qui est l'unité ordinairement considérée pour les marchandises) est d'au moins 3 fr. 50. Lorsqu'on met à contribution la bête de somme, le prix de la tonne kilométrique s'abaisse à quelque 85 ou 90 centimes.

Avec le roulage accéléré, le prix correspondant tombe aux environs de 40 à 45 centimes, ce qui est particulièrement bas en comparaison des transports à dos d'homme ; il n'est même que de 28 à 30 centimes, en moyenne, si l'on recourt au roulage ordinaire, imposant, il est vrai, de longues durées de transport (mais sans tenir compte des dépenses d'entretien des routes et de l'amortissement du capital qu'elles représentent). Avec la locomotive,

1. Guillaumin et C^le, éditeurs, Paris ; un vol in-8°, 460 pages, 1880.

le prix de la tonne-kilomètre s'abaisse couramment à 4 centimes et descend même parfois, dans certaines circonstances particulièrement favorables, à 1 ou 2 centimes la tonne kilométrique. C'est donc la possibilité, pour les produits fabriqués par les industries diverses, d'atteindre le consommateur sans que leur prix soit relevé d'une façon très notable, lors même que ces produits doivent être transportés à une assez grande distance.

Pour les transports par voie de mer, qui s'imposent dans tant de circonstances, soit que les voies ferrées manquent dans la direction à desservir, soit qu'il y ait impossibilité à recourir au chemin de fer, comme lorsqu'il s'agit de mettre en relations deux continents; l'adoption de la machine à vapeur, du moyen de transport perfectionné qu'est le navire moderne, a abaissé le prix du transport unitaire dans des proportions invraisemblables; en même temps qu'il a diminué, non moins invraisemblablement, la durée du transport. C'est, par exemple, le prix du tonneau d'affrètement entre l'Inde et l'Europe, qui était tombé à 180 shillings, c'est-à-dire environ 225 francs, en 1854, alors qu'on mettait déjà à contribution cette vapeur qui réduisait considérablement le voyage et le rendait plus sûr, et qui est descendu à l'heure actuelle aux environs de 20 shillings, à peu près 25 francs.

Grâce aux bateaux modernes, on est arrivé à faire voyager une tonne de houille, de Cardiff à Gênes, pour 9 fr. 50, ce qui met la houille anglaise presque à la porte de l'Italie. Le bon marché ne s'accuse pas, sans doute, aussi nettement pour une foule de produits qui demandent plus de précautions que la houille dans la manutention, dans l'embarquement et le débarquement ; mais l'exemple est caractéristique. Que l'on songe que les voiliers de 1835, qui ressemblaient étrangement aux voiliers du xviiᵉ siècle au point de vue du fret qu'ils réclamaient pour le transport des marchandises, faisaient payer 200 francs pour transporter 1.000 kilos du Havre à New-York ; actuellement, c'est souvent moins de 20 francs que l'on payera pour transporter ces 1.000 kilogrammes de Bristol à San Francisco !

C'est, bien entendu, aux progrès de l'industrie de la construction mécanique, et non pas seulement aux transformations de l'industrie proprement dite des transports, que l'on doit cet abaissement du coût des transports. Mais ne comprend-on pas quelle réaction il a eue sur les industries les plus diverses ? Si l'on en doutait, on n'aurait qu'à jeter un coup d'œil sur les transports primitifs qui se font encore dans l'Afrique centrale et occidentale, ou au Maroc. On y verrait les noix de kola, produit de l'industrie agricole, valant de 5 à 7 cauris sur les lieux de cueillette, et se vendant de 200 à 300 cauris dans le voisinage du lac Tchad ; ce qui les met hors de la portée d'une foule de consommateurs et supprime autant de débouchés pour elles. C'est encore, comme le montrait M. Clerget dans une étude sur les transports par caravane, les barres de sel qui valent sur place 6 centimes et se vendent de 10 à 12 francs à Zinder ; cette majoration provenant presque uniquement du transport primitif employé pour atteindre le consommateur.

CHAPITRE XI

La grande industrie moderne
et ses caractéristiques.

Ce qu'est l'industrie moderne : la concentration. — Les qualités du chef d'industrie, serrant de près le prix de revient, suivant tous les progrès techniques, se procurant capitaux et outillage. — Les immenses unités industrielles modernes, leurs avantages.

Nous avons essayé de démêler par quel processus bien lent, par quelles évolutions successives s'est formée l'industrie moderne; celle dont nous vivons et qui a donné à notre société, avec de multiples avantages, ses caractères bien spéciaux.

C'est par suite des influences diverses que nous avons mises en lumière et de l'éducation graduelle des producteurs, que nous en sommes arrivés à la grande industrie. Quand on veut pénétrer les choses, on s'aperçoit que cette grande industrie a de multiples caractéristiques ; pour celles qui sont secondaires, nous les indiquerons dans d'autres chapitres. Mais ce qui est absolument essentiel à noter dans cette industrie moderne, ce qui la caractérise mieux que toute autre chose par rapport aux manifestations industrielles des siècles passés, c'est la concentration. Les entreprises, les usines, les manufactures, sont entre les mains de vastes associations formées de capitaux énormes. Ce qui n'empêche pourtant, comme nous le mettrons bientôt en lumière, qu'il continue d'exister des petits patrons et des petites entreprises se défendant vaillamment contre l'envahissement des grandes usines : autant que ces petits patrons et ces petites entreprises appliquent leur activité à certaines productions bien particulières; autant aussi que la faiblesse unitaire de chacune de ces entreprises ne les empêche pas de mettre à contribution les progrès de la technique, de l'évolution industrielle, et, tout spécialement, ne les met pas hors d'état de produire à bas prix.

On pourrait écrire un volume, et cette étude a été tentée par quelques-uns, pour indiquer les caractères de la grande industrie, mettre en lumière les qualités et les connaissances que doit posséder le chef d'industrie; il faut que ce chef soit un spécialiste connaissant à fond la situation du marché, ayant des relations étendues, pour savoir quelles seront les conditions d'achat des matières premières, ou les conditions de vente des produits fabriqués ; mais encore il faut que ce chef d'entreprise pratique ce que M. Lewinski a appelé le rationalisme économique. Il doit se rendre compte s'il importe de gagner peu de chose sur chaque objet, afin de gagner beaucoup sur la masse des produits fabriqués de façon intense.

Il doit savoir établir un prix de vente serrant d'aussi près que possible le prix de revient, par suite de la nécessité du bon marché. Il lui est absolument indispensable de connaître à fond la technique, de suivre ses progrès et d'en pressentir de nouveaux. Et combien notre regretté maître Émile Levasseur avait raison, quand il insistait sur ce que la science domine et gouverne de plus en plus l'industrie.

§ 1. — Concentration industrielle.

C'est, d'ailleurs, en partie l'application de ces procédés scientifiques qui a poussé à la concentration; les grandes sociétés pouvant seules produire économiquement, organiser rationnellement la fabrication, disposer d'un outillage puissant, multiple, grâce aux capitaux qu'elles peuvent se procurer. Il y a déjà longtemps qu'un économiste qu'on oublie un peu trop à l'heure actuelle, Michel Chevalier, dans une de ses *Leçons* au Collège de France, a mis en lumière l'évolution vers la très grande industrie, vers les vastes manufactures et les immenses associés, comme il disait. Il avait compris que, pour posséder des masses de produits de toutes sortes à répartir entre les hommes, il fallait que la société eût une production totale vaste; les grandes manufactures devant disposer avec une facilité exceptionnelle des forces naturelles, chutes d'eau, vapeur, électricité; devant posséder un outillage de toute espèce, pratiquer la division du travail, en même temps que le concert des efforts, appliquer de mille manières à l'industrie les secrets de la science.

Ces idées ont été reprises de main de maître par un successeur tout désigné de Michel Chevalier, M. Paul Leroy-Beaulieu, qui regarde la production en grand, la constitution d'organismes industriels, énormes, même gigantesques, comme le trait caractéristique de ce qu'il appelle la structure économique contemporaine. D'autres économistes éminents, comme Gustave de Molinari, ont pris eux aussi la défense de la production en grand, avec encore peut-être plus d'enthousiasme que M. Paul Leroy-Beaulieu. M. de Molinari, dans cette substitution de la grande à la petite industrie, voit une émancipation graduelle du genre humain, qui peut se payer à meilleur compte et en plus grande abondance tout ce qu'il lui faut pour satisfaire aux besoins de sa nature humaine.

Et le fait est que si l'on examine les industries actuellement existantes, si l'on compare leurs pratiques et leurs résultats à ce que donnait l'industrie à la fin du xviiie siècle et même au commencement du xixe siècle, on arrive à trouver les avantages les plus variés et les plus réels. Ces grandes entreprises assurent une économie admirable dans les installations comme dans les dépenses d'entretien; le coût d'établissement d'une machine à vapeur d'une très grande puissance, par exemple, son entretien, étant étrangement inférieurs aux dépenses diverses totalisées de dix machines dix fois plus petites et donnant au total la même puissance. On peut dire que cette observation est vraie dans tous les cas ; c'est elle qui a entraîné l'adoption des immenses bateaux modernes, des énormes locomotives, elle qui fait que l'on entasse dans une même usine des milliers de broches de filatures, des centaines et des centaines de métiers à tisser.

Dans la production en grand on a, d'autre part,

cet avantage de pouvoir utiliser des machines, des installations, un outillage, dont le coût serait démesuré pour la petite production, même pour la production moyenne : le débit de ces appareils immenses ne permettrait pas de les employer de façon continue avec ces formes de production médiocre ; et tandis qu'ils demeureraient inoccupés, l'intérêt et l'amortissement de leur prix d'achat chargeraient lourdement l'entreprise. Dans la grande production, la vaste usine, la puissante entreprise, le chapitre de ce qu'on appelle les frais généraux est étrangement diminué, au moins proportionnellement. Le nombre des employés de bureau, des agents de surveillance, des agents mêmes de direction, peut être relativement beaucoup plus faible.

L'usinier qui achète des quantités très importantes de matières premières et contracte pour le transport par wagons complets ou par navires entiers, obtient des conditions particulièrement avantageuses. Dans les entreprises moyennes, une partie du personnel ne pourra pas être employé d'une façon continue, par défaut d'occupation ; tandis que dans la grande entreprise on pourra tirer une utilisation complète de tout le personnel.

Cette continuité dans le travail de chacun permet de pousser au maximum la spécialisation dans une tâche déterminée, ce qui est un des avantages les plus marqués de la grande production. Nous avons vu, d'ailleurs, que c'est par la spécialisation, par la division des professsions et par la division du travail à l'intérieur d'une même profession, que s'est faite en grande partie l'évolution bienfaisante de l'industrie tout à fait primitive vers l'industrie tout à fait moderne.

Nous devons reconnaître que cette spécialisation, cette nécessité d'employer un même individu constamment au même travail, entraîne fatalement la grande industrie moderne à pratiquer quelquefois la production à perte : cela, au moment où elle n'est nullement assurée de vendre à un prix rémunérateur les produits fabriqués. Cette continuité de la production lui est également imposée par l'énorme capital que représentent ses installations et ses machines ; capital qu'on ne peut laisser dormir, qu'il vaut mieux utiliser en trouvant dans la production de quoi assur r l'intérêt et l'amortissement du capital, sans en retirer le bénéfice légitime attendu par le chef d'entreprise.

Cette spécialisation à haute dose entraîne également pour le personnel ouvrier certains inconvénients, mais que l'on a volontiers exagérés. On a prétendu y voir la transformation de l'ouvrier en une sorte de machine ; on ne ferait plus appel à son intelligence, parce qu'il se cantonne durant des jours et des jours, sinon pendant des mois et des années, dans une besogne toujours identique. Nous ne pouvons discuter longuement ce côté de la question, que nous avons traité ailleurs en nous occupant de la machine, de ses inconvénients, de ses avantages. En réalité, dans l'industrie moderne, on fait beaucoup plus appel que jadis à l'intelligence de l'ouvrier, qui n'est plus uniquement occupé à fournir de la puissance musculaire, à jouer un rôle de bête de somme, comme c'était trop souvent le cas autrefois.

Nous verrons, par contre, quels avantages cette grande industrie a assurés au personnel qu'elle emploie, sous la forme notamment de salaires étrangement supérieurs. Elle lui a valu également des garanties d'hygiène précieuses, une continuité d'occupation qui n'est pas moins précieuse, une diminution des heures de travail, le jour où l'on est sorti de la période chaotique et où les patrons ont compris qu'ils avaient intérêt à économiser la vie de leurs ouvriers.

Sans doute, la grande industrie, la concentration des capitaux et des moyens de production a certains inconvénients, et ce sont en partie ces inconvénients qui permettent la survivance des petits métiers, des petits patrons, de la petite industrie. Et même, à partir d'une certaine limite, au delà de certaines proportions, il est probable que la concentration perd de son utilité, notamment par suite du « coulage », des difficultés de conduite et de direction, par une seule personne pour ainsi dire, d'une très vaste entreprise. En tout cas, il est curieux de remarquer que ceux-là mêmes qui étaient jadis si hostiles à la grande industrie, à la vaste manufacture dont parlait Michel Chevalier, sont devenus aujourd'hui hostiles au travail à domicile, et estiment que le travail dans l'usine vaut beaucoup mieux pour l'ouvrier, à tous égards.

§ 2. — Les énormes proportions des usines modernes.

De multiples exemples se présentent à notre esprit qui montrent sur quelles proportions formidables se fait maintenant la production, s'organise la grande industrie, quels capitaux elle réclame, quelle masse de produits elle jette sur le marché dans un temps extrêmement court. En France, voici entre autres une sucrerie, la plus grande il est vrai, qui traite quotidiennement 30.000 hectolitres de jus de betteraves et produit, quotidiennement aussi, 260 tonnes de sucre, en brûlant dans sa journée 210 tonnes de charbon. Nous pourrions également citer les grandes compagnies de chemins de fer, qui ont réussi à réunir des capitaux énormes pour créer les réseaux qu'elles exploitent ; l'exemple serait il est vrai moins probant, car, par définition pour ainsi dire, les entreprises de chemins de fer prennent normalement des proportions extrêmement vastes.

Mais jetons un coup d'œil sur quelques-unes de nos usines métallurgiques, alors que pourtant rien, en France, ne rappelle dans cette industrie, ce qui se fait aux États-Unis ou même en Allemagne. Néanmoins, voici l'usine d'Homécourt, où chaque haut fourneau peut couler jusqu'à 200 tonnes de fonte par jour, l'usine étant aménagée pour produire 400.000 tonnes de fonte Thomas et 300.000 tonnes de fonte d'acier dans son année. Les célèbres établissements du Creusot peuvent être, en France, pris comme modèle de la véritable grande industrie moderne. Les fours à coke destinés à fournir une des matières premières nécessaires aux hauts fourneaux, produisent quotidiennement 360.000 kilos de ce coke, et les cinq hauts fourneaux qu'ils alimentent sont à même de produire de leur côté de

100 à 200 tonnes de fonte par jour. N'oublions pourtant point que les hauts fourneaux français n'ont qu'une puissance unitaire assez faible relativement aux 400, 500 et même 600 tonnes de fonte qui sortent quotidiennement de tel haut fourneau des États-Unis, et parfois de Belgique.

Les seuls ateliers de construction mécanique du Creusot occupent près de 3.000 ouvriers, et les établissements Schneider, en outre de cette usine principale du Creusot, possèdent des chantiers de constructions navales et de matériel de guerre à Chalon-sur-Saône, des houillères à Decize et à Montchanin, des mines de fer en Espagne, des usines spéciales pour le matériel électrique à Champagne, des ateliers d'artillerie et un champ de tir à Barfleur, une autre installation près de Toulon, une fabrique de produits réfractaires à Perreuil, etc. L'ensemble de toutes ces usines compte un personnel de 20.000 ouvriers; le poids quotidien des produits manutentionnés y dépasse 9.000 tonnes, la consommation annuelle de houille s'élevant à 600.000 tonnes, et la production des fers, aciers et autres produits métallurgiques approchant de 200.000 tonnes.

Dans le petit pays de Belgique, la concentration et l'industrie modernes ont fait et font des merveilles. Considérons la région de Sclessin, de Seraing et des agglomérations environnantes, dont a si bien parlé M. A. Izart; et nous allons y trouver 18 hauts fourneaux, produisant chaque jour plus de 2.000 tonnes de fonte, transformées immédiatement en produits manufacturés de toutes sortes. L'industrie sidérurgique belge, avec ses 40 hauts fourneaux environ, lance annuellement sur le marché 1 million 500.000 tonnes de fonte, devenant généralement de l'acier. Quand nous examinerons d'un peu plus près les diverses grandes industries modernes, nous nous apercevrons que la production annuelle de l'acier, dans un seul pays, dépasse étrangement ce qu'elle était dans le monde entier il y a un siècle.

Les établissements de Seraing, dont nous prononcions le nom à l'instant, occupent une superficie de 147 hectares, dont 41 couverts de bâtiments. A Ougrée, ce qu'on appelle la division aciérique s'étend sur une superficie de 37 hectares ; la production quotidienne d'acier oscille entre 1.000 et 2.000 tonnes. La fameuse Fabrique Nationale d'armes de guerre (qui est un des plus beaux fleurons de la couronne industrielle de la Belgique) occupe, sur une surface de 12 hectares, une population de 3.000 ouvriers ou ouvrières : ce personnel arrive à fabriquer dans une seule journée 800 pistolets automatiques, 500 fusils Mauser, 400 fusils de chasse et plus de 400.000 cartouches, ceci sans parler d'une cinquantaine de motocyclettes, de 150 bicyclettes et d'une dizaine de châssis d'automobiles, cette dernière fabrication s'étant ajoutée aux diverses fabrications antérieures.

Dans l'industrie de la verrerie, nous pourrions signaler de même les cristalleries du Val Saint-Lambert, où les huit halls de fusion, renfermant 20 fours, couvrent plus de 8.000 mètres carrés; chaque four compte de 12 à 18 pots, remplis chacun de 600 à 800 kilogrammes de matière. Ces usines arrivent quotidiennement à fabriquer 200.000 kilogrammes d'objets en cristal, ce qui représente à peu près 160.000 pièces de toutes variétés; elles occupent près de 5.000 ouvriers ou ouvrières.

On conviendra que c'est là de la concentration et de la grande industrie, s'il en fut jamais. Nous trouverions des exemples tout aussi concluants en Grande-Bretagne, dans la filature comme dans le tissage, dans les industries métallurgiques et dans la construction des navires, où la Grande-Bretagne s'est fait une spécialité hors de pair. Dans une industrie relativement toute nouvelle, la fabrication des tubes sans soudure, nous avons un exemple de l'importance de cette grande industrie et de la productivité qui en est une des caractéristiques. Dans telle usine de Sheffield, on arrive à fabriquer dans une semaine 10.000 de ces tubes sans soudure.

L'Allemagne n'est point restée en arrière dans ce développement de la grande industrie, dans la création et l'expansion d'usines formidables par leur étendue, par le personnel qu'elles occupent, par la quantité, la valeur, le poids des produits qu'elles fabriquent quotidiennement. Et les fameuses usines Krupp ne sont pas seules de leur genre, tant s'en faut. Voici une industrie pourtant secondaire, la fabrication des cartes postales, où telle usine de Leipzig, citée par M. Cambon dans son volume si intéressant sur *L'Allemagne au travail*, fabrique 3.000.000 cartes postales par semaine, en faisant travailler 750 ouvriers. Il faut produire en grand, nous avons déjà dit pourquoi, et nous le montrerons encore mieux tout à l'heure.

Dans le domaine de la métallurgie, à côté des établissements Krupp dont nous parlions tout à l'heure, voici les usines d'Oberhausen : en un seul établissement sont occupés 23.000 ouvriers ; l'usine produit 600.000 tonnes de fonte ou d'acier, et ses bâtiments couvrent une surface de 400.000 mètres carrés. Nous pourrions tout aussi bien citer les établissements de Gelsenkirchen, qui produisent 895.000 tonnes de fonte ; ceux dits *Phœnix*, dont la production dépasse 925.000 tonnes ; et plusieurs autres qui ne se comparent pas défavorablement avec ceux-ci.

Une industrie qui fait la gloire de l'Allemagne, celle des matières colorantes artificielles, est entre les mains de cinq maisons énormes, complétées par quelques autres secondaires. Parmi les premières sont les fameux établissements Frédéric Bayer, d'Elberfeld. et la maison Casella. La production globale des cinq principales entreprises dans cette industrie allemande des matières colorantes, atteint près d'un milliard de francs. Et Casella, pour son compte, occupe plus de 2.600 ouvriers ou employés. Les usines de Leverkusen, qui appartiennent à la maison Bayer, s'étendent sur une surface de 230 hectares. et l'ensemble des établissements Bayer occupe bien près de 8.000 personnes.

Nous ne pouvons manquer de voir ce qu'est ce mouvement de concentration aux États-Unis, où l'on fait tout gigantesque, où l'on a fondé des *trusts*, des associations d'entreprises industrielles prenant des proportions invraisemblables. Sans parler des trusts proprement dits, qui, sous des influences artificielles, portent le phénomène de concentration à l'extrême; nous citerons comme exemple de puissantes entreprises les fameuses aciéries de Homestead, produisant annuellement 450.000 tonnes d'acier Bessemer et 1.500.000 tonnes d'acier Siemens; ou encore les forges Edgar Thompson, avec une production annuelle d'aciers divers de 1.000.000 de tonnes. Dans l'industrie du tissage, qui n'est pourtant pas une des gloires des États-Unis, nous pourrions visiter les usines dites de Fall River, où fonctionnent 270.000 broches, plus de 7.000 métiers, dont le personnel comprend 2.700 ouvriers, et où la longueur d'étoffe tissée dans l'année est à peu près de 110.000.000 de mètres.

Les Américains ont même porté la concentration jusque dans l'industrie agricole, demeurée si en retard à tant d'égards presque partout. Dans l'Ouest, des fermes géantes, comme celle de M. Miller, s'étendent sur une surface de plus de 20.000 hectares, clôturés par des fils de fer représentant une longueur de près de 240 kilomètres. Dans la fameuse ferme de M. Sherman, le blé est cultivé sur un territoire de 179 kilomètres carrés d'un seul tenant.

§ 3. — Les capitaux engagés.

Avons-nous besoin de dire que, pour organiser ces immenses usines, se livrer à une pareille production, il a fallu mettre à contribution des capitaux énormes? Nous trouvons ici la preuve de ce que nous avons mis en lumière au fur et à mesure que nous étudiions l'évolution industrielle. C'est pour ainsi dire la formation des capitaux qui a permis, avec l'évolution de la technique, la transformation sociale nous amenant à la grande industrie moderne. Aussi bien, les progrès de la technique, la nécessité où l'on se trouvait de plus en plus de mettre à contribution les puissantes machines perfectionnées, imposaient l'obligation d'avoir à sa disposition de très gros capitaux.

Notre éminent ami Liesse, dans un ouvrage où il montrait quelle énorme accumulation de capitaux représentent les machines dans les entreprises actuelles, estimait que si le métier mis à la disposition de l'ouvrier valait jadis 10, aujourd'hui c'est au moins 100, sinon 1.000, qu'il vaut. Et à parcourir comme tout à l'heure les diverses industries et les divers pays, nous constatons les capitaux formidables engagés dans les grandes entreprises et les grandes usines modernes.

Ce sont, par exemple, les établissements métallurgiques allemands Krupp, dont le capital-actions s'élève à 180.000.000 de marks, et le capital-obligations à 84.000.000 de marks; les usines Phœnix, pour lesquels les chiffres correspondants sont de 106.000.000 de marks et de 35.000.000 de marks; les usines de Gelsenkirchen, qui arrivent à un capital total de 224.000.000 de marks, dont 156.000.000 sous la forme actions. Ce sont également les établissements Bayer, dont le capital-actions atteint 45.000.000 de marks; la Société Casella se contente d'un capital de 36.000.000

de marks, et on avouera que c'est déjà assez beau pour une simple usine de matières colorantes. Pour les fameuses usines belges Cockerill, depuis la date de leur fondation, 93.000.000 de francs ont été dépensés en améliorations et agrandissements.

Les entreprises minières, même en France, où pourtant l'industrie minière ne présente pas le même développement que dans d'autres pays, exigent un capital d'établissement énorme : un puits de charbonnage ordinaire représentant une mise de fonds de 10.000.000 de francs pour lui seul. Dans l'industrie des transports, on trouve des chiffres tout aussi éloquents. Un simple transatlantique du dernier modèle, il est vrai, coûte de 35.000.000 à 50.000.000 de francs.

On a fait l'évaluation approximative de la valeur des chemins de fer créés dans le monde, et l'on est arrivé à un capital d'établissement approchant de près de 200 milliards de francs. En Angleterre, alors que d'une façon générale le capital d'établissement des entreprises y est autrement plus modeste qu'aux États-Unis ou qu'en Allemagne, des usines comme les usines Vickers, bien connues du monde entier, n'en ont pas moins un capital de près de 190.000.000 de francs ; les usines Armstrong, non moins connues, ont un capital de 145.000.000 de francs à peu près ; et on estime modeste une entreprise comme celle des Bell Brothers, qui peut se contenter de 80.000.000 francs. Détail bien caractéristique d'une époque où tout se fait en grand : certaines fermes à volailles créées assez récemment en Angleterre, spécialement pour l'élevage en grand du canard, ont des dépenses d'établissement qui dépassent 300.000 francs, alors qu'il s'agit simplement de construire quelques parcs et quelques petits abris légers pour l'élevage de ces volatiles.

Comme de juste, la concentration, la réunion d'énormes capitaux s'observent de même dans l'industrie de la Banque, qui est un auxiliaire précieux pour l'industrie en général. Elles se sont produites également dans ces organismes commerciaux, du moins presque exclusivement commerciaux, que l'on appelle les grands magasins, dont nous reparlerons; car c'est à eux que l'on doit les facilités d'écoulement qui se présentent maintenant pour les produits fabriqués; ils ont eu une incidence précieuse sur la diminution du prix de vente aux consommateurs, par conséquent sur la consommation et sur la possibilité pour le producteur de produire en grand.

Quant au phénomène d'intégration dont on fait beaucoup état à l'heure actuelle, qu'on voudrait parfois opposer à la concentration, il n'est nullement la négation de cette concentration, mais une forme un peu particulière de celle-ci. C'est la réunion, sous une même administration générale, au profit de capitalistes faisant l'ensemble des fonds nécessaires, d'une série d'industries connexes, étroitement liées les unes aux autres; industries qui se pratiquent sur des proportions gigantesques avec des capitaux d'autant plus importants que le domaine est plus vaste.

CHAPITRE XII

La survivance des petites entreprises.

La soi-disant prolétarisation de Karl Marx et les réalités; la
survivance des petits patrons et de la petite industrie dans
bien des cas, leur nombre croissant; fabrications particulières. — Le rôle du grand magasin vis-à-vis de la petite
industrie.

Quels que soient les avantages de la grande industrie, de la concentration, avantages qui sont la
raison même pour laquelle l'industrie primitive a
évolué peu à peu vers l'industrie telle qu'elle se présente généralement à nous à l'heure actuelle, il
ne manque point de gens pour lui adresser de
vives critiques. Mais parmi ceux qui lui font des
reproches, il en est qui reconnaissent ses avantages
innombrables, tandis que d'autres nient tous les
bienfaits que nous lui devons. Nous aurons occasion
de faire justice de ces reproches divers, en passant
en revue les conséquences, pour le consommateur,
pour le collaborateur ouvrier et pour l'industrie elle-
même, des pratiques nouvelles de la reproduction
industrielle.

§ 1. — Survivance des petites entreprises.

Parmi ces reproches, il en est un qui consiste à regretter la disparition des petits patrons, des petites entreprises, à déplorer que la plupart de ces producteurs individuels soient transformés pour ainsi dire en sous-ordres des grands chefs d'entreprises ; ces sous-ordres perdant toute initiative, et surtout devenant des salariés, des prolétaires comme on dit volontiers, en employant le mot dans un sens bien bizarre : salariés dont le nombre augmenterait sans cesse en présence d'une minorité de capitalistes diminuant, elle, de façon constante. C'est ce que Karl Marx a appelé la prolétarisation grandissante. Nous ne sommes pas sans reconnaître que Karl Marx a compris parfois assez bien les questions industrielles, en s'inspirant d'ailleurs plus ou moins de ceux qui avaient étudié ces questions avant lui, bien qu'il prétendît tout découvrir. Il a eu le bon sens de se rendre compte partiellement des avantages sociaux et généraux de la transformation technique ; mais avec ses tendances à la généralisation imparfaite et son esprit de parti pris manifeste, il a affirmé, d'une part, que presque tout le monde devenait salarié et que, d'autre part, ces salariés, opprimés par la classe des capitalistes, devaient souffrir violemment de leur situation.

A admettre même que ce phénomène se produise avec l'ampleur et l'universalité que tant de gens ont affirmées, à commencer par Karl Marx ; il importe de se demander s'il a des conséquences nuisibles pour cette masse qui devient, sous une forme un peu nouvelle, collaboratrice de la grande industrie moderne. Nous verrons rapidement, en apportant de véritables preuves, qu'il n'y a point dommage pour l'ancien petit patron ou l'ouvrier indépendant travaillant à domicile, lorsqu'ils deviennent plus ou moins un salarié d'une grande entreprise, en même temps qu'associé en quelque sorte de celle-ci. Si la comparaison n'était pas un peu audacieuse, nous dirions qu'il s'est fait, dans l'armée industrielle, une transformation quelque peu analogue à celle qui s'est réalisée pour les armées proprement dites : nous ne sommes plus en présence de petits corps indépendants, travaillant ou combattant de façon isolée, mais de grandes masses où la solidarité des mouvements s'impose.

Au point de vue des faits et des chiffres mêmes, il est inexact d'avancer que toutes les petites entreprises ont disparu. Si, comme l'a fait notre éminent collègue Yves Guyot, on consulte les statistiques professionnelles, les statistiques des patentes et beaucoup d'autres éléments; on arrive à voir que, en même temps qu'il se produit un développement croissant des grandes entreprises existant, ou qu'il s'en crée de nouvelles, le nombre absolu des petits patrons et des petites entreprises ne cesse néanmoins de croître. C'était ce que M. A. Liesse avait déjà mis en lumière, pour la France, en interrogeant les résultats statistiques du dénombrement de 1891. Montrant que, dans la fabrication des objets en métal, pour 104.000 patrons, il n'y avait que 334.000 ouvriers et employés de tous ordres, que les chiffres correspondants étaient de 125.000 et de 160.000 pour l'industrie du bois, de 173.000 et 179.000 pour celle du bâtiment, de 103.000 et 186.000 pour celle de l'alimentation; il en concluait, par la comparaison des chiffres, qu'une grande place est encore faite aux artisans et à la petite industrie, la moyenne des ouvriers par entreprise ne ressortant qu'à un faible nombre d'unités.

De son côté, M. Paul Leroy-Beaulieu a relevé le nombre des contribuables imposés à l'impôt des patentes depuis 1830, et il est arrivé à constater que le nombre de ces cotes augmentait constamment et avait passé de 1.160.000 à 1.820.000 de 1830 à 1706; et en opérant les déductions ou rectifications nécessaires, il estimait à au moins 1.700.000 le nombre réel des patrons et des artisans autonomes dans le commerce et l'industrie; chiffre qui se tenait encore à 1.200.000 au moins, même après déduction des débitants de boisson, qui représentent un nombre énorme de petits patrons.

Des preuves de cette survivance des petites entreprises, de la petite industrie ont été données par Levasseur, dans son ouvrage sur les questions ouvrières et industrielles en France. Il a bien constaté le recul de la petite industrie sur certains terrains : c'est inévitable, puisque c'est là que s'est établie la grande industrie. Mais il constate également que cette petite industrie a maintenu ses positions sur d'autres points et en a occupé de nouvelles. A consulter d'autres recensements, par exemple celui de 1896, on verrait que, sur 100 établissements industriels, plus de 85 occupaient un à 4 salariés seulement, 13,57 de 5 à 50 salariés.

Si véritablement la grande industrie et la concentration assurent les avantages tels que nous les avons indiqués, comment se fait-il que la petite entreprise puisse survivre en maintes occasions? La chose s'explique assez aisément. Il est évident que cette survivance des petites entreprises est chose temporaire dans bien des cas ; mais, pour d'autres cas, d'autres manifestations industrielles, elle paraît devoir se perpétuer. Cela ne peut se faire, bien entendu, que là où la production par petits patrons, petites entreprises, se fait de façon suffisamment avantageuse, ou dans des conditions tellement spéciales, qu'il n'y aurait pas de profit à substituer la grande industrie à ces petites entreprises.

Pour que celles-ci ne soient pas appelées à mourir rapidement, il faut qu'elles soient à même d'adopter un outillage perfectionné, mais pourtant relativement simple, relativement bon marché, qui ne réclame pas un capital d'établissement trop élevé et disproportionné avec le crédit que de petits patrons peuvent obtenir. C'est ainsi que la petite industrie peut se maintenir rationnellement pour les opérations de production où la main-d'œuvre tient une grande part.

Les auteurs qui se sont préoccupés de cette question, ont montré que cette petite industrie avait encore sa place marquée là où la production n'a point à suivre les errements qui s'imposent pour la grande industrie. Celle-ci fabrique des types déterminés à des millions d'exemplaires, mais il n'est pas possible d'appliquer cette méthode quand il s'agit d'objets devant s'adapter au goût ou à la con-

venance personnelle d'un individu ; la grande industrie ne satisfait que mal les besoins extrêmement
variés et spéciaux. C'est pourquoi les petits tailleurs
subsistent en dépit du vêtement confectionné ;
ces artisans se plient aux exigences du client et
établissent des modèles essentiellement variés.
Quand il s'agit d'objets de conservation difficile,
comme c'est le cas pour de multiples denrées alimentaires, il y a, là encore, place pour la petite
industrie, et aussi pour le petit commerce, qui n'est
en somme qu'une manifestation industrielle spéciale. S'agit-il, enfin, de satisfaire à des besoins
locaux assez peu étendus, sur des points très dis-
tants de grands établissements de fabrication? Il y
aura également raison d'être pour de petites industries locales.

M. Lewinski a donné un tableau intéressant des
industries dans lesquelles dominent les petites ou
même les très petites entreprises ; on y trouve des
applications de ce que nous venons de dire. Ce
domaine restant à la moyenne et à la petite industrie a été exploré à fond par M. Leroy-Beaulieu. Il
a montré que certains objets, par leur nature, ne
tombent guère dans la sphère de la division du travail et des machines ; que, pour d'autres articles, la
répétition, l'uniformité repousse l'acheteur, qui
cherche l'originalité pour chaque unité produite ; ce
qui est le cas pour les objets d'art ou de grand
luxe. Tout ce qui exige de la fantaisie, qui n'est pas
de consommation courante, reste normalement dans
le domaine de la petite production; précisément
parce que la main-d'œuvre, le goût personnel de

l'ouvrier y tiennent une place plus importante. Il est évident que la grande production tend à l'uniformité, par suite à la banalité. D'autre part, les réparations, l'entretien, échappent en très grande partie à la grande industrie ; et pourtant, comme nous le verrons, l'interchangeabilité a diminué considérablement le champ de l'industrie de la réparation.

Il y a aussi des choses, des besoins, pour lesquels on désire légitimement trouver satisfaction immédiate chez l'artisan du quartier. Il ne faut pas oublier non plus les objets, les denrées que l'on consomme pour ainsi dire au fur et à mesure de leur production ; et c'est une des raisons pour lesquelles les petites boulangeries subsistent en si grand nombre, alors que les grandes boulangeries sont en réalité une exception. Nous n'avons pas parlé de la mode ; mais il va de soi que les industries auxquelles nous faisions allusion tout à l'heure, qui doivent satisfaire, à des goûts variés et personnels, relèvent le plus généralement de la mode ; et jusqu'ici la petite production, la production décentralisée ou non concentrée, s'y maintient de façon tout à fait remarquable.

§ 2. — Influence de la force motrice dispersée.

Étant donnée l'influence qu'a eue sur l'évolution industrielle la machine considérée comme productrice de force motrice, en particulier la machine à vapeur, on peut se demander si l'invention des petits moteurs, la distribution de la force à domicile, sous la forme du courant électrique, et son emploi si facile grâce aux petits moteurs électriques, ne doivent pas avoir une action considérable sur la petite industrie, amener une réaction, une décentralisation, aux dépens de la concentration ? On a volontiers escompté cette décentralisation et les bienfaits de l'électricité. Souvent les patrons ont espéré voir se produire ce retour à l'industrie à domicile, car il supprime pour eux bien des risques, leur évite d'immobiliser des sommes énormes pour la construction de vastes ateliers; il leur permettrait même de retourner aux pratiques suivies normalement jadis dans l'industrie lyonnaise de la soie : redevenir des fournisseurs de matière première et des acheteurs de produits fabriqués, l'ouvrier, propriétaire de son instrument, de son outillage, travaillant à façon, étant un petit sous-entrepreneur. Déjà, dans la région française de Saint-Étienne, et pour l'industrie du ruban, cette évolution s'est produite, ou plus exactement le petit moteur électrique s'est introduit à domicile, chez les ouvriers rubaniers, avant que leur métier individuel ait disparu. L'introduction de la force motrice, distribuée par le courant, permet à cette industrie à domicile, à cette petite industrie, de subsister encore assez heureusement.

Mais il n'est nullement sûr, tout au contraire, que ce soit là une phase durable. Et si l'on considère la région lyonnaise, où depuis pas mal de temps une transformation en sens inverse s'est faite, où des usines se sont construites à la campagne pour se substituer à la fabrication urbaine et à domicile;

on ne voit guère que la mise à contribution du petit moteur électrique fasse évoluer les choses en sens inverse. A part des exceptions assez peu nombreuses, la fabrication se fait par des façonniers, qui sont des usiniers travaillant à façon pour les fabricants de Lyon. L'Office du Travail de Belgique a, il n'y a pas longtemps, envoyé en France une mission de spécialistes pour étudier les résultats de l'emploi des moteurs électriques dans les industries à domicile, et les enquêteurs ont conclu que les avantages principaux de la production centralisée ne pouvaient être atteints par l'industrie à domicile, l'emploi d'un moteur mécanique ne remédiant pas à l'infériorité de celle-ci. Le fait est que, comme nous l'avons laissé entendre, ce n'est point seulement au point de vue de la facile distribution et répartition de la force motrice aux métiers et machines que la grande industrie est supérieure à la petite. Nous ferions des constatations du même genre dans la région de Cambrai.

§ 3. — Les appuis de la petite industrie.

Ce qui est curieux, c'est que la petite industrie nous semble avoir trouvé un appui, inattendu de beaucoup, dans les grands magasins, dans ces grands magasins contre lesquels s'élèvent si volontiers ceux-là mêmes, producteurs ou consommateurs, qui y trouvent leur profit. Nous n'avons pas besoin de faire remarquer que ces grands magasins sont, sous la forme plutôt commerciale, mais quelquefois aussi industrielle (lorsqu'il s'agit de magasins comme la célèbre maison Félix Potin, possédant des usines propres de production) de l'industrie concentrée. Ces entreprises si intéressantes, que les Américains voudraient volontiers laisser croire qu'ils ont inventées, sont en réalité de création française.

Tout comme dans la grande industrie proprement dite, on a réalisé, dans les grands magasins, une économie sur les installations, une économie sur les frais généraux, qui sont venus se traduire par un abaissement du prix de revient et aussi du prix de vente ; on a pratiqué la vente à petit bénéfice, parce qu'on a pu vendre sur des proportions énormes. On a assuré la réalisation rapide du capital incorporé dans les produits fabriqués ou dans les produits achetés ; on a développé la consommation, au grand avantage du consommateur, et aussi de l'industriel, qui était sûr d'écouler facilement les produits fabriqués.

Ces grands magasins ont influé et influent puissamment autant qu'utilement sur l'industrie en général : ils poussent au progrès, réclament le meilleur marché, incitent à des transformations et des modifications qui abaissent le prix de revient ou qui, pour le même prix, donnent un produit plus utile, plus agréable, meilleur à tel ou tel égard. Mais ils sont venus agir aussi de la façon la plus utile, la plus précieuse, au profit des petits patrons, de la petite industrie : alors que ceux-ci n'ont pas les moyens d'atteindre facilement une grande masse de consommateurs, le grand magasin devient leur client ; ils sont presque des salariés vis-à-vis de ce grand magasin. Ils fabriquent pour lui de façon continue, sans se préoccuper de l'écoulement et de la difficile réalisation des produits ; ils sont guidés par les chefs de rayons de ces grands magasins. Au besoin même, ceux-ci leur feront des avances qui leur permettront de passer par des phases difficiles ou de se procurer l'outillage qui leur est nécessaire.

En tout cas, et sous réserve de ce que nous avons dit de la place que peut occuper la petite industrie, soit à titre temporaire, soit à titre plus ou moins stable, il est évident que partout cette petite industrie doit céder le pas à la grande. Avec la petite industrie, même avec le travail à domicile, qui ne correspond pas toujours à la petite industrie, s'il s'agit de salariés travaillant chez eux pour un grand industriel, le travailleur est exposé à maintes difficultés, à maintes crises ; la réalisation du produit n'est pas toujours aisée ; elle nécessite des transports de toutes sortes qui deviennent coûteux, elle impose des délais. Forcément le rendement de la grande industrie est supérieur, son prix de revient est moindre, la qualité obtenue est meilleure. On arrive à une plus grande régularité dans les objets fabriqués, et nous verrons l'importance spéciale que cela présente. C'est avec la grande industrie, et grâce à elle, que les salaires ont augmenté, que la durée de la journée de travail a diminué, précisément à cause de cette augmentation du rendement que nous venons de signaler.

Aussi bien, comme l'a observé justement M. Paul Leroy-Beaulieu, le travail dispersé, caractéristique de la petite industrie, met l'ouvrier beaucoup plus dans la dépendance des commandes, que quand il dépend lui-même du grand manufacturier; celui-ci se trouve en présence de cette nécessité de la continuité du travail, même à perte, dont nous avons dit un mot, et qui l'oblige à assurer presque constamment du travail à ses ouvriers. A Saint-Étienne, les ouvriers à domicile travaillant à façon souffrent beaucoup des crises. Peut-être, et en particulier sous l'influence de la distribution de la force motrice, verra-t-on, dans certains cas, le travail à façon et à domicile reprendre de l'importance, comme cela se passe parfois dans la région de Rouen; il se fonde de petits ateliers, mais qui ne s'éloignent pas de l'usine dont ils attendent des travaux à façon. Ce ne sont toutefois que des exceptions. Même des patrons possédant de véritables usines, se voient-ils souvent, à l'heure actuelle, obligés de travailler à façon pour d'autres entreprises plus importantes. Il ne leur vient pas à l'idée de se plaindre de cette situation de salariés; ils y trouvent une sécurité et et des avantages divers. C'est là un phénomène d'association, qui, librement consenti, ne peut donner que des résultats heureux.

Ces résultats se produisent pour le salarié de la grande industrie, qui perd peut-être de son indépendance, mais qui gagne en sécurité, en même temps que sa rétribution augmente.

CHAPITRE XIII

L'Abaissement des Prix.

Les bas prix condition de formation et d'existence d'une vaste clientèle — Prix de revient et bénéfice modéré. — L'examen des faits. — Comment on arrive au bon marché.

Nous avons dit que la recherche de débouchés avait été primordiale pour l'évolution de l'industrie primitive vers la grande industrie actuelle. L'élargissement des débouchés était une condition indispensable pour la formation ou, plus exactement, pour la réussite de la grande industrie : seul, il lui permettait de produire en grand, d'introduire par conséquent les machines, cette introduction devant forcément avoir pour résultat (sous l'influence de la concurrence) d'abaisser le prix de vente.

§ 1. — Nécessité d'un prix de vente modéré.

Et précisément, par une de ces incidences que l'on rencontre souvent en pareilles matières, la baisse même du prix de vente devait étrangement accroître les débouchés, en surexcitant la consommation, en encourageant l'acheteur possible à devenir un acheteur effectif; assuré qu'il était de satisfaire à bon marché, à meilleur marché que jadis, ses besoins, ou de pouvoir se donner des jouissances, un bien-être qui auparavant lui auraient été interdits. A coup sûr, l'homme a des besoins indéfiniment extensibles; mais il est forcément limité par ses ressources, et lors même que son gain augmente, en vertu même de cette extensibilité, de ce désir de nouvelles satisfactions, il consomme, il achète chaque fois que s'abaisse le prix de vente d'un produit quelconque ou d'un service.

Or, ce prix de vente a pour base le prix de revient; et pour peu que la concurrence joue, l'industriel fait bénéficier l'acheteur d'une bonne partie de l'économie à laquelle il arrive dans la fabrication par une transformation économique ou technique; sans doute, il se réserve un bénéfice au delà du prix de revient et dans la marge que laisse le prix de vente, mais il limite ce bénéfice, d'autant que la concurrence joue davantage.

Il se peut que, pendant un certain temps, un industriel arrive à posséder seul des procédés nouveaux qui lui permettent d'abaisser sensiblement le prix de revient; et comme la concurrence ne jouera pas, il s'assurera des bénéfices exceptionnels; mais encore faut-il, pour attirer à lui la clientèle, la détourner de ses fournisseurs habituels, qu'il offre un certain avantage à cette clientèle, c'est-à-dire une diminution sur le prix de vente. Et l'effort constant de chaque industriel, de chaque producteur avisé, consiste à essayer d'abaisser son prix de revient propre au-dessous du prix de revient général qui sert de base au prix de vente actuel [1]. Et tout naturellement, s'il parvient à fournir à la clientèle des produits meilleurs, plus purs, au même prix que ses concurrents, cela équivaudra à un abaissement du prix de vente.

C'est surtout par l'adoption de machines, de procédés perfectionnés, qu'il obtient un abaissement de prix de revient; mais nous verrons que l'utilisation des sous-produits et mille autres pratiques intelligentes peuvent le faire parvenir au même résultat. Toute la production a subi, surtout depuis un siècle, cette grande loi du progrès qui consiste à poursuivre graduellement l'abaissement de prix de tous les produits; il en est de l'industrie agricole comme des autres, bien que la technique et le machinisme s'y soient perfectionnés ou introduits beaucoup plus lentement que dans la plupart des autres industries.

En 1886, M. Teisserenc de Bort, dans le Rapport général de la Commission des valeurs en douane, constatait que « les manufacturiers de tous les pays « n'ont plus qu'une préoccupation dominante : abais- « ser leurs frais de fabrication par l'accroissement « de la puissance de production de leurs ateliers. » A la vérité, nous avons vu que ce n'était pas seulement par l'accroissement de la puissance de production qu'ils pouvaient arriver au but poursuivi. Émile Levasseur, de son côté, disait : « La grande « industrie a besoin de produire en masses consi- « dérables et doit s'orienter de plus en plus vers le

1. V. Paul Leroy-Beaulieu, *Traité d'Économie politique.*

« bon marché; c'est de ce côté que sont les gros
« bataillons d'acheteurs. » Suivant un phénomène
à la fois économique et psychologique (ce qui coïn-
cide souvent) auquel on donne le nom de théorie de
la valeur décroissante, il faut que, au fur et à mesure
que la production d'un objet augmente sensiblement, le prix de vente s'en abaisse dans une proportion très notable; comme des quantités énormes
en sont jetées sur le marché, il est indispensable de
trouver de nouvelles couches de consommateurs,
dans des milieux à ressources plus modestes, où
l'on n'est pas disposé à payer ce que payaient les
premiers consommateurs.

Ce ne sont pas seulement les déductions logiques qui nous amènent à insister sur cette nécessité de l'abaissement des prix. Comme toujours
en économie politique et dans toutes les sciences,
il faut s'en reporter à l'observation des faits; ceux-ci
sont innombrables en la matière.

Dès le milieu du xixe siècle, cet abaissement était
tel qu'il jetait presque l'étonnement dans l'esprit d'un
homme pourtant bien au courant de l'évolution économique, Michel Chevalier. Parlant, en 1858, de la
question du bon marché, le savant économiste signalait que l'on venait de voir à l'Exposition de l'économie domestique une batterie de cuisine complète,
composée de 21 pièces en fer battu, dont quelques-
unes étamées, qui se vendait 19 francs. On aurait
pu faire des constatations tout aussi caractéristiques
dans une industrie bien spéciale, mais fort importante, la fabrication de l'acide sulfurique, même au
commencement du xixe siècle. Au commencement

du xviiie siècle, le prix d'un kilogramme d'acide sulfurique, à Londres, était d'environ 100 francs, alors que, dès 1793, il était tombé à 1 fr. 35, grâce au travail à l'aide des chambres de plomb. Dans le remarquable ouvrage de lui que nous avons déjà cité, M. Schulze Gavernitz donne des indications bien curieuses au sujet de cette industrie du coton à laquelle il s'est plus spécialement consacré. Il montre le prix d'une livre de fil de coton numéro 40 passant de 10 shillings 11 pence, en 1784, à 2 shillings 10 pence en 1812, et tombant enfin à 11 pence 1/4 en 1832. D'ailleurs, en même temps, le prix du coton nécessaire à la fabrication de cette quantité de fil, avait généralement baissé de façon très notable.

Néanmoins, il ne restait qu'une somme de plus en plus faible pour les frais et les bénéfices de l'industriel; la grande industrie, sous l'influence de la concurrence, des perfectionnements techniques, et de la recherche d'une clientèle toujours plus étendue, ayant dû limiter de plus en plus ses bénéfices propres et les frais de fabrication, la marge entre le prix de revient et le prix de vente ne faisant que décroître. Dans cet exemple que nous avons cité, les frais et les bénéfices représentaient, en 1784, une somme de 8 shillings 11 pence, alors que l'on ne retrouvait plus que 4 pence en 1832. Dans toutes les industries, on constate cette diminution formidable du prix de revient et, finalement, du prix de vente, sous l'influence des progrès économiques et techniques, tout particulièrement de la mise à contribution des machines. C'est ainsi que, dans le domaine de la métallurgie, le rabotage d'un

pied carré de métal, qui coûte aujourd'hui en Angleterre environ 1 shilling, revenait à 12 shillings à peu
près en 1826, époque où ce travail se faisait à la
main.

§ 2. — Comment s'abaisse le prix de revient.

Quand on veut étudier d'un peu près l'abaissement
du prix de production donné par les méthodes
modernes perfectionnées, et particulièrement par la
mise à contribution des machines, rien ne peut être
plus profitable que de consulter un rapport très
documenté, très complet, dû à M. Carrol Wright,
ancien directeur du Département du travail aux
États-Unis. Ce rapport contient les résultats d'enquêtes extrèmement nombreuses sur les travaux les
plus divers, sur les fabrications les plus variées.
On y verrait, par exemple, que la perforation des
chèques à la main revenait à 150 dollars environ, contre 0,97 dollar pour la perforation à la machine d'une
même quantité de chèques. On y constaterait que,
dans la fabrication des tissus, le prix du travail à la
main, qui était de 135 dollars, s'est abaissé, par la
mise à contribution de la machine et des procédés
modernes, à 2,51 dollars ; que, pour la fabrication de
la corde, les prix relatifs et correspondants sont de
12 dollars et de 0,94 dollar ; tandis que dans la composition d'imprimerie, ce qui coûtait à la main de
2,54 à 3,60 dollars ne revient plus, avec le concours
de la machine, qu'à 1,80 à 2,10 dollars.

Et dans tous les pays, les constatations seraient à
peu près identiques. En France, nous verrions le coût

de la fabrication des bouteilles, sous l'influence de l'invention de la machine de M. Boucher, s'abaisser de 60 à 70 %; grâce à cette machine, on peut fabriquer 1.800 bouteilles par jour, alors qu'un homme travaillant suivant les anciennes méthodes ne pouvait en fabriquer que 600 en huit heures de travail.

Dans l'industrie agricole, le battage à la machine électrique, dans certains villages de France où le courant électrique est distribué largement et à bon compte, ne revient jamais, par quintal et tout compris, à plus de 0 fr. 77; alors que même au moyen de la batteuse à vapeur, le coût correspondant était de 0 fr. 96. Or, comparons ce battage mécanique, cette industrie moderne, avec le battage au fléau, et nous serons frappés de la comparaison : avec le battage exécuté au fléau par des hommes qui se livrent à un travail particulièrement pénible, on arrivait à un coût de 3 francs à 4 francs par quintal.

La transformation, l'économie nouvelle assurée par le moteur électrique par rapport au moteur à vapeur, est bien caractéristique : le progrès se superpose au progrès, l'abaissement du prix de revient et du prix de vente s'accentue de jour en jour, parce qu'il s'agit toujours de satisfaire une clientèle plus nombreuse, d'augmenter les ventes pour répondre à une production intense. C'est ainsi que, dans la fabrication des chaînes, la soudure électrique se substituant à la soudure au gaz, abaisse le prix de revient des 100 livres anglaises de chaînes à 3,25 dollars au lieu de 4,50 dollars, même quand il s'agit de fabriquer des chaînes qui comporteront presque deux fois plus de chaînons par unité de longueur. C'est également sous l'influence des progrès continus et se superposant les uns aux autres que, entre 1875 et 1903, on voit, dans l'industrie du coton, le prix d'une quantité donnée de fil de chaîne numéro 28 baisser de 3,36 à 2,40; le prix correspondant du fil de trame numéro 37 descendre de 3,50 à 2,60; tandis que le prix du mètre de tissu passe de 0,43 à 0,29. Ici encore, au surplus, nous trouverions que l'écart entre la matière première et le produit fabriqué baisse de plus en plus.

Nous pourrions tout aussi bien, pour ceux qui ne seraient pas encore convaincus, citer l'industrie du polissage des glaces. En 1765, pour polir une glace d'une grandeur donnée, à bras bien entendu, il fallait 100 heures de travail. En 1865, il n'en fallait plus que 57, et en 1906 seulement 22; et malgré l'augmentation considérable des salaires, dont ont bénéficié les ouvriers et sur laquelle nous donnerons des renseignements et des preuves, une baisse formidable s'est produite dans le prix des glaces. Prenez une glace de 3 mètres carrés : elle se vendait, au XVIIIe siècle, 1.000 francs; en 1910, elle ne vaut plus guère que 90 francs. Songez que le nitrate de soude ne vaut maintenant que la moitié de son prix de 1869; que la soude, qui se vendait, vers 1870, 280 francs la tonne, se vend maintenant 11 francs; que le prix de la fonte est tombé de 91 francs, vers 1870, à 60 francs à l'heure actuelle; que les rails en acier Bessemer se vendaient à la tonne, en 1868, 350 francs, et que leur prix, aujourd'hui, ne dépasse point 150 francs.

Nous en avons assez dit pour ne pas avoir besoin

d'insister davantage. Mais, pour donner une nouvelle preuve de l'influence de la fabrication en grand, nous pourrions renvoyer à un ouvrage où M. Rathenau a rassemblé les renseignements les plus curieux sur la fabrication des machines à écrire notamment. Il y constate que le prix de revient de certaines machines était de 160 marks quand on fabriquait 500 machines, et qu'il est tombé brusquement à 125 marks du moment où l'on en a fabriqué 2.000.

Sans doute, quelques lecteurs peuvent-ils demeurer sceptiques sur cet abaissement continu des prix en présence des plaintes qui s'élèvent de toutes parts sur le coût des choses. Il est bien vrai que, depuis 1905, notamment, le prix des principales marchandises a augmenté dans des proportions assez considérables; mais cette hausse a succédé à une baisse énorme qui s'était effectuée depuis 1872 jusqu'à 1897 au moins; et les prix dont nous nous plaignons auraient réjoui nos grands-pères.

Au reste, si les prix n'avaient pas étrangement baissé, les gens à ressources modestes ne pourraient point se payer le confortable dont ils jouissent à l'heure présente, aussi bien pour l'alimentation, pour les transports, pour le vêtement que pour le reste. Ce que les Anglais et les Américains appellent le *standard of life* a augmenté de façon invraisemblable : pour un budget sans doute sensiblement plus élevé, une famille se donne des satisfactions beaucoup plus grandes. Mais si le budget des dépenses a pu croître, le budget des recettes a augmenté lui-même dans de très larges proportions;

les salaires se sont accrus, en grande partie sous l'influence de la machine.

Celle-ci est venue diminuer la proportion de la main-d'œuvre incorporée dans chaque article fabriqué; évolution qui s'imposait, car, tandis que les salaires augmentaient, le prix de revient devait baisser. A la machine introduite partout, au machinisme grandissant et progressant sans cesse, nous devons rapidité de la production, abondance des produits fabriqués, diminution du prix de revient et du prix de vente; et, par un paradoxe que nous développerons plus loin, augmentation de la rétribution de l'homme, devenu conducteur de machine.

CHAPITRE XIV

Le rôle de la machine dans l'industrie moderne.

Le machinisme dans ses relations avec l'évolution industrielle.
— Comment s'est faite l'invention de la machine moderne;
le moteur mécanique et ses avantages sur le muscle humain
ou le muscle des animaux; les caractères de la machine;
sa spécialisation, sa constitution, son aspect moderne.

Lorsque nous avons voulu caractériser la grande industrie moderne, nous avons employé le mot un peu barbare, mais très typique, de machinofacture.

Cette désignation correspondait à un progrès nouveau : après la manufacture, qui était déjà une manifestation timide de grande industrie, une forme d'usine ou de grand atelier, et qui avait fait ses débuts il y avait déjà fort longtemps, on a vu apparaître, notamment vers la seconde moitié du xviiie siècle, le nouveau collaborateur machine.

Cette apparition de la machine, de la véritable machine, pouvant se commander aisément à l'aide d'un moteur mécanique lui-même, est venue déclancher pour ainsi dire la transformation industrielle, sociale et économique qui fait l'objet de ce livre. Nous avons déjà dit un mot antérieurement des quelques machines qui ont fait événement à cette époque : machine à filer, métier à tisser perfectionné et recevant commande mécanique, machine à vapeur devenant pratique. Nous aurons à en reparler tout à l'heure, quand nous voudrons nous rendre mieux compte de l'évolution graduelle qui s'est faite vers l'emploi des machines, depuis le commencement même des civilisations ; évolution qu'il est nécessaire de suivre pour bien comprendre les avantages pratiques de l'emploi de la machine, du machinisme.

§ 1. — Supériorité de la machine sur le muscle humain.

C'est comme conséquence des bons résultats que la machine et le machinisme débutant avaient donnés immédiatement dans diverses industries, que l'on voit la machine dominer partout dans l'industrie moderne, dans celle du XXe siècle, et même dans celle du XIXe.

Un détail fera saisir l'influence prédominante que peut avoir la mise à contribution du machinisme sur l'évolution d'une industrie quelconque. A l'heure actuelle, bien des gens espèrent ou croient (suivant qu'ils sont ou ne sont pas, pour une raison ou pour une autre, favorables au travail à domicile) que des chances nouvelles de survie, de développement même, peuvent résulter pour l'industrie et le travail à domicile, de la faculté que l'on a et que l'on aura de plus en plus de distribuer à domicile la force motrice, c'est-à-dire d'installer chez l'ouvrier ou l'ouvrière travaillant dans sa maison, dans son logement, un petit moteur électrique. Sans doute, le moteur, électrique ou non, n'est pas tout dans le machinisme ; et même nous allons voir que pour que le moteur fournissant la force motrice mécanique, au lieu de la force motrice musculaire, rende réellement des services, il faut que l'instrument de travail et de production, l'outil, la machine de fabrication qu'il commande, soit réellement un mécanisme disposé, construit, étudié, pour cette commande même.

Il est bien certain que, dans cette région de Saint-Étienne dont nous avons déjà parlé, la rubanerie à domicile a repris une activité nouvelle depuis que la distribution de l'électricité et l'installation de petits moteurs électriques sont devenues possibles au domicile des ouvriers : nous devrions dire des ouvrières, car cette transformation a eu comme conséquence de faire supplanter souvent l'ouvrier rubanier par l'ouvrière rubanière, l'utilisation d'un moteur pour la commande du métier venant supprimer presque tout effort musculaire.

En présence du rôle exceptionnel, prédominant, de la machine dans l'industrie et dans la production modernes ; en présence des avantages énormes qu'elle nous a valus, à nous tous consommateurs, des transformations heureuses qu'on lui doit dans la vie sociale ; il nous semble utile, comme nous le laissions entendre, de suivre l'évolution qui s'est faite vers la machine, depuis les débuts de la vie humaine : une production élémentaire ayant commencé dès que l'homme s'est trouvé en présence de besoins à satisfaire et de difficultés de toutes sortes à vaincre. Un économiste éminent récemment disparu, et qui a admirablement étudié cette question de la machine, Frédéric Passy, a pu dire sans exagération qu'au début, l'homme jeté nu sur la terre n'avait comme instruments de production ou de travail, d'industrie, que sa main, ses ongles et ses dents. Mais bientôt il s'efforça de perfectionner ces instruments primitifs, quoique naturels, et il a imaginé des outils, grattoirs, pointes, masses contondantes et percutantes, qu'il s'est mis à commander à l'aide de ses muscles. Il armait sa main d'un tranchant plus ou moins efficace, d'un marteau pouvant rendre plus redoutables et plus utiles les coups qu'il allait donner.

Le développement de l'outillage s'est fait dans les directions les plus diverses, toujours suivant le même principe; trouver des instruments, qui étaient en somme des machines élémentaires, pour obtenir plus commodément les résultats qu'auparavant les doigts étaient seuls à pouvoir assurer.

Si nous considérions l'industrie du tissage, nous verrions la navette inventée et modifiée peu à peu pour passer le fil de trame plus facilement entre les fils de chaîne; ultérieurement, d'ailleurs, cette navette s'est étrangement perfectionnée en devenant la navette volante, une nouvelle invention qui faisait davantage appel à ce qu'on peut appeler le machinisme; c'était, sous la forme d'un levier ou sabre, comme on voudra l'appeler, un dispositif chassant brusquement cette navette par un coup donné de façon beaucoup plus effective, pour assurer la propulsion brusque et rapide de la navette dans des conditions bien meilleures que si elle avait été obtenue simplement par l'action de la main, sans le concours d'aucun bras de levier.

Dans certains travaux, l'homme n'a, sans doute, pas été long à s'apercevoir qu'il avait avantage à faire appel à la force musculaire des animaux pour commander des outils que, jusqu'alors, il avait actionnés par ses propres muscles. C'est alors que domptant, domestiquant le bœuf, le cheval, il a employé les bêtes de trait à la traction de la charrue, par exemple. Cette charrue n'a guère été, au début, comme cela a été démontré par ceux qui l'ont étudiée, qu'une sorte de bêche sur le manche de laquelle on attelait les bêtes de trait. Par le fait même qu'il avait eu recours au muscle animal pour la commande des outils qu'il manœuvrait directement lui-même auparavant, l'homme fut amené à transformer ces outils en appareils qui allaient prendre place dans une machine réelle, à commande animale il est vrai, mais méritant néanmoins le nom de machine.

Remarquons que cette application du muscle animal à la commande des outils et à la création d'un mécanisme déjà puissant et rendant de très grands services (la charrue est là pour le prouver), n'a pas permis néanmoins, dans bien des domaines, l'introduction du machinisme. Le cheval et les autres muscles animaux ne s'accommodent guère d'une grande concentration de force motrice ; quand on associe plusieurs bêtes de trait, plusieurs chevaux, on voit rapidement baisser le rendement de l'ensemble. Il a été démontré que, dans un attelage de huit chevaux, chaque cheval n'arrive plus à fournir qu'une part très infime de la puissance qu'il donnerait s'il était mis à contribution seul. En outre, le cheval, pour envisager plus particulièrement cette bête de trait et ce fournisseur de force motrice animale, ne travaille bien qu'à une certaine allure assez modérée ; alors que pour la commande des machines il faut de la rapidité en même temps qu'abondance de puissance motrice.

Les moulins à vent quelque peu, les moulins à eau davantage, sont venus faciliter un certain machinisme, notamment pour la mouture du blé. Et si, d'autre part, nous considérons la fameuse *water frame* d'Arkwright, nous voyons que le célèbre inventeur anglais (qui a été, semble-t-il, un plagiaire) a bien davantage révolutionné l'industrie de la filature que Hargreaves : simplement parce que, dans la *Spinning Jenny* de ce dernier, la commande continuait de se faire à bras d'homme, tandis qu'avec la *water frame* et les cylindres étireurs d'Arkwright, on mettait à contribution la puissance mécanique, un moteur hydraulique pour actionner ce qui devenait de plus en plus une machine, au sens où nous l'entendons maintenant.

Il est facile de comprendre, d'après ce que nous n'avons fait qu'indiquer et d'après les caractères que doit présenter la machine pour répondre au but poursuivi, quel avantage on a à la doter d'un moteur mécanique, d'une force motrice supérieure à tous égards à la force musculaire soit des animaux, soit, à plus forte raison, de l'homme. Or, si dans les divers domaines de l'industrie, on avait laissé la fabrication sous la dépendance immédiate et nécessaire des doigts humains, comme agents principaux de cette fabrication, la rapidité même qu'était susceptible d'assurer cette commande mécanique aurait été rendue partiellement inutile. Entre l'invention de Hargreaves, à laquelle nous faisions allusion tout à l'heure, et la fameuse *mule Jenny* de Crompton (sans même aller plus loin), on sent bien la transformation qui s'est produite. On peut dire qu'avec la *mule Jenny* de Crompton les doigts de l'ouvrier ou de l'ouvrière n'ont presque plus rien à faire dans la fabrication proprement dite ; et même, dès qu'on voit apparaître le métier *self acting*, l'abaissement du fil qui doit se renvider après avoir été étiré, tordu et fabriqué, est obtenu par un dispositif mécanique ; l'ouvrier n'a plus à intervenir pour abaisser à l'aide de ses mains le fil en question.

Tout naturellement, au fur et à mesure que la machine à vapeur a envahi tous les terrains, en apportant des avantages innombrables et précieux, on a vu la transformation s'accuser. Il était de plus en plus nécessaire d'adapter l'organe, l'outil de fabrication, à cette nouvelle commande ; il était de plus en plus indispensable d'éliminer les bras et les mains de l'ouvrier d'une production à la rapidité de laquelle ils ne pouvaient répondre. Et comme cette transformation assurait une production de plus en plus importante, et par suite diminuait constamment le prix de l'unité fabriquée, le rôle de la force motrice mécanique et des moteurs s'est accentué de jour en jour. Aujourd'hui, il est primordial dans la vie de l'industrie, des usines, des ateliers.

§ 2. — Extension indispensable du domaine de la machine.

Aussi bien, dans la seule invention de la machine à coudre, dans son fonctionnement, dans ses perfectionnements et ses résultats, on trouverait la preuve de tout ce que nous venons d'avancer à un point de vue général. Il a fallu étrangement modifier l'aiguille pour la faire commander mécaniquement; la commande ne s'en faisait d'abord qu'à la main; puis au pied, c'est-à-dire par les muscles humains; elle est arrivée à être maintenant de façon courante, au moins dans les grands ateliers, mécanique, au sens propre du mot, soit qu'on emploie un petit moteur tonnant, soit qu'on recoure au précieux courant électrique. Et alors qu'avec l'aiguille primitive, instrument pourtant déjà si remarquable, l'ouvrière ne faisait guère que 20 à 25 points à la minute, dès 1867, avec la machine à coudre à pied ou à la main, cette ouvrière pouvait en faire plus de 60; elle est arrivée ultérieurement à en faire quelque 1.500.

Cette seule indication montre qu'une des principales caractéristiques de la machine, c'est la rapidité, la production par grandes quantités, caractéristique de la grande industrie; cela entraîne bien d'autres conséquences, à commencer par cet abaissement du prix de revient sur lequel nous avons insisté, sur lequel on ne saurait trop insister quand on cherche à se rendre compte des bienfaits de l'industrie moderne, de sa supériorité. Un homme qu'il faut souvent citer quand on se préoccupe des questions économiques, industrielles, géographiques, statistiques, un admirable chercheur doublé d'un penseur, Émile Levasseur, a caractérisé de la façon la plus précise toutes les conséquences de l'emploi des machines. Il a montré quelle célérité de production et quelle abondance de produits elles nous valent. Il a insisté sur la délicatesse et la précision extrême de certains des travaux qu'elles exécutent, pour ne pas dire de presque tous les travaux.

Il a rappelé que la machine a une force indéfinie, ce qui la différencie étrangement du muscle humain et du muscle animal; qu'elle peut assurer une uniformité parfaite des produits qu'elle permet d'obtenir à bon marché. Il a dit aussi qu'elle impose à l'ouvrier une fatigue musculaire très réduite presque toujours, à coup sûr bien moindre que jadis; et il a pu ajouter avec raison qu'elle améliore considérablement l'hygiène de l'atelier, ce qui réagit sur la santé de l'ouvrier, tout autant que la diminution de la fatigue musculaire.

Avec la machine, la division du travail ne fait que s'accentuer, l'engin mécanique ne pouvant effectuer qu'un certain nombre d'opérations nettement déterminées. En dépit de certains exemples curieux que l'on rencontre dans la fabrication des épingles, dans celle des chaînes de bicyclettes, et dans d'autres cas, une machine donnée ne peut exécuter qu'une série d'opérations assez courte. Avec la machine, du reste, il faut demander à l'ouvrier plus de capacités, si paradoxal que cela puisse paraître. C'est qu'en effet, ce qu'on lui demande, ce n'est plus d'être une bête de somme, un producteur de force musculaire : il doit devenir une intelligence conductrice, tout au moins un surveillant, un contrôleur; alors que jadis, s'il avait une part d'activité intellectuelle très grande dans la fabrication, il avait aussi une part musculaire non moins grande. Et c'est justement parce que son travail n'est plus désormais qu'un travail intellectuel, c'est-dire de qualité supérieure, qu'on a dû augmenter son salaire.

De graves reproches ont été formulés et sont encore quelquefois formulés contre la machine : on prétend qu'elle élimine l'ouvrier, qu'elle se substitue à lui, qu'elle diminue les occupations, même parfois qu'elle abaisse les salaires. On ne se rend pas compte que, sans doute, elle diminue la valeur de la main-d'œuvre incorporée dans un produit fabriqué, dans une unité : ce qui permet l'abaissement du prix de revient et l'abaissement du prix de vente. Mais cet abaissement du prix de vente se traduit par une augmentation de la consommation; on demande davantage des objets dont le prix s'est abaissé, et il faut augmenter la production dans des proportions énormes. Bien des fois les économistes ont fait la preuve de ce nous avançons; nous la trouverons tout simplement dans la constatation de l'augmentation graduelle des salaires au fur et à mesure de l'emploi plus courant des machines.

Il est impossible, sauf peut-être pour des marchandises tout à fait particulières (et encore il en existe bien peu) qu'une invention mécanique, l'adoption de machines entraînant une baisse de prix, ne produise pas inévitablement un accroissement de débit, une augmentation de la demande et, par suite, n'amène pas, pour l'industrie considérée, le besoin de nouveaux bras (qui seront plutôt des intelligences toutefois). Nous l'avons démontré par ailleurs avec une foule de chiffres à l'appui. Aussi bien (et l'on pourrait le regretter), l'introduction générale des machines, dans telle ou telle fabrication, dans telle ou telle branche d'industrie, ne se fait jamais que graduellement; car la mise à contribution de ces machines exige le plus souvent un capital considérable, qu'il n'est pas toujours facile de se procurer, et que l'industriel hésite à exposer avant d'être bien sûr que la machine assurera les résultats voulus.

Nous verrons que ce coût très élevé de la machine, de la machinisation (si l'on nous permet le mot) d'une industrie, a des conséquences particulièrement intéressantes pour la grande industrie moderne. Il nécessite un amortissement assez rapide : nécessité qui avait amené les premiers industriels de la fin du xviiie siècle et du commencement du xixe à se figurer qu'ils devaient imposer aux ouvriers de très longues heures de travail. On en est revenu depuis lors, et fort heureusement pour tout le monde.

§ 3. — Influences et caractéristiques de la machine.

A parcourir un peu toutes les industries, nous aurions des preuves multiples de la spécialisation à laquelle entraîne le machinisme, et du bas prix auquel il permet d'arriver, et aussi de la multiplicité des machines que l'on met à contribution dans toutes les industries réellement ingénieuses. C'est aux États-Unis surtout que les machines les plus perfectionnées ont été inventées et que le machinisme s'est imposé particulièrement, à cause du coût très élevé de la main-d'œuvre.

Le volume de M. Fraser, *l'Amérique au travail*, va, par exemple, nous guider à travers une grande fabrique de chaussures, où nous verrons chaque ouvrier se bornant à accomplir, avec l'aide d'un outil mécanique, d'une machine-outil appropriée, une seule opération : c'est ainsi que tel ouvrier sera constamment employé à présenter des talons de chaussure à un tranchet mécanique qui en découpe la courbe intérieure.

Suivons la fabrication du brodequin cloué bon marché; il passe par 122 opérations faites à la machine (alors que la même chaussure exécutée à la main ne passe que par 83 opérations, ce qui ne veut pas dire 83 ouvriers, il s'en faut). Au lieu des deux hommes qui seraient employés à confectionner la chaussure à la main, avec la fabrication mécanique, il en faut 113 se répartissant les tâches. D'un coup de balancier, une machine découpe une empeigne, mais elle se limite à cette besogne, sous la conduite d'un homme spécialisé comme elle. Un autre ouvrier est chargé de donner la forme à l'empeigne, un troisième coupera les empiècements; un tranchet mécanique conduit par un ouvrier spécialisé a pour rôle de continuellement ébarber les talons ; une ouvrière sera uniquement chargée de coudre ou, plutôt, de fixer les boutons sur les bottines, et elle mettra en place 8.800 boutons par jour. C'est cette spécialisation qui assure le bon marché ; c'est au reste elle que l'on reproche quelquefois à la machine, en disant qu'elle fait de l'ouvrier une machine lui-même, qu'il y a dans la continuité d'un seul et même travail une besogne abêtissante pour l'ouvrier. Il y trouve, à coup sûr, le moyen de toucher un bon salaire. Et nous verrons que bon nombre d'ouvriers sont constamment à l'affût des perfectionnements possibles à apporter à la machine qu'ils conduisent : ce qui prouve que leur intelligence est en jeu.

Nous venons de parler des machines innombrables que l'on a combinées pour la fabrication des chaussures ; mais c'est là un exemple entre mille, et la plupart des industries nous en fourniraient d'analogues. Dans telle usine d'automobiles, rien que pour la taille des pignons et des roues dentées, on dépense 300.000 francs de machines-outils. Dans la fameuse fabrique d'armes de guerre de Liége, on possède, pour la fabrication d'un seul fusil, 700 machines-outils différentes. Des usines aussi spéciales que les fameux établissements de conserves de viande de Chicago mettent à contribution une série invraisemblable de machines. Dans les usines allemandes de construction de locomotives Borsig, l'atelier des machines-outils en compte plus de 3.000.

Pour que leur usage se développe, il a fallu naturellement que les machines se perfectionnent d'étrange façon, grâce à l'esprit d'invention des ingénieurs, constructeurs, des ouvriers même, ainsi que nous le disions.

L'évolution technique la plus curieuse s'est faite dans cette industrie des machines en général, et particulièrement des machines-outils. Et ce qui est à noter, c'est que cette évolution a toujours été du compliqué au simple. Il est plus facile, en effet, de combiner dès l'abord un mécanisme complexe pour obtenir un résultat déterminé; mais on s'aperçoit bientôt que la complexité même de ce mécanisme, non seulement entraîne un prix de fabrication et de vente trop élevé, mais encore que c'est autant de chances de dérangement, d'arrêt dans la fabrication. L'inventeur, le constructeur, l'ingénieur éliminent peu à peu ce qui est de la superfétation, du compliqué, et cherchent les procédés, les combinaisons mécaniques, cinématiques les plus simples pour parvenir au but voulu. Bien entendu aussi, ils se sont efforcés de plus en plus de poursuivre et d'atteindre l'automatisme; sans doute, on ne demandait plus la force musculaire à l'ouvrier; et, en ne réclamant plus de lui que de l'intelligence, on pouvait en réclamer davantage.

Mais la fabrication mécanique est si rapide, le prix des machines si élevé, la valeur des objets fabriqués dans un temps donné a tant monté par la rapidité de production; que l'on a avantage à éliminer toutes chances d'erreur ou d'arrêt. L'automatisme donne d'excellents résultats dans cette voie, et en supprimant l'arrêt dans les diverses périodes de travail, il augmente la rapidité de production et, par suite, diminue le prix de revient.

Cela a été le cas pour le fameux tour américain, muni d'une série d'outils qui viennent successivement et automatiquement en place pour travailler la barre de métal, par exemple; barre qui commence par être mesurée à la longueur voulue, puis est sectionnée, façonnée, découpée, et qui tombe automatiquement, afin qu'une autre longueur de métal soit confiée à la machine et à ses instruments successifs. C'est également le cas pour ces métiers à tisser perfectionnés dont nous aurons à reparler, et où les navettes chargées de fil se succèdent automatiquement, la réserve de fil nouvelle venant se rattacher à l'extrémité du fil de trame de la navette précédente.

Ajoutons enfin que, dans cette évolution technique, on est arrivé à donner aux machines des proportions gigantesques, à les faire travailler aussi bien sur l'énorme que sur le minuscule. Ce sont, les laminoirs à blindage d'une puissance de 12.000 chevaux, donnant des plaques de 40 centimètres d'épaisseur; ce sont des fours coulant des lingots de 100 tonnes; des presses hydrauliques, comme à Saint-Chamond, d'une puissance de 6.000 tonnes, desservies par des grues et des ponts-roulants de 150 tonnes. Au Creusot, nous trouverons une presse de 10.000 tonnes pour comprimer l'acier en fusion; tandis que, dans telle usine métallurgique de Dusseldorf, ce sera un tour pouvant tourner des pièces de 10 mètres de diamètre; un *marbre*, destiné à supporter les pièces à usiner, qui a 140 mètres carrés. Même dans l'industrie agricole (mais, il est vrai, aux États-Unis), nous voyons tel *elevator* pouvant enmagasiner

100.000 boisseaux de grain, déchargeant 10.000 boisseaux à l'heure, déversant même parfois 24.000 boisseaux à l'heure dans les cales d'un navire.

Ces travaux d'Hercule, qui étaient impossibles avec le muscle humain, tout comme avec le muscle animal, sont un jeu pour l'industrie moderne, mais un jeu étrangement profitable pour la Société.

CHAPITRE XV

Fabrication en série, interchangeabilité, standardisation.

La production mécanique continue amène la fabrication d'objets interchangeables, en série, identiques, à bon marché. — Elle a réclamé la standardisation pour simplifier les modèles, le capital d'achat de l'outillage. — La mise au scrap et le renouvellement de l'outillage.

Qu'on nous pardonne ces mots un peu barbares; ils se sont introduits dans la langue industrielle, et aussi dans la langue économique, l'économie politique étant la philosophie de l'industrie, comme l'a dit M. Jourdan. Ce sont des mots qu'on est forcé d'employer, parce qu'ils désignent des pratiques nouvelles; nouvelles comme cette grande industrie qui ne date guère de plus d'un siècle, alors que la production industrielle a débuté avec l'humanité, pour ainsi dire. Ces mots répondent à des réalités, à des particularités de la grande industrie, et ils sont caractéristiques de ses avantages.

§ 1. — Fabrication ininterrompue et en série.

Du moment où l'on a fait appel normalement aux machines et aux machines de plus en plus spécialisées, la fabrication ininterrompue s'est imposée, correspondant logiquement à la production par grandes masses, qui caractérise la grande industrie, qui lui assure ses avantages au point de vue du prix de revient et de la consommation. D'autre part, le matériel mécanique devenant plus coûteux chaque jour par suite de ce qu'on lui demande, il était impossible de laisser inoccupé ce matériel, ce capital, de ne pas l'employer utilement, de ne pas lui faire remplir le rôle pour lequel il a été fabriqué et acheté. On se serait autrement trouvé en présence d'un capital dormant, dont il fallait pourtant payer l'intérêt et l'amortissement; qui s'use, au surplus, peut-être davantage quand il ne travaille pas que quand il travaille.

Cet intérêt, cet amortissement, ces charges inutiles seraient venus frapper l'industrie et obliger l'industriel à relever d'autant le prix de revient de chaque objet fabriqué : ce qui eût annulé en partie les avantages des nouvelles pratiques industrielles suivies. Et pour réaliser intelligemment cette fabrication ininterrompue, il a fallu produire en série : matériel, machines, outils, vont être employés à fabriquer des séries et des séries d'un même produit, d'un même article, quelquefois d'un même accessoire, d'une même partie secondaire d'un objet.

Pour certains produits qui n'ont pour ainsi dire pas d'individualité, cette production en série est tout uniment de la production continue et par grandes masses. Tel serait le cas pour la farine, qu'arrivent à moudre de façon ininterrompue pendant des jours et des jours, des mois et des années, les moulins bien organisés, où les machines n'ont guère besoin d'être arrêtées pour être réparées ou remplacées. Bien entendu, même pour ces matières n'ayant pas d'individualité, pour reprendre le mot que nous employions tout à l'heure, encore faut-il être assuré, pour pouvoir fabriquer de telle sorte, de l'écoulement, de ce que les économistes appellent le débouché.

Déja, pour les tissus, la fabrication en série a eu une influence très notable sur la vie sociale. Elle est venue modifier étrangement les habitudes d'élégance personnelle, d'individualité dans le vêtement; les usines de tissage livrant des kilomètres d'un même tissu, une foule de gens vont se trouver acheteurs de ce tissu et seront habillés identiquement. C'est une forme particulière de démocratie. Dans cette industrie du tissage que nous avons plus particulièrement en vue, il est évident que l'on ne va pas monter un métier, c'est-à-dire préparer la nappe des fils de chaine, préparer également la mise en carte, exécuter tout le travail préparatoire qu'exige le tissage d'une étoffe, pour ne fabriquer qu'un métrage assez réduit de cette étoffe. Ceux qui voudront se distinguer par leur élégance seront obligés de faire appel à des tissus beaucoup plus coûteux, fabriqués luxueusement, peut-on dire, et ne sortant pas des usines qui se livrent normalement à la grande industrie; ou tout au moins fabriqués par des ateliers qui auront abandonné temporairement les habitudes de cette grande industrie.

Pour toutes les consommations de luxe en général, on recourt peu à la machine; précisément parce que la meilleure utilisation de celle-ci n'est obtenue que quand on fabrique en série. C'est la fabrication en série, sur un même modèle, étudié une fois pour toutes (nous entendons pour une longue suite de jours de fabrication), à l'aide d'une grande quantité de matière première achetée en vue de cette fabrication, qui nous donne tous ces objets, que le moindre ouvrier, la moindre ouvrière peut aujourd'hui se procurer à très bon marché, et qui les fait souvent ressembler considérablement à ce qu'on est convenu d'appeler des bourgeois.

La fabrication en série, c'est la manifestation de ce que les Anglais et les Américains ont appelé la fabrication pour le million, pour un nombre extrêmement élevé de consommateurs, acceptant de posséder, de porter, d'utiliser identiquement le même objet que leurs voisins. Cette fabrication en série a été étendue de jour en jour, et même à des objets importants par leur valeur, par leurs dimensions, dont pourtant la consommation ne paraît pas d'abord se faire sur une très grande échelle.

L'exemple le plus caractéristique que nous en pourrions donner, ce serait la construction des locomotives aux États-Unis, dans certaines de ces immenses usines dont les machines de traction sortent par dizaines chaque jour. Nos lecteurs connaissent sans doute les fameux établissements Baldwin, ou des ateliers analogues d'Allemagne qui ont construit depuis leur création de 20.000 à 25.000 machines. Pour arriver à un pareil résultat, il faut naturellement que les locomotives qui sont

construites dans ces ateliers répondent à un type
déterminé que l'on restera longtemps sans changer :
suivant l'expression familière, on fabrique ces machines comme des petits pains, d'après un même
modèle ; il est donc possible également de fabriquer
par séries ininterrompues les divers organes, les plus
petits comme les plus gros, entrant dans l'organisme mécanique que constituent les locomotives.

Sans doute, n'est-ce pas la fabrication aussi
fine, aussi *fignolée*, pour employer un mot qui a sa
place dans le dictionnaire technique, que la fabrication
française, où chaque machine pour ainsi dire est étudiée spécialement, où un type n'est reproduit qu'à un
nombre assez faible d'unités. Les industriels américains, dont il ne faut certainement pas exagérer les
mérites (d'abord parce qu'ils ont tendance à les exagérer eux-mêmes, qu'ils sacrifient volontiers la qualité à la quantité, et que très souvent ils se livrent
à des dilapidations que nous avons déjà signalées),
ont eu du moins ce mérite de faire entrer la fabrication en série dans les habitudes du monde. Pour
rendre cette fabrication en série moins gênante pour
la clientèle, ils ont eu recours à des procédés curieux.

Pour les chaussures, par exemple, ils ne se con-
tentent pas de les établir par pointures ou par demi-
pointures ; ils vont jusqu'au quart de pointure avec,
dans chaque série, une douzaine de largeurs différentes. Le vendeur de chaussures peut donc offrir à sa
clientèle toute une multiplicité de modèles, ou tout
au moins de pointures, ayant chance d'aller au pied
le plus difficile, le plus bizarre ; et cependant la fabrication est faite en série à un bon marché incroyable.

Nous n'avons guère besoin de dire que la fabrication en série a pour corollaire la spécialisation poussée à l'extrême. C'est ainsi que, dans cette industrie de la chaussure dont nous venons de parler, nous trouverons des usines se spécialisant dans la chaussure de luxe pour dames, d'autres dans la chaussure de fatigue pour ouvrières, d'autres encore ne fabriquant que de la chaussure pour fillettes ou le brodequin pour travailleurs des campagnes, etc. Nous n'avons pas à dire non plus que cette fabrication en série, et d'avance, d'un nombre considérable de toutes les pièces, de tous les organes qui entreront, par exemple, dans la construction d'une machine et dans son montage, permet d'atteindre une vitesse de fabrication extraordinaire pour la machine même. C'est dans ces conditions que les usines de locomotives peuvent, en quinze jours, mettre sur pied, c'est-à-dire sur roues, une locomotive et la livrer prête à fonctionner.

§ 2. — Interchangeabilité et standardisation.

La fabrication en série devait logiquement amener à l'interchangeabilité. Il y a eu d'ailleurs deux raisons, deux phénomènes, qui ont conduit à cette interchangeabilité. Le prix de la main-d'œuvre a augmenté de façon considérable, en très grande partie sous l'influence de la machine, qui a dû payer plus cher le collaborateur auquel elle réclame un travail plus relevé. Or, avec cette main-d'œuvre devenant de plus en plus coûteuse, il était bien difficile, tout au moins il était assez peu pratique, de faire refabriquer à la main une pièce venant à manquer dans un ensemble, une pièce brisée ou usée. Étant donné que la fabrication en série permet de produire et de vendre à très bon marché, il était beaucoup plus simple de remplacer cette pièce usée, brisée ou manquante, en en rachetant une autre fournie par le fabricant primitif. Mais celle-ci devait être suffisamment semblable à la pièce primitive dont elle venait prendre la place, pour que l'ensemble fonctionnât comme auparavant. Il fallait qu'entre la pièce primitive et la pièce ou les pièces qu'on y substituerait, il y eût interchangeabilité.

Aussi bien, avec la mise à contribution de la machine dans toutes les fabrications, cette interchangeabilité, cette identité à peu près absolue devenait chose aisée; la machine fait exact, puisqu'elle opère mécaniquement, comme on le dit dans le langage courant, puisque son fonctionnement est automatique et réglé par des dispositifs matériels, et non plus laissé à l'appréciation de l'ouvrier, guidé par des sens plus ou moins exacts, plus ou moins affinés. Avec la machine, par conséquent, même sans envisager des appareils aussi précis que ceux que l'on construit et emploie depuis un certain temps, on peut à l'avance préparer les pièces de remplacement, les accessoires, pour employer le mot qui s'est introduit en matière de bicyclisme, d'automobilisme[1]. Cette interchangeabi-

1. Dans la fabrique d'armes et de fusils de Liége, les articles sont vérifiés à un centième de millimètre, et pour la vérification des douilles de cartouches, on réduit la tolérance parfois à 1/200e de millimètre. La fabrique dont il s'agit a tout un atelier de vérification où fonctionnent des machines à reviser, les unes vérifiant le diamètre des évents percés à la base de

lité si avantageuse, les Américains l'avaient obtenue bien avant nous, avec des procédés de fabrication pourtant assez grossiers, pour leurs machines agricoles, qui ont fait fortune, non pas seulement à cause de l'ingéniosité de leur mécanisme, mais encore à cause même de cette interchangeabilité, de la facilité qu'avait le possesseur d'une machine de se procurer à l'avance, ou de faire venir en cas de besoin, les pièces diverses qui devaient lui permettre de remettre rapidement en bon ordre de marche la machine souvent acquise chez un fabricant très éloigné.

Il va de soi que cette qualité particulière des appareils, des accessoires, des éléments de la fabrication mécanique, décide le consommateur à acheter beaucoup plus facilement l'article, l'objet, l'appareil dont il a besoin. Il est assuré pour ainsi dire qu'il ne se trouvera pas longtemps immobilisé par la nécessité de réparer ou de remplacer un organe; il sait, d'autre part, que réparation ou remplacement ne lui coûteront pas cher. On peut constater autour de soi, dans tous les domaines, aussi bien pour le vêtement que pour les machines les plus compliquées, que le raccommodage effectué par un ouvrier expert devient une chose de plus en plus rare. Cette rareté s'accentue encore du fait que la mise au rancart, au *scrap heap* comme disent les Anglais ou les Américains, devient beaucoup plus fréquente avec les appareils et les objets dont nous usons maintenant.

la cartouche, trous qui n'ont qu'un demi-millimètre de diamètre; les autres vérifiant la longueur totale de la douille, le diamètre du culot, le diamètre de la bouche, l'épaisseur du bourrelet, etc.

Il y a encore une caractéristique que nous ne pouvons oublier de mentionner au sujet de la grande industrie moderne, pratiquant la fabrication en série : c'est qu'elle arrive de plus en plus à ce que l'on appelle en anglais la *standardisation*, mot qui a fait fortune chez nous-mêmes, parce qu'il n'a pas d'équivalent exact en français.

Alors qu'autrefois chaque industriel (cela se rencontre encore pour les industries nouveau-nées, s'est produit jusqu'à notre époque pour l'automobilisme) étudiait des types personnels pour les objets qu'il fabrique; qu'en matière de machine, par exemple, il adoptait des dimensions, des diamètres d'écrous, de vis, de charpentes même, bien nettement déterminés et spéciaux; aujourd'hui, de plus en plus, sous l'influence des relations internationales et aussi des besoins de la clientèle, qui fait en somme et finalement la loi aux producteurs, on voit tous les producteurs chercher à standardiser, c'est-à-dire à uniformiser les dimensions et formats des diverses machines, des divers organes, des divers éléments, petits ou grands, qui font partie de leur fabrication.

C'est ce qui s'est passé en matière d'appareils photographiques, avec le fameux pas de vis du Congrès : il y a eu là une standardisation qui a rendu de très grands services. Tout au moins à l'intérieur de tel ou tel pays, on s'est livré à des standardisations analogues pour les vis ordinaires, vis à métaux, vis à bois; en Angleterre, depuis déjà bien des années, un Comité de standardisation s'est formé, qui essaye d'uniformiser les dimensions des pièces fabriquées à peu près pour toutes les industries. Il tente également de limiter les types fabriqués à un nombre aussi réduit que possible, suffisant pourtant pour répondre à tous les besoins.

On comprend que cette limitation dans les types établis vient abaisser considérablement les frais de chaque usine, de chaque fabricant. Il peut restreindre son outillage, mieux connaître les détails de la fabrication, donc fabriquer à meilleur marché. Cela simplifie également les calculs, les approvisionnements des consommateurs. Cela a réagi fort utilement sur l'interchangeabilité. Si la standardisation se généralise, on sera assuré de se procurer tel élément de machine, telle vis, tel écrou, s'accordant parfaitement avec le filetage ou avec le taraudage adopté pour l'engin, quand bien même écrou ou vis ne viendraient pas du pays d'origine de celui-ci. On peut se fournir un peu partout ; cela a l'air au premier abord de nuire au fournisseur primitif auquel on s'était adressé, mais il faut songer que c'est à charge de revanche, et que ce qu'il perd peut être d'un côté, il le regagne de l'autre. Aussi bien, tout cela diminue considérablement le prix de revient, le prix de vente, et augmente la consommation par conséquent.

L'interchangeabilité, avec tous ses avantages, s'est introduite même dans les machines de précision : tout simplement parce que la fabrication se fait aujourd'hui avec une exactitude poussée à l'extrême. Pour nous en convaincre, nous n'aurions qu'à visiter les fabriques d'automobiles, les usines où l'on monte les roulements à billes et où l'on taille les billes. Celles-ci sont éprouvées avec des étalons d'une précision qui ne le cède en rien à celle des étalons scientifiques, ainsi que le disait si justement notre éminent confrère M. Ch.-Ed. Guillaume. Certaines maisons se sont fait une spécialité de ces étalons, et un Danois, M. Johansson, est parvenu à les établir en série eux-mêmes, avec une perfection extraordinaire. Ces étalons se présentent sous la forme soit de cylindres, soit de tiges variées. La précision donnée à ces étalons et par suite à la fabrication qui les emploie, est de l'ordre du micron.

On comprend qu'avec un outillage de mesure de cette sorte, on puisse établir des pièces interchangeables dans des conditions invraisemblables de précision. En outre, avec cette précision, l'usure est beaucoup moindre, l'ajustage excellent, sans qu'on ait recours pour ainsi dire à un ajusteur.

§ 3. — La mise au scrap.

En dépit du capital très élevé que représentent les machines de plus en plus nombreuses dont on fait usage dans les diverses fabrications, on est obligé de renouveler très souvent ce matériel. C'est la rançon du progrès. Inventeurs, ingénieurs, constructeurs, sont constamment à l'affût de perfectionnements en apparence secondaires, mais qui permettent de réduire un peu le prix unitaire de fabrication : toujours le même objectif. Et il va de soi que cette situation ne fait que pousser davantage le fabricant à produire de manière intense, de manière continue : car il faut qu'il puisse faire peser l'amortissement rapide de son matériel sur un nombre énorme d'objets fabriqués. Il y a là quelque chose de parfaitement raisonnable, et qui est peut-être encore beaucoup plus caractéristique de l'industrie américaine que de l'industrie européenne, les Américains n'hésitant pas à se lancer dans des dépenses, même considérables, quand ils estiment pouvoir les récupérer assez rapidement par les économies réalisées dans la fabrication. Les Allemands, qui ont maintenant la même audace que les Américains en ces matières, pratiquent eux aussi la mise au rancart, la mise au scrap très rapide. Nous en pourrions donner de nombreux exemples.

C'est pour obéir à cette loi industrielle et économique que les Américains réforment si vite leurs locomotives, dès qu'ils s'aperçoivent qu'avec des machines nouvelles, on peut économiser de façon très sensible sur le combustible brûlé par unité transportée : pratique contraire de celle qui est suivie sur nos chemins de fer français, où l'on s'entête, par des réparations d'ailleurs coûteuses et se superposant les unes aux autres, à garder en service des machines datant de 1860 ou de 1859, et qui forcément dépensent beaucoup et ne répondent plus guère aux besoins des transports.

L'ouvrier américain suit cette loi économique, quand il s'achète un complet élégant, allant bien, à la dernière mode, comme disait M. Fraser, mais qui est de la camelote. Au bout de quelques mois, il l'abandonnera et il s'en payera un nouveau, en considérant que l'amortissement du premier est obtenu. L'industriel allemand, de façon beaucoup plus scientifique, ne cesse de renouveler son matériel : c'est le cas, par exemple, des grandes sociétés de navigation. Il obtient pourtant un prix de revient peu élevé, en dépit des capitaux énormes qu'il investit de la sorte ; c'est que les outils de plus en plus perfectionnés qu'il se procure travaillent à bon compte, n'exigent qu'une main-d'œuvre très réduite par unité fabriquée ; le prix de revient diminue, la vente augmente, et les bénéfices aussi.

CHAPITRE XVI

La science à l'usine; découvertes et inventions.

La disparition de la routine réglementationniste. — Les perfectionnements techniques, mécaniques, chimiques; les inventions et la multiplicité des brevets. Les usines à brevets. L'alliance de la science et de l'industrie. — Le laboratoire; les grandes découvertes, les synthèses. — La collaboration de l'ouvrier.

Du fait de l'abandon des traditions et de la routine, du libre jeu croissant des initiatives individuelles, l'esprit d'invention, que M. Paul Leroy-Beaulieu a signalé avec tant de raison comme le grand moteur dans les perfectionnements de la vie sociale, devait arriver rapidement à jouer un rôle puissant et prédominant. Ce que nous avons dit antérieurement du régime des corporations, et des réglementations minutieuses et multiples auxquelles devait se soumettre l'industrie sous l'ancien régime, explique quels infimes résultats pouvait donner l'esprit d'invention tant que l'évolution bienfaisante vers la liberté industrielle ne commençait pas de se faire. Pour la fabrication des étoffes, par exemple, la qualité, la largeur, le dessin, la couleur, le nombre des fils, le type même des fils employés soit pour la trame, soit pour la chaîne, étaient expressément indiqués ; et, en principe, il était interdit à quiconque de ne pas respecter indications ou prescriptions. En agriculture, il en était exactement de même, et l'on réglait tout aussi bien l'époque de la fauchaison que les divers assolements, ou que les outils et instruments que l'agriculteur avait le droit ou non d'employer. Turgot, qui a été le véritable père de la liberté individuelle, a flétri en les signalant toutes ces réglementations minutieuses et tyranniques autant que maladroites.

§ 1. — Science et industrie.

Alors même que l'on n'avait pas directement en vue des recherches industrielles, l'embryon de liberté laissé à tous poussait naturellement les savants à être plus audacieux, et l'esprit scientifique pur allait se développant. Aussi bien la science et l'industrie ont-elles, à diverses époques, marché plus ou moins isolées ; des réactions se produisent même ; des lenteurs viennent arrêter le progrès dans sa marche, et cela est si vrai qu'encore à l'heure présente, l'alliance de la science et de l'industrie, dans beaucoup de pays et en particulier en France, n'est pas aussi étroite qu'elle le devrait être au profit du bien-être général. En France, la Révolution est venue ralentir l'essor de l'industrie ; sans doute, on ne peut oublier Berthollet, Conté, Chaptal et d'autres ; mais c'est seulement sous le Consulat et plus tard, que l'élan fut vigoureusement donné. On allait profiter de la façon la plus effective des efforts poursuivis à la fin du xviiie siècle par les Encyclopédistes.

Ce qu'Émile Levasseur a appelé la connaissance raisonnée des lois de la nature, éclairant la pratique industrielle et pénétrant dans la manufacture, s'est généralisé de plus en plus, des rapports intimes s'établissant entre le laboratoire et la fabrique. Cela fut vrai dans tous les domaines. C'est la science qui est venue substituer la force de la vapeur à la puissance musculaire de l'homme ou des animaux ; c'est la science qui a permis toute une série de transformations chimiques précieuses ; c'est elle qui nous a donné l'électricité, et tant d'autres choses qui sont venues encore modifier les pratiques industrielles, en les rendant plus scientifiques, plus économiques, plus fructueuses.

L'allusion que nous venons de faire aux découvertes chimiques montre qu'il ne s'agit pas seulement de l'application proprement dite du machinisme et des méca 'smes divers ; d'ailleurs, bien des économistes ont similé les procédés perfectionnés de la technique moderne à de véritables découvertes mécaniques ; leurs résultats ont été aussi féconds. Ajoutons que c'est toujours ou presque toujours dirigés par l'esprit de lutte, c'est-à-dire par l'intérêt personnel, que les industriels, souvent sans découvrir ces procédés nouveaux et ces combinaisons mécaniques, ont poussé à leur application. Et c'est grâce à cet esprit de lutte, au désir de produire à meilleur compte pour produire et vendre davantage, que nous devons la floraison de brevets d'inventions qui s'est produite surtout depuis un demi-siècle, en commençant même auparavant.

17.

Quel que puisse être l'intérêt de la chose, nous n'indiquerons point la progression de cet esprit d'invention dans tous les pays, depuis un peu plus d'un siècle que l'industrie a commencé d'évoluer puissamment. Mais il est intéressant de songer que, au moins approximativement, depuis l'origine des lois sur les brevets, le nombre total des brevets pris dans le monde entier s'élève à quelque 2.500.000. Les 7/8 environ de tous ces brevets ont été délivrés pendant les cinquante dernières années ; ce qui indique bien l'activité qu'a prise l'esprit d'invention, au fur et à mesure que les premières et grandes inventions de la fin du xviiie siècle et du commencement du xixe siècle avaient déjà montré la route et les profits qu'on pouvait en tirer.

Il s'en faut que tous ces brevets aient eu des conséquences de premier ordre ou seulement importantes ; une bonne partie n'avaient qu'un intérêt extrèmement minime ; ce qui n'empêche que, dans leur ensemble, ils ont entraîné pour ceux qui les ont pris et ont essayé de les faire adopter quelque 75 milliards de francs de dépenses (c'est du moins le chiffre approximatif fourni par M. Fitch). Le brevet et l'esprit d'invention se sont tellement accusés comme nécessaires à l'évolution de l'industrie moderne et aux perfectionnements dont nous avons caractérisé le but, qu'il ne manque pas aujourd'hui, surtout aux États-Unis il est vrai, de véritables usines à brevets. Elles dépendent généralement d'une grande entreprise industrielle, qui veut systématiser les recherches, mettre au point les perfectionnements intéressants, se couvrir contre les brevets venant de l'extérieur et pour lesquels il faudrait payer des redevances très élevées.

Parmi les usines de ce genre les plus célèbres, nous n'avons guère besoin de rappeler celle d'Edison ou celle de Tesla. La fameuse usine dite Ampère Electrochemical Company, de Niagara Falls, possède elle aussi une véritable usine à brevets, qui lui rend les plus grands services. Nous pourrions encore citer celle de la General Electric Company, de Schenectady. Ce n'est pas à des entreprises faisant les frais nécessaires pour établir et entretenir une usine à brevets de ce genre, que l'on aurait besoin de vanter l'alliance de la science et de l'industrie.

Cette alliance commence de se faire partout; on peut l'observer en France, où on l'avait trop abandonnée un instant, après en avoir tiré pourtant un parti admirable il y a un siècle environ. Un homme remarquable qui s'est occupé beaucoup de cette question de l'industrie et des progrès de la science pure, M. H. Le Châtelier, rappelait précisément qu'à la fin du xviiie siècle, l'Académie des sciences de Paris, qui marchait à la tête du mouvement industriel, était consultée par les particuliers et les pouvoirs publics sur toutes les applications de la science ; et il renvoyait notamment aux innombrables rapports industriels de Lavoisier, qui forment une très grosse partie de ses œuvres complètes. M. Le Châtelier ajoutait que ce rapprochement entre l'industrie et la science avait été extrêmement fécond.

Avant que l'industrie chimique allemande, en particulier, ait vu croître sa prospérité de façon extraordinaire sous l'influence heureuse d'une orientation scientifique, Auguste Comte avait pu écrire : « Ce serait se former des sciences une idée bien imparfaite que de les concevoir seulement comme la base des arts ». Il est certain, par contre, que les arts ont besoin de cette base solide, sinon pour se créer, du moins pour progresser. Et c'est avec raison que dans un rapport sur l'Exposition de Chicago, M. Haller écrivait : « Le développement progressif de l'industrie suit parallèlement celui de la science elle-même, et les nations où la production intellectuelle est la plus intense, la mieux utilisée, sont celles qui finissent par avoir la suprématie au point de vue industriel ».

Les industriels mêmes qui ne se rendent point compte de ces vérités, n'en sont pas moins redevables à la science de tous les grands progrès qui ont tranformé leur industrie et l'industrie en général ; et ce sont d'étranges ingrats ceux qui, à une enquête faite par la *Revue Scientifique* sur les industries chimiques françaises, avançaient que la gestion de leur industrie, qui était surtout commerciale, n'avait pas besoin de chimistes ni de la collaboration de savants. En présence de ces affirmations présomptueuses de certains industriels ignorants, il est bon de se rappeler cet autre mot de Balard, disant que « la science n'a pas seulement pour mission de satisfaire chez l'homme ce besoin de tout connaître, de tout approfondir, qui caractérise la plus noble de ses facultés ; elle en a aussi une autre, moins brillante, peut-être plus morale, qui consiste à coordonner les forces de la nature pour augmenter la force de la production et rapprocher les hommes de l'égalité par l'universalité du bien-être ». Un économiste comme de Molinari n'aurait pu mieux dire.

M. Le Châtelier n'a pas eu grand'peine à réunir des preuves de l'association féconde de la science et de l'industrie, en rappelant l'influence des travaux de Lavoisier, de Sadi Carnot, de Sainte-Claire Deville, de Pasteur; celui-ci notamment ayant révolutionné toute une partie des industries chimiques, grâce à ses géniales et méthodiques découvertes.

Ce n'est pas à dire, comme l'a fait remarquer le Dr Gustave Le Bon, que longtemps l'industrie n'ait point devancé la science; ses procédés étaient empiriques, mais c'est pour cela même qu'ils étaient pratiques le plus souvent. On pourrait ajouter que la science a profité plus d'une fois des découvertes empiriques faites par l'industriel. Mais aujourd'hui les découvertes de la chimie, de la physique, de la mécanique, ont renouvelé l'industrie. Et renouveler l'industrie, cela signifie ici lui donner des facultés de production intenses et économiques. Il en résulte des diminutions de prix invraisemblables, auxquelles nous avons déjà fait allusion, et à propos desquelles nous pourrions rappeler ce qui s'est passé pour la fabrication de ce sodium qui, il y a quelque 25 ou 30 ans, était encore un métal relativement rare. En 18.0, son prix était de 8 shillings à la livre anglaise; il est tombé ultérieurement à 8 pence; il est devenu un produit commercial commun, dont on peut tirer parti pratiquement.

Nous ne pouvons que passer rapidement sur ces phénomènes sociaux et économiques, certain d'ailleurs que nos lecteurs songeront aux noms de tant de savants comme Lebon, comme Gay-Lussac, Chevreul, Dumas, et tant d'autres, auxquels l'industrie a dû les transformations les plus précieuses.

§ 2. — Le laboratoire à l'usine.

On a vu le laboratoire s'introduire dans l'usine comme un organisme absolument indispensable. Nous en trouverions un exemple remarquable dans cette immense sucrerie française d'Escandœuvres, tout au voisinage de Cambrai, où la fabrication est suivie minutieusement par tout un corps de chimistes qui s'assurent que cette fabrication se fait comme il faut, en donnant les produits qu'on en attend, et qu'elle est ou n'est pas susceptible d'améliorations nouvelles.

Dans les Aciéries de la Marine déjà citées, on constate également l'importance donnée au laboratoire, qui occupe tout un pavillon isolé, et où une série de chimistes et de physiciens se consacrent à des études chimiques, physiques, mécaniques, sous la direction d'un ingénieur spécial, et à l'aide de véritables appareils industriels, mais de modèle réduit, leur permettant d'effectuer des essais de fabrication avec plus de sûreté. Dans ce domaine de la métallurgie, on sait la place que le microscope, et en particulier le microscope Le Châtelier, tient maintenant.

C'est peut-être en Allemagne, pays des recherches minutieuses, que s'accuse le mieux cette association du laboratoire et de l'usine. Dans l'admirable indus-

trie des matières colorantes, qui est due tout entière
à la science pure, et même à la science française
dans son principe, quelle chose caractéristique n'est
pas le hall de 80 mètres de long qui donne abri
à un groupe de laboratoires, dans les fameuses
usines de Leverkusen? Dans ces laboratoires, on
a du reste la possibilité de faire l'instruction même
des clients, en leur montrant comment doivent être
employées les matières produites par l'usine. Tout
comme en France, dans les laboratoires des usines
métallurgiques, quand on essaye le métal à la traction ou à la torsion, on le vérifie tout autant pour
édifier l'acheteur que pour surveiller la fabrication.

Pour ces installations de laboratoires, d'ailleurs,
on ne craint point d'exposer des millions et des millions, de poursuivre pendant parfois dix ans la
recherche d'un procédé nouveau, notamment d'une
synthèse. C'est grâce à cette organisation de l'usine
doublée d'un laboratoire, que l'on est arrivé à la
synthèse de l'alizarine et de l'indigotine, autrement
dit de l'indigo artificiel, à la fabrication de l'acide
sulfurique par les procédés de contact, etc. Les spécialistes savent bien les services que les fameux
laboratoires Schott ont rendus dans la fabrication du
verre d'optique; et aussi les travaux si importants
qui sont publiés chaque année sur la chimie des
parfums par les établissements Schimmel. Le travail
est constant et acharné, et on assure sans exagération que dans tel laboratoire de telle usine de produits chimiques, on découvre, par chimiste et par
jour, quelque quatre matières colorantes nouvelles
qui, bien entendu, sont toutes loin d'être utilisées.

C'est grâce au travail et au jeu des initiatives individuelles, aux efforts de savants doublés d'industriels, ou de ceux qui sont à la solde des grandes entreprises industrielles modernes; que l'on a vu se produire de véritables révolutions dans les procédés de l'industrie du xixᵉ siècle et de celle du xxᵉ siècle. Avons-nous besoin de rappeler l'influence de la découverte des métaux alcalins par Davy? Tout le monde ne sait-il pas, au moins sommairement, l'action qu'a exercée la découverte du convertisseur par Bessemer, découverte qui a permis de fabriquer l'acier à bon marché et en quantité, en ne consommant pour ainsi dire aucun combustible?

C'était cette invention que Michel Chevalier saluait comme d'une bien autre portée que la découverte des mines d'or de Californie. Depuis lors, d'autres découvertes, dans le domaine de la métallurgie de l'acier, se sont superposées à celle-ci, les inventions de Thomas et de Gilchrist, de Martin et de Siemens, pour ne pas parler des autres. Ultérieurement, est venu le four électrique, dû à Moissan, et qui est en train de révolutionner à nouveau l'industrie métallurgique, sous la forme de l'électro-métallurgie.

Nous avons fait allusion tout à l'heure aux colorants artificiels, dont l'origine remonte vers 1830, et qui sont dus au chimiste lyonnais Verguin, qui réussit à isoler la fuchsine, dérivé secondaire du goudron de houille; cette découverte, cette synthèse des matières colorantes, devaient être étrangement fécondes. Même sans prétendre être complet, nous ne pouvons manquer de rappeler la nitro-glycérine et l'admirable invention de Nobel, révolutionnant les travaux publics. Étant donnés les innombrables et précieux usages du caoutchouc, l'invention de la vulcanisation de ce caoutchouc a été une véritable révolution, dont nous bénéficions pleinement à l'heure actuelle, parce que la production de la gomme a augmenté en raison même des usages qu'on lui trouvait et de la demande qu'on en faisait.

L'électricité, de son côté, n'est-elle pas venue modifier les procédés industriels les plus divers?

Au reste, et comme toujours, une invention en a suscité une autre : la concurrence de cette électricité pour l'éclairage a amené Auer et d'autres à créer et à perfectionner admirablement l'éclairage à incandescence par le gaz. Que l'on songe également à la fabrication de l'air liquide, entrée dans la voie pratique; à la fabrication des nitrates artificiels empruntés à l'atmosphère qui nous entoure, fabrication qui nous met à l'abri, de façon pour ainsi dire définitive, de la raréfaction possible des engrais azotés que nous pouvions utiliser jusqu'ici.

§ 3. — Le domaine des synthèses.

Dans la voie des synthèses, où la chimie et l'industrie s'engagent de plus en plus, le domaine est immense, tout comme les conséquences déjà acquises; et l'on peut en espérer bien d'autres. On a découvert pratiquement ces temps derniers, et l'on commence d'appliquer timidement, la synthèse du caoutchouc. Il n'est pas d'ailleurs probable que cette synthèse fasse disparaître de si tôt l'emploi de la

gomme naturelle empruntée aux arbres; on ne verra
pas le renouvellement du phénomène qui s'est produit, il y a une quarantaine d'années, lors de la
synthèse de l'alizarine, principe colorant de la
garance, et qui a amené en quelques années la suppression pratique de cette culture. Par la synthèse,
on est arrivé à fabriquer la vanilline, qui présente
presque les mêmes qualités que la vanille naturelle,
et dont le bon marché est invraisemblable.

Nous ne parlerons pas de la saccharine, à laquelle
on fait bien des reproches, mais qui rend beaucoup de services. L'industrie des parfums industriels s'est développée de façon extraordinaire, et
là aussi le bon marché s'est accusé comme conséquence immédiate. Nous ne rappellerons pas l'indigotine, dont nous avons prononcé le nom tout à
l'heure; nos lecteurs savent sans doute, d'autre
part, que l'on fabrique maintenant du camphre artificiel, qui vient en concurrence avec le camphre
naturel. De même, on met sur pied la synthèse
directe de l'ammoniaque, et les efforts les plus
divers se poursuivent toujours dans le même sens.

Ce sens, c'est la production, au sens économique
et industriel, de produits, d'objets, de matières à
bon marché ou, plus exactement, à un prix diminuant sans cesse. Grâce à l'esprit d'invention, aux
efforts des savants, des industriels, on a inventé le
pégamoïd et toute une série de cuirs artificiels, qui
donnent la possibilité à bien des gens de décorer
leurs demeures d'un confort qu'ils ne pourraient
autrement acquérir. Toute une série de matières et
matériaux nouveaux ont été imaginés et se fabriquent

couramment. C'est le cas du fameux carborundum,
dont la résistance est proverbiale, et qui modifie
profondément les procédés de construction. C'est
le cas de la caséine et du galalith, obtenus avec un
de ces sous-produits dont nous reparlerons plus loin.
C'est le cas de la soie artificielle, qui ne peut lutter,
comme qualité, avec la soie naturelle, mais qui du
moins est à la portée des bourses modestes et rend
de réels services.

Au surplus, dans les efforts que les industriels
doivent faire constamment pour perfectionner leur
outillage, pour améliorer la fabrication, c'est-à-dire
diminuer le prix de revient, il est fréquent maintenant (et c'est fort logique) de faire appel à la collaboration de l'ouvrier. Nous l'avons déjà laissé
entendre : l'ouvrier qui conduit une machine et qui
semble accomplir une besogne ne demandant aucune
intelligence, doit avoir au contraire l'intelligence
constamment en éveil. Et l'on s'est dit que connaissant à fond la partie de la fabrication, très spéciale
sans doute, à laquelle il se consacre, il peut donner
des conseils sur les perfectionnements possibles de
l'appareil qu'il conduit, du procédé qu'il met en
œuvre. Aussi dans les usines américaines, parfois
dans des usines d'autres pays, encourage-t-on les
ouvriers, au moyen de primes ou de récompenses
diverses, à chercher les améliorations de détail qui
peuvent être apportées aux outils qu'ils manient,
aux procédés qu'ils appliquent. C'est ce que les
Américains appellent le *suggestion system.*

Le plus généralement, l'ouvrier qui a découvert
un perfectionnement est prié de le signaler de façon

anonyme d'abord, en déposant dans une boîte placée à l'entrée de l'usine ou de l'atelier une note où il expose l'idée. Son idée est examinée; et quand un comité s'est montré favorable à cette amélioration possible et que l'ouvrier s'est fait connaître, une prime lui est accordée, plus ou moins élevée, suivant les résultats que l'on escompte de l'invention. Il y a là un procédé évidemment secondaire, mais néanmoins fort intéressant, pour amener les perfectionnements constants, soit de détail, soit généraux, qui s'imposent à l'industrie moderne, étant donnée la concurrence constante que se font les producteurs[1].

1. M. Alfassa, dans une étude sur les *Conditions de la vie ouvrière aux États-Unis*, a donné des renseignements intéressants sur cette « organisation de la découverte » dans les usines américaines, et sur la collaboration de tout le personnel. L'industriel américain y recourt méthodiquement; il cherche même à provoquer ces *suggestions*, il affiche souvent dans l'atelier les points particulièrement intéressants dont on recommande l'étude aux ouvriers. Fréquemment, l'auteur d'une découverte, d'une petite invention dont la valeur pratique a été démontrée et qui est adoptée, reçoit une rémunération sous forme de participation aux bénéfices. Dans les gigantesques minoteries de Chicago, on adresse périodiquement aux employés une circulaire leur rappelant l'intérêt qu'ils ont à trouver des procédés pour assurer des économies dans la fabrication. Dans les usines de la National Cash Register Company, et dans le courant d'une année, souvent 5,000 *suggestions* sont présentées, dont 1.500 à 1.600 sont adoptées; bien entendu généralement pour de tout petits détails, mais qui n'en sont pas moins importants, car c'est par les détails que l'on abaisse le prix de revient. Les idées importantes sont souvent payées comptant de plusieurs billets de 1.000 francs.

CHAPITRE XVII

Les méthodes rapides de travail.

La nécessité de réduire le temps de travail et la part de main-d'œuvre dans chaque produit. — La fabrication rapide et les méthodes quasi instantanées. — Laminage, moulage, estampage, emboutissage. Béton. Soie artificielle. Tissus artificiels. Broderie chimique.

Nous avons insisté sur la nécessité qu'il y a eue pour l'industrie d'arriver à produire vite, au fur et à mesure que se faisait l'évolution qui devait l'amener à sa situation actuelle. Il fallait produire rapidement, afin de produire en très grande quantité et d'abaisser le prix de revient en faisant porter les frais généraux sur une masse d'articles. Et toujours dans le but d'atteindre des prix de revient bas, on était également dans la nécessité d'incorporer aux produits fabriqués le moins de main-d'œuvre possible; il fallait que l'ouvrier ne fût occupé qu'un temps très court à la fabrication d'un article déterminé. C'est qu'en effet, le prix de la main-d'œuvre augmentait au fur et à mesure de l'augmentation des habitudes de bien-être, et aussi de la mise à contribution des machines. Il était essentiel qu'une opération complète de fabrication fût, encore une fois, aussi brève que possible. De même, les capitaux incorporés dans la fabrication sous les formes les plus diverses, et en particulier sous la forme de matières premières, devaient-ils se renouveler très vite; il y a là une des caractéristiques des grands magasins dont nous avons parlé plus haut : les approvisionnements d'un rayon doivent se refaire et se vendre bien des fois dans l'année, pour que le petit bénéfice que l'on réalise à chaque opération de vente soit multiplié par un nombre extrêmement élevé de ventes, et que le capital représentant un des objets vendus arrive à trouver une rémunération répétée, formant à la fin de l'année un chiffre élevé lui-même.

Il ne faut pas oublier non plus que, par la mise à contribution croissante des machines, de l'outillage, le fabricant se trouve en présence de ce qu'on nomme un capital fixe de plus en plus considérable. Pour que ce capital trouve un intérêt suffisamment élevé dans la réalisation des produits fabriqués, il faut qu'il serve à une production intense.

Il est indispensable, même au point de vue de l'amortissement, que celui-ci soit supporté par un nombre très élevé de produits, pour que la surcharge qui en résulte sur chaque produit soit des plus faibles. Nous pouvons rappeler, au surplus, ce que nous avons dit de la mise « au rancart » ou au *scrap*, des machines quelque peu vieillies : l'amortissement doit se faire très vite, et il vient grever notablement, à la fin de chaque année, les frais d'ensemble de l'usine; ce qui est une raison de plus pour que le chiffre en soit réparti sur une très grande quantité de produits.

§ 1. — La fabrication en une seule opération.

Les principes que les industriels en voie d'évolution ont découverts peu à peu, que les fabricants au courant de l'industrie réellement perfectionnée reconnaissent maintenant comme des vérités indiscutables; pour les mettre en pratique, ces industriels se sont trouvés amenés à créer des procédés, des machines, des méthodes de fabrication qui sont très caractéristiques, et qui se font remarquer par cette particularité qu'ils ont pour but et pour résultat d'arriver à obtenir souvent en une seule opération, ou par une série d'opérations fort restreinte, le produit qui fait l'objet de leur industrie.

Le laminoir est un bon exemple en ces matières. Ce laminoir a une lointaine origine, que l'on retrouverait aisément dans les ateliers des orfèvres du Moyen Age. Mais on est parvenu à le transformer en un instrument presque à tout faire, d'une puissance extraordinaire, d'une rapidité de marche invraisemblable; cette rapidité s'accusant d'autant plusque la réversibilité se réalise avec une aisance invraisemblable; grâce surtout à la commande électrique. Avec ce laminoir et les cylindres cannelés ou unis, entre lesquels on fait passer le métal porté à bonne température et plastique, on obtient les profilés les plus divers et les plus compliqués; des pièces de fer de profil si variable et si complexe, qu'il semble impossible de pouvoir les fabriquer pour ainsi dire en une seule opération, en partant de la masse brute d'acier chauffée suffisamment. Les rails ordinaires de chemins de fer ou les rails à gorge des tramways, rails qui se font maintenant dans des longueurs courantes de 15 à 18 mètres, et qui encore ne sont que le résultat du découpage d'une barre laminée d'une longueur étrangement supérieure, sont là pour nous prouver les avantages du laminage.

Sans doute, il faut faire passer la masse de métal plusieurs fois entre les cylindres : c'est ce que l'on appelle les passes successives; mais on est arrivé à les exécuter avec une rapidité incroyable. C'est ainsi que la société américaine Carnegie Steel Company, il y a quelques années, fit construire des laminoirs qui faisaient neuf passes en une minute et quart, afin de concurrencer et d'effacer les laminoirs anciens qui arrivaient à faire neuf passes en une minute et demie. Lorsque le rail, le profilé, sortent du laminage, ils sont transformés en un produit définitivement fabriqué et que l'on peut considérer comme marchand, sous réserve du sectionnement en bouts de longueur convenable.

Cet appareil à travail quasi instantané qu'est le laminoir, on l'a même appliqué à la fabrication des roues de wagons, précisément pour trouver dans cette dernière industrie les avantages de rapidité que nous avons signalés tout à l'heure. C'est dans le même esprit, et aussi par une application un peu spéciale du laminage, que l'on est arrivé à créer l'industrie de la fabrication des tubes sans soudure et des « corps creux » : au lieu de nécessiter la soudure des enveloppes ou le forage du tube, le creux intérieur se fait d'un seul coup pour ainsi dire, par étirage superficiel du métal; celui-ci s'allonge effectivement en surface en laissant à l'intérieur un vide. On avouera que le procédé est bien caractéristique des méthodes industrielles modernes.

Le moulage avait été une forme primitive du désir de rapidité se rencontrant chez les industriels : mais le moulage ne se faisait le plus souvent que sur le cuivre ou sur la fonte; et les moulages en fonte en particulier présentaient bien des défauts, quand ce n'aurait été que leur fragilité. La fonte trempée était venue remédier quelque peu à cet inconvénient. Mais les industriels aspiraient à pouvoir appliquer le procédé du moulage à cette matière première si précieuse pour sa résistance au choc et à l'usure, sa solidité, sa flexibilité, qu'est l'acier; et que sont, à plus forte raison, les aciers divers que l'on sait fabriquer à l'heure actuelle.

On a montré longtemps une timidité très grande avant d'oser façonner des objets d'acier simplement par moulage. On était effrayé par certains souvenirs; on craignait des ruptures, on redoutait que l'intérieur du moulage ne fût pas sain, comme on dit. On avait vu souvent, en pareil cas, le centre de la pièce présenter des soufflures qui diminuent la résistance. En outre, il fallait jadis triompher du peu de fusibilité de l'acier. Il n'y a pas en somme longtemps que les pièces importantes en acier fondu se sont introduites dans la construction mécanique et métallique. Nous pouvons citer l'exemple du fameux pont Alexandre établi sur la Seine à Paris, lors de l'Exposition de 1900. Ce pont est entièrement composé de segments et de pièces d'acier moulés. On a obtenu de la sorte un bon marché invraisemblable, précisément parce que le façonnage se fait immédiatement, suivant un modèle, il est vrai, minutieusement étudié, mais qui peut servir à la reproduction d'une série de pièces identiques. On est arrivé à introduire les pièces moulées, notamment sous la forme de traverses en acier, dans la charpente des locomotives; et l'on est loin de s'en trouver mal.

Nous devons ajouter que l'ancien moulage, le moulage des objets de fonte, des objets de cuivre, est perfectionné étrangement par l'emploi des machines à mouler. Grâce à elles, la fabrication en série est devenue facile, et l'on a, en même temps, les avantages de ce que nous appelions tout à l'heure le façonnage immédiat, qui livre pour ainsi dire en une seule opération le produit bon à vendre. Plus besoin de travail au marteau, même au marteau mécanique; plus de ces traitements successifs nécessitant des réchauffages du métal que l'on travaille, réchauffages qui entraînaient des dépenses de combustible très élevées.

Comme méthodes rapides de travail, nous pouvons citer encore l'estampage et l'emboutissage mécaniques. Les deux opérations sont fort voisines, quoique différentes, et elles rendent des services aussi grands l'une que l'autre. Dans l'estampage, on procède à chaud sur un bloc de métal porté à très haute température, généralement au rouge. Pour l'emboutissage, on travaille à froid : ce procédé de travail consiste toujours à faire un objet

creux avec une surface, une feuille métallique
plane. L'emboutissage en particulier s'appliquait
jadis couramment à le fabrication des casseroles de
cuivre, et il se pratiquait à la main et au marteau.
Dès que l'on a pu mettre à contribution la presse
hydraulique, qui rend de tels services dans le travail des grandes masses de métal, en concurrence
avec le marteau-pilon à vapeur, on a eu la possibilité d'obtenir rapidement, par emboutissage, des
objets pour lesquels autrefois il fallait recourir à la
soudure, à l'assemblage, au rivetage, à toute une
série d'opérations successives. La compression du
métal se fait un peu (qu'on nous passe la comparaison) comme celle de la pâte dans le moule à
gaufres.

· Pour toute une série de petits objets, on recourt
à l'estampage à chaud, comme par exemple pour
la fabrication des innombrables engrenages qui
entrent dans la construction des automobiles, du
moins autant que l'on ne désire pas avoir des
engrenages parfaitement ajustés et taillés à la machine. Aussi b'en, l'estampage pourrait-il d'abord
fournir un engrenage à dégrossir finalement, et qui
n'en serait pas moins fabriqué en une seule opération, avec la rapidité caractéristique de l'industrie
moderne. Avec l'emboutissage il en est de même ;
la feuille, la surface métallique qui est prise entre
deux moules, l'un en relief, l'autre en creux, est
obligée d'en épouser la forme sous l'action de la
presse. Le plus souvent, il faudra plusieurs pas-
sages successifs dans une série de moules doubles,
de plus en plus profonds, pour accuser graduelle-

ment la dépression du métal et arriver à la forme voulue sans lui causer de déchirure; mais on ne trouve pas moins ici l'application de ce façonnage immédiat qui a des résultats si précieux.

C'est à l'emboutissage que nous devons les châssis des automobiles modernes, châssis relativement très bon marché, étant données la complication de leurs assemblages, leur résistance, leur solidité, leur élasticité. C'est aussi à l'emboutissage que nous devons les innombrables boîtes de fer-blanc ou de métaux divers qui servent à enfermer tant de choses, et dont le prix s'est abaissé invraisemblablement à notre époque. C'est grâce à l'emboutissage encore que l'on arrive à fabriquer tous les éléments de ces petits jouets mécaniques en fer-blanc, véritables merveilles de bon marché dues aux procédés modernes. Avec les méthodes d'emboutissage, on parvient tout aussi bien à fabriquer par centaines à l'heure les engrenages et les diverses pièces du mécanisme d'une automobile, que des baignoires d'une seule pièce.

§ 2. — Les façonnages immédiats.

Dans une tout autre industrie que l'industrie métallurgique, nous trouvons de ces méthodes de fabrication rapide et de ces façonnages immédiats. Nous citerons tout particulièrement les emplois du béton et du béton armé. Ce qu'on poursuit avec le béton armé, ce n'est pas seulement l'association de la maçonnerie et du métal, des qualités de l'un et l'autre matériaux; ce n'est pas seulement la résis-

tance à la traction du métal que l'on associe utilement à la résistance à la compression de la maçonnerie ; ce qu'on recherche aussi, c'est la possibilité
d'établir pour ainsi dire instantanément, d'une
seule pièce, par coulée, des murailles épaisses, des
voûtes de ponts, des planchers de maisons, et tant
d'autres choses. Une fois que le béton est prêt et de
bonne consistance, que les moules sont montés, on
constituera tout aussi bien une muraille de soutè-
nement, un mur de quai, un bloc devant faire partie
d'une digue, que les murailles d'une maison.

Et l'illustre Edison, qui n'est jamais en retard
pour suivre l'évolution rationnelle de l'industrie, ainsi que d'autres inventeurs américains, se
sont mis à créer des procédés méthodiques pour
l'établissement de maisons d'une seule pièce, en
béton. Edison a d'ailleurs imaginé une composition
spéciale qui permet au béton de présenter une flui-
dité telle qu'on le coulera sur toute la hauteur des
murailles d'une maison de deux étages, par exemple,
sans que cela nuise aucunement à sa prise définitive. Assez récemment, un architecte de Washing-
ton, M. Dana Morrill, a établi une cité ouvrière de
quarante maisons, toutes en béton, dont le coulage
des murailles demandait à peine une journée. Des
maisons de ce genre, peu esthétiques sans doute,
ne reviennent guère qu'à 5 francs du mètre carré de
muraille.

Cette recherche de la fabrication immédiate, nous
la trouvons encore, au moins de façon aussi
typique, dans l'invention et dans la production de la
soie artificielle. Nous rappelons pour la forme qu'il

existe plusieurs types de soie artificielle ; que l'une notamment résulte de la nitrification de la cellulose, et que ce collodion est ensuite filé sous pression par de petits ajutages de verre, les filaments obtenus s'accolant immédiatement par quatre ou par huit, alors qu'ils sont encore plastiques. Assurérément, la filature de la soie, par rapport aux opérations compliquées de la filature de la laine et du coton, se fait rapidement ; mais combien plus rapide est la fabrication de la soie artificielle, qui n'impose plus le dévidage du cocon :. c'est vraiment là une fabrication immédiate et pour ainsi dire synthétique.

Nous ne devons pas oublier de signaler, dans le même ordre d'idées, un procédé qui n'a pas encore complètement pénétré dans la pratique, mais qui est en train de le faire. Nous voulons parler des tissus artificiels, obtenus le plus généralement au moyen d'un réseau de fils constitués de soie artificielle elle-même, réseau dont les éléments se collent les uns aux autres et qui donnent une imitation de tissu. Les tissus artificiels se fabriquent également par moulage, au moyen d'un cylindre métallique gravé en surface de lignes convenables, venant se présenter devant un récipient contenant la matière plastique qui se déposera dans les creux de la surface du cylindre. Ici nous sommes, plus que jamais, en présence de la fabrication immédiate !

Nous pourrions parler des broderies chimiques, qui ont fait longtemps la spécialité de Plauen, la ville saxonne bien connue. Ces broderies sont faites, à la machine, par l'entrelacement de fils en fibres végétales, sur un tissu très léger et bon marché, en laine. Si l'on plonge ces broderies dans une lessive de soude caustique chaude, où on les traite sous pression, les fibres animales se dissolvent, autrement dit l'étoffe support disparaît; et il ne reste plus que la broderie, ajourée, découpée, par fabrication immédiate, pour revenir encore au mot que nous avons déjà employé plusieurs fois.

Ne voyons-nous pas, enfin, une application des mêmes principes dans les machines à composer, où la composition se présente sous la forme d'une série de moules dans lesquels la matière servant normalement à la fabrication des caractères est coulée, ce qui donne immédiatement une ligne de composition formée d'un seul bloc? Mais nous en avons assez dit pour faire comprendre cette caractéristique si importante de la grande industrie moderne.

CHAPITRE XVIII

La force motrice et le contrôle dans l'usine moderne.

La vitesse de la production mécanique; la nécessité de la force
motrice en abondance et à bon marché. — La force dans les
industries modernes; le courant électrique; centralisation
et économie de combustible. — Les appareils contrôleurs-
enregistreurs évitant les erreurs de l'ouvrier.

En étudiant la période typique du passage de
l'ancienne industrie, si longtemps survivante, à l'industrie à caractère moderne, nous avons indiqué
que la machine, cet engin si fécond dans la transformation que nous essayons d'étudier, ne pouvait
réellement donner tous ses avantages que si elle
faisait partie d'un ensemble véritablement et géné-
lement mécanique ; autrement dit, si elle était combinée avec la force motrice mécanique elle-même, si
elle était commandée par autre chose que les muscles
de l'homme, ou même que les muscles de l'animal.

La machine, en effet, pour fournir tous ses résultats, devait pouvoir présenter une grande ampleur
de production, et assurer souvent, comme en
matière de filature, un travail simultané sur un
ensemble d'appareils de détail, correspondant chacun à l'outil que l'homme, jadis, était capable de

mettre en marche avec ses propres muscles. D'autre part, cette machine devait fonctionner à grande vitesse, tout au moins relativement; ses organes mécaniques, bien combinés, pouvant subir cette allure, anormale pour les bras de l'homme. De toute manière, ce travail simultané de plusieurs organes semblables, et cette grande vitesse de production ne pouvaient manquer d'entraîner normalement une absorption considérable de puissance. Dès lors, il était indispensable que cette puissance motrice fût fournie par un de ces engins mécaniques dont la machine à vapeur a été le prototype; bien qu'elle ait été précédée par le moteur à vent et le moteur hydraulique, qui présentaient déjà certains avantages analogues, mais avec des inconvénients très sérieux.

Disons tout de suite, pour justifier le double titre de ce chapitre, et pour expliquer les deux genres de considérations que nous y voulons développer, que cette vitesse même de fonctionnement de la machine, qui devait s'imposer naturellement dès l'abord, et s'accentuer avec le besoin que l'on avait de produire à bon marché, par l'attention même qu'elle demandait à l'ouvrier devenu son conducteur, entraînait inévitablement une autre modification dans l'état des choses. Ce que nous avons appelé le travail intelligent, mais non intellectuel, de l'ouvrier conducteur de machine, attention soutenue qu'il lui faut pour surveiller la marche des engins qui lui sont confiés, tournant, roulant sans trêve ni repos, réclamait absolument de ce collaborateur ouvrier une sûreté particulière dans sa surveillance. Il ne devait pas pouvoir s'en relâcher, sans exposer la machine à gâcher de la matière première, ou tout au moins à fabriquer des produits qui ne seraient vendables qu'à des prix inférieurs ; la machine, dans certaines circonstances, pouvait arriver à subir des avaries graves, si une surveillance continue ne veillait pas au moindre dérangement, ou aux réactions nuisibles que certaines particularités de la matière première traitée auraient sur les organes de cette machine.

§ 1. — Le rôle de la force motrice à l'usine.

Comme conséquence de cette double observation, on voit tout d'abord la force motrice jouer un rôle pour ainsi dire prédominant dans l'usine et dans l'industrie modernes ; et, sous l'influence du besoin croissant d'un abaissement des prix, constamment l'industriel, l'ingénieur, l'inventeur, réunissent leurs efforts pour diminuer le coût de cette force motrice, de sa production, cela par les procédés les plus divers. D'autre part, on constate que, de jour en en jour, ces mêmes inventeurs, industriels et ingénieurs s'ingénient à combiner des contrôleurs, des enregistreurs, des appareils automatiques, permettant d'exercer une surveillance sur l'ouvrier, surveillant lui-même de la machine, à seule fin de lui épargner des distractions qui se traduisent par des pertes pour la production.

Des preuves de l'importance que présente la force motrice pour l'industrie moderne nous sont fournies par les statistiques relativement complètes qui sont dressées maintenant dans les pays civilisés, et sur les machines à vapeur, et même sur les divers moteurs et les diverses espèces de force motrice mis à contribution dans ces pays. Nous pouvons, au moyen de quelques chiffres, nous rendre compte de ce qu'il en est notamment pour la France.

On remarquera presque immédiatement que, dans cette force motrice mécanique dont disposent les industries françaises, les transports, transports des personnes et transports des choses, tiennent une place absolument exceptionnelle. Cela s'explique aisément par ce fait que, grâce à la force motrice mécanique, sous la forme tout particulièrement de la locomotive, il s'est créé un mouvement de transports formidable par rapport à ce qui existait il y a moins d'un siècle. Ce n'est pas précisément dans l'ancienne industrie des transports que s'est introduit le machinisme ; c'est toute une industrie nouvelle de transports qui s'est formée, grâce à ce machinisme ; cette création réagissant de la façon la plus précieuse sur l'industrie, la production, le prix des choses, les débouchés, etc.

D'après une statistique qui a été dressée il n'y a pas fort longtemps, on estime à 12.000.000 de chevaux-vapeur environ la puissance totale des moteurs existant en France ; les locomotives de chemins de fer, à elles seules, représentent 7.000.000 de chevaux ; il y a, d'autre part, 1.200.000 chevaux pour les moteurs des bateaux à vapeur, soit de la navigation maritime, soit de la navigation fluviale, mais en en exceptant bien entendu la marine de guerre. Il faut tenir compte de quelque 400.000 chevaux pour les voitures automobiles, les motocycles, les véhicules mécaniques sur routes de toutes espèces. Mais, dans ce tableau de la force motrice, il ne faut point oublier les chutes d'eau aménagées, pour lesquelles on trouve environ 3.500.000 chevaux; parmi ces chutes d'eau et usines de force motrice hydraulique, il en est un très grand nombre qui ne sont que des établissements minuscules; tout au contraire, certaines représentent des puissances unitaires importantes; ce sont principalement les usines hydroélectriques qui vont en se multipliant, et qui, par leur présence et leur activité, contribuent à fournir de plus en plus de force motrice à l'industrie en général, et sous une forme particulièrement avantageuse.

Notons, à propos de ces moteurs hydrauliques, que les trois quarts de ceux qui existent en France sont inactifs; précisément parce qu'il s'agit d'un mode de production de la force qui n'est plus guère utilisable à notre époque, sauf pour commander des génératrices électriques distribuant ensuite cette force sous la forme de courant.

Si nous considérions ce qu'on appelle les établissements industriels proprement dits, en dehors de toutes les formes de transports, nous verrions qu'ils disposent, dans l'ensemble, d'une force motrice totale de 3.500.000 chevaux[1]. Parmi les groupes

1. Si du moins nous tenons compte seulement des chiffres fournis par l'enquête faite par l'Office du travail Les derniers chiffres de la Statistique de l'industrie minérale sont quelque peu différents, mais ils ont l'inconvénient de no point se rapporter à une enquête complète comme celle que nous analysons ici.

industriels où les moteurs fournissant la force sont les plus nombreux, nous devons signaler en première ligne l'industrie de l'alimentation, avec 31.000 établissements, dont 25.000 moulins à farine ; puis l'industrie du bois, où les scieries sont au nombre de 11.000 ; l'industrie des métaux avec 10.000 établissements ; l'industrie des textiles avec 8.500.

Bien entendu, la répartition de la puissance totale utilisée dans les divers groupes d'industries est tout à fait différente : tout simplement parce que, pour beaucoup d'industries, il s'agit de petits moteurs installés dans des usines ou des entreprises modestes ; alors que, pour d'autres, ce sont de grandes stations de force très peu dispersées, ne se trouvant que dans un nombre d'usines restreint, ayant chacune une puissance et une importance unitaire considerables. C'est ainsi que l'industrie textile emploie près de 600.000 chevaux, tandis que le chiffre correspondant pour l'alimentation est de moins de 450.000 ; ce serait de même 350.000 environ pour les mines et carrières, 346.000 pour les distributions urbaines (d'eau principalement), 340.000 à peu près pour le travail ordinaire des métaux, 290.000 pour les usines métallurgiques.

La puissance moyenne installée par établissement utilisant la force motrice, en cinq années seulement, est passée de 28 à 34 chevaux. Si l'on considérait les mines uniquement, on verrait l'accroissement se faire entre 920 et 1.220 chevaux. Dans les usines métallurgiques, on est passé de 1.270 à 2.110 chevaux, etc. Que l'on note bien d'ailleurs (ce qui va confirmer l'observation que nous avons faite antérieurement de la lenteur de l'évolution industrielle, et de la survivance d'une foule de manifestations de petite industrie) que c'est seulement environ 15 pour 1.000 des établissements industriels de France qui utilisent de la force motrice mécanique.

Il est également curieux de constater quel est le nombre de chevaux-vapeur employés pour 100 salariés. Cette proportion a plus que doublé en cinq ans. Si l'on comparait la puissance moyenne simplement au personnel des seuls établissements dotés de moteurs, on verrait que cette puissance est d'environ 170 chevaux pour 100 salariés dans l'ensemble ; alors qu'elle est de 192 dans l'agriculture, là où l'on emploie des moteurs, de 156 pour les industries extractives, de 170 pour les mines proprement dites. Dans les industries à domicile ou chez les travailleurs isolés, on emploie en moyenne quelque 6 chevaux et demi de force motrice par établissement. Pour les très grands établissements industriels, 99 % d'entre eux emploient de la force motrice ; dans les petites entreprises occupant d'un à cinq ouvriers, cette proportion n'est que de 7 %.

Nous n'insisterons pas sur ces observations, qui sont très caractéristiques tout à la fois du rôle de la force motrice dans l'industrie, et aussi du champ d'application qui lui reste encore. Ce champ d'application sera occupé d'autant plus rapidement que l'électricité permettra l'entrée de la force motrice dans les plus petits ateliers. Mais il est bien probable que, en dépit de cette facile distribution de la force, la centralisation dans de grands ateliers conservera toujours ses avantages.

Si nous voulions donner quelques renseignements pour l'ensemble du monde, nous ne trouverions certainement pas des statistiques fort homogènes et toujours sûres, Pourtant nous pourrions indiquer qu'aux États-Unis, pour une population active de l'industrie de 7.000.000 d'âmes, on dispose de 19.500.000 chevaux-vapeur fournis par des moteurs à vapeur ; de 2.000.000 à peu près dus à des moteurs à eau, de 800.000 produits par d'autres moteurs (non compris les moteurs électriques, qui sont en réalité des récepteurs). Cela nous donne au total beaucoup plus de 22.000.000 de chevaux, auxquels il faut en ajouter 28.000.000 pour les chemins de fer et tramways, et 2.600.000 pour les bateaux à vapeur de commerce. Pour l'empire d'Allemagne, avec une population active de l'industrie (y compris les mines) de 10.850.000 personnes, la puissance des moteurs à vapeur, aux dernières statistiques, était de 6.420.000 chevaux pour les moteurs à vapeur, de 869.000 pour les moteurs à eau, et de 680.000 pour les autres moteurs (nous ne parlons que des exploitations industrielles sans les moyens de transport).

En considérant l'industrie proprement dite, non compris les mines et carrières, on arrive à un nombre de chevaux-vapeur, pour 100 personnes, de 72 en Suisse, de 65 en Allemagne, de 57 en Belgique, de 40 en Autriche, de 138 aux Étas-Unis (ce dernier chiffre se rapportant uniquement à ce que l'on appelle l'industrie manufacturière).

Que l'on ne croie pas que c'est seulement le misonéisme, l'horreur du nouveau, qui fait que la force

motrice mécanique s'est répandue relativement lentement, étant donnés les avantages bien démontrés
de son emploi pour la commande des machines. Il
est certain que la machine à vapeur, même sous
une forme un peu primitive, est étrangement plus
économique que la force motrice fournie par les
bras de l'homme, ou par le muscle animal.

M. Ringelmann et d'autres ont publié des données fort intéressantes à ce propos. Ils ont trouvé
que, produit par la main de l'homme, le cheval-
heure coûte de 3 fr. 50 à 5 francs ; tandis que, au
moyen du cheval dans un manège, on peut l'obtenir
pour un prix de 1 fr. 40 à 1 fr. 90 ; puis de 0 fr. 80 à
1 fr. 10 pour le cheval attelé, et 0 fr. 55 à 0 fr. 75
pour les bœufs attelés. Avec la machine à vapeur,
les chiffres sont étrangement plus faibles ; d'autant
qu'il faut tenir compte de ce que nous avons dit déjà,
que le cheval en chair et en os est une unité de
puissance très faible ; dès qu'on veut en associer
plusieurs pour obtenir une puissance plus importante, chaque unité subit une déperdition de rendement formidable. Avec la machine à vapeur de
4 chevaux, le cheval-heure revient à moins de
23 centimes ; si on recourt à une machine de 10 chevaux, le prix n'est plus que de 16 centimes environ ;
de 8 à 9 centimes avec une machine de 30 chevaux,
de 4 à 5 centimes avec une de 400.

§ 2. — Inconvénients de la dissémination des moteurs.

En présence de ces chiffres, on comprend immédiatement l'avantage que l'on a eu, surtout avec la

mise à contribution de la force motrice mécanique, à centraliser l'industrie.

La dissémination des moteurs dans une série de petites usines, de petits établissements, entraîne forcément un mauvais rendement et un coût relativement très élevé de cette force motrice ; bien entendu, par rapport à ce que l'on peut arriver à obtenir si on centralise la production de la force. Précisément l'électricité est venue permettre de résoudre fort économiquement le problème. On avait déjà la ressource d'installer dans une grande usine une véritable station de force, et de distribuer ensuite, dans les divers ateliers, au moyen de poulies, de courroies, d'arbres, la force produite jusqu'aux diverses machines à commander.

Mais, bien que ces combinaisons aient rendu des services précieux à l'industrie moderne pendant des années et des années, la transmission par courroies et poulies absorbe une quantité de force considérable, est un danger pour le personnel, gêne l'arrivée de la lumière sur les métiers, les outils, les matières à travailler, nécessite un graissage coûteux. Avec ces transmissions ordinaires, sur 100 kilos de houille brûlée dans la chaudière de la station centrale d'une usine, 71 servent à faire tourner les transmissions, tandis que 29 seulement sont utilisées effectivement. Avec des fils électriques partant de dynamos génératrices installées dans la station, et arrivant à des moteurs desservant chacune des machines à actionner dans l'usine, on arrive sensiblement à commander deux fois plus de matériel sans brûler davantage de charbon. On comprend donc déjà comment l'électricité satisfait étrangement mieux au besoin de force motrice qui se présente pour l'industrie moderne.

Aussi bien, par d'autres moyens, on s'est efforcé également de diminuer le prix de revient de cette force. C'est ainsi que l'on a poursuivi des améliorations constantes, soit de détail, soit générales, sur le moteur à vapeur. On s'est aperçu que la machine à vapeur, même de grande puissance, se livre à une véritable dilapidation de combustible quand elle se contente pourtant, pour les grandes puissances, de brûler 650 grammes de houille par cheval-heure ; ce qui est extrêmement faible par rapport aux petits moteurs.

Théoriquement, si l'on pouvait transformer la chaleur en mouvement sans passer par l'intermédiaire d'une chaudière et d'une machine utilisant la vapeur, il suffirait d'un kilo de charbon pour donner près de 11 chevaux pendant une heure ; autrement dit, 90 grammes fourniraient le cheval-heure. Et c'est pour se rapprocher de cet idéal que l'on a maintenant recours, non pas seulement au compoundage, mais encore à la surchauffe. C'est pour économiser ce combustible qu'on a imaginé les chaudières aquatubulaires, et aussi l'alimentation mécanique de ces chaudières (dont nous reparlerons tout à l'heure à un autre égard). C'est dans le même but que l'on a inventé la turbine à vapeur, ou plutôt les turbines à vapeur, qui permettent de tirer parti du fluide moteur ayant déjà subi une détente considérable ; sans elles, on le laisserait s'évacuer au condenseur ou dans l'atmosphère, sans tirer parti de la puissance virtuelle qu'il contient encore. C'est dans le même esprit également que l'on s'est ingénié à combiner les moteurs à gaz pauvre, ou les moteurs à gaz ordinaire ; les moteurs à explosion ou tonnants de toutes sortes, et ce moteur à combustion interne nouveau-né qui commence à rendre tant de services, c'est-à-dire à produire la force à bon marché. Demain, nous en serons peut-être à la turbine à gaz, qui accomplira de nouvelles merveilles en cette matière. En tout cas, qu'on n'oublie point que le moteur à gaz peut fournir la puissance motrice à l'heure actuelle à peu près à moitié prix, par rapport au coût de la même puissance fabriquée par le moteur à vapeur.

Nous ne pouvons, d'ailleurs, manquer de rappeler que l'œuvre de centralisation de la production de la force qui s'est déjà faite depuis longtemps à l'intérieur des usines, est en train de se poursuivre sous une forme encore plus intéressante. Ce sont, par exemple, les grandes centrales électriques produisant du courant à très bon marché, en vertu même de la centralisation, et distribuant ce courant de tous côtés au moyen de longues canalisations, par des transports à haut voltage ; grâce à elles, les diverses usines et manufactures n'ont plus intérêt désormais à fabriquer elles-mêmes leur force motrice. Encore bien supérieures sont les usines hydroélectriques, que l'on voit se multiplier un peu de toutes parts, et qui arrivent à transmettre courant et force à 300 ou 400 kilomètres de distance. N'oublions pas non plus que des charbonnages (pour utiliser en partie les sous-produits dont nous aurons à reparler) installent sur le carreau même de leurs mines de grandes centrales, qui desservent ensuite une vaste région ; cela se passe en France, en Angleterre, aux États-Unis, en Allemagne. Et du fait même que cette combinaison abaisse le prix de vente du courant et de la force, celle-ci ne peut manquer de se vulgariser un peu partout,

§ 3. — Rapidité de fabrication nécessitant des appareils de contrôle.

Nous avons annoncé une autre observation caractéristique : la présence d'appareils de contrôle multiples dans l'usine moderne. Cet automatisme, dont nous avons dit un mot antérieurement, est déjà en lui-même une sorte de contrôle. Il est évident qu'il diminue la surveillance propre de l'ouvrier, puisque la plupart des opérations que doit accomplir la machine se suivent dans un ordre déterminé, à partir du début d'une opération d'ensemble, sans que l'ouvrier ait à intervenir ; sa surveillance n'est qu'une surveillance générale. Nous avons parlé à ce propos du tour américain ; et le fait est que le tour américain arrive à fonctionner presque sans le concours de l'ouvrier, celui-ci n'ayant même guère la possibilité de se tromper, de commettre une maladresse par les ordres qu'il essayerait d'imposer à la machine.

Le cas est le même pour le fameux métier automatique à tisser Northrop ; avec lui, l'ouvrier ou l'ouvrière n'a plus besoin d'approvisionner les canettes, le remplacement d'une canette vide par une canette pleine de fil dans la navette se faisant automatiquement ; il est vrai qu'il a à recharger le magasin-revolver des canettes, quand il est vide ; mais c'est une opération fort intermittente. Il n'a pas non plus à s'occuper minutieusement de rattacher les fils de chaîne qui peuvent se casser, puisque, dès qu'un fil de chaîne se casse, le métier s'arrête ; de même, si un fil de chaîne prend du mou. Nous tenons à signaler également le métier à tisser Steinen, dont l'approvisionnement en canettes est de 150, et où il faut presque une rupture de pièce, tout au moins un dérangement sérieux, pour que le contremaître de l'atelier des 50 métiers ait à intervenir. Il existe bien d'autres appareils aussi ingénieux.

On a été plus loin que cela, et avec raison ; parce que, comme nous le disions, toute erreur de l'ouvrier dans l'industrie moderne est particulièrement coûteuse. Et l'on multiplie maintenant les enregistreurs qui tiennent une feuille continue de la fabrication ; les contrôleurs qui avertissent l'ingénieur dans son bureau, ou le contremaître, de tout ce qui se passe dans les divers appareils, et qui assurent par conséquent une surveillance automatique, sinon mécanique, de l'ouvrier conducteur de machine. Nous nous trouverons, par exemple, en présence de machines qui, après avoir accompli une besogne déterminée, s'arrêteront automatiquement sans que leur outil puisse entamer plus loin. C'est le fait même qu'une première opération est terminée, qui met l'instrument hors de prise et d'action. Il suffit pour cela de combiner des cames, des butées, des sortes de chiens, se relevant, s'abaissant au moment voulu, des bras de levier, des taquets. C'est ce que les Américains et les Anglais appellent le mécanisme *self-acting*. Nous trouvions déjà une application de ce principe général dans le régulateur de la machine à vapeur, et dans les divers régulateurs qui empêchent telle machine ou tel outil de s'emballer.

Les indicateurs de vitesse, les compteurs de tours ont été multipliés ; ils renseignent l'ouvrier dirigeant la machine et l'ingénieur surveillant l'ensemble de l'usine ; ce seront également des enregistreurs de pression empêchant le chauffeur de pousser trop loin la chauffe.

Ces enregistreurs, d'ordinaire, laissent une trace, un diagramme sur un papier ; la surveillance se fait donc de façon indiscutable ; quant à la transmission de leurs indications jusqu'au bureau de l'ingénieur, elle peut se réaliser bien aisément à l'heure actuelle, grâce à l'électricité.

Des combinaisons pour ainsi dire infinies ont été imaginées afin de supprimer ce que l'on appelle « l'élément personnel » dans le fonctionnement des diverses machines, c'est-à-dire les conséquences des erreurs, des inadvertances du surveillant humain, ou d'un accident quelconque qui le frapperait. Tel est le cas du petit bouton qu'on loge dans la poignée des contrôleurs électriques ; inséré dans la partie supérieure de la poignée du contrôleur, ce bouton reste abaissé tant que l'ouvrier chargé de la commande maintient sa main sur cette poignée. Si l'appareil contrôleur est abandonné à lui-même, le bouton se relèvera et coupera la connexion électrique ; le conducteur de la machine peut donc être frappé brusquement d'apoplexie, les moteurs ne s'en arrêteront pas moins. C'est ce que les Anglais appellent pittoresquement « la poignée de l'homme mort ». C'est encore le contrôle de l'homme directeur de la machine, que l'on a réalisé par ce que l'on appelle l'enclanchement des signaux de chemins de fer. Cet enclanchement, cette solidarisation peut s'appliquer dans bien d'autres circonstances ou d'autres industries.

Il y a aussi le dispositif que l'on appelle en anglais *time-lock*, grâce auquel un agent qui a commandé un mouvement quelconque pour un mécanisme, aussi bien un signal de chemin de fer qu'autre chose, est hors d'état de modifier la position qu'il a donnée, avant qu'un certain espace de temps se soit écoulé. Les connexions électriques, l'allumage ou l'extinction de lampes, la mise en vibration d'une sonnerie, électrique elle-même, sont là pour contrôler les actes de tel ou tel ouvrier, et pour le mettre hors d'état d'effectuer un mouvement ou d'oublier de l'effectuer sans s'en rendre compte matériellement. On a combiné aussi des appareils comme certains fours à réchauffer américains, dans lesquels la durée des diverses opérations qui se succèdent est contrôlée exactement par un mécanisme d'horlogerie, qui met hors circuit, ou au contraire établit le courant, suivant les diverses opérations à exécuter. Nous pourrions encore parler des pyromètres électriques transmettant la température jusqu'au bureau de contrôle de l'usine.

Que l'on visite une des grandes usines modernes, par exemple une immense sucrerie comme la sucrerie française d'Escandœuvres, près de Cambrai, et l'on y verra régner en maîtres des enregistreurs, les contrôleurs, les transmetteurs à distance de température, de vitesse de rotation des machines, de densité des liquides, et du reste. On y apercevra des appareils à cuire fonctionnant sous le contrôle de thermomètres enregistreurs et à contact électrique; appareils qui fonctionnent de façon continue, presque sans surveillance aucune; à cela près que, si la température varie hors des limites préalablement arrêtées, immédiatement des sonneries électriques se feront entendre à point nommé.

Dans ces chambres de chauffe auxquelles nous avons fait allusion il y a un instant, on trouve maintenant des appareils automatiques de chargement de charbon, d'alimentation en eau de la chaudière, qui, tout en diminuant la fatigue physique du collaborateur ouvrier, préviennent et évitent les erreurs qu'il pourrait commettre. Il est manifeste que le contrôle de l'ouvrier dans l'alimentation en charbon est de première importance, étant données les dépenses en combustible énormes que l'on fait dans la plupart des industries. Dans l'industrie de l'acier par exemple, ces dépenses en charbon comptent pour 30 % à peu près du prix de revient du produit. Et pour éliminer autant que possible « l'élément humain », non seulement le chargement se fait avec des appareils automatiques à chaînes, à trémies déversant régulièrement et mécaniquement le combustible sur les grilles; non seulement les cendres sont évacuées automatiquement aussi; non seulement l'ouverture des portes est ainsi supprimée ou sévèrement contrôlée; mais encore des appareils enregistreurs vérifient incessamment la combustion, qui est une réaction chimique, et permettent à l'ingénieur, en même temps qu'à l'ouvrier conducteur de la machine, de s'assurer que l'oxygène est toujours en proportion convenable pour cette combustion.

De là l'emploi notamment des analyseurs des gaz de combustion, dont l'usage se vulgarise de plus en plus. Par simple lecture des graduations de l'appareil, souvent avec trace écrite laissée sur le papier d'un d'un tambour enregistreur, le chauffeur peut se rendre immédiatement compte des conditions dans lesquelles le combustible est brûlé. La surveillance peut être exercée sur lui, au moment même de la chauffe ou après coup, et les discussions sont impossibles.

Ce qui prouve bien que les principes dominants de la grande industrie moderne économique s'imposent, c'est que, pour l'alimentation mécanique des chaudières, par exemple, on est déjà en train de l'introduire dans ces usines roulantes de production de force motrice que sont les locomotives de chemins de fer.

CHAPITRE XIX

L'organisation logique et économique de l'usine.

L'économie qui s'impose dans la fabrication. — La suite logique des ateliers et des façons. — La concordance des moments. — L'établissement strict du prix de revient. — Les transports dans l'usine.

Sous l'influence de la concurrence, agissant aujourd'hui à peu près librement et de façon constante, de façon générale, de cette concurrence qui est le véritable facteur du progrès, dans le passé comme dans le présent; l'industriel, le producteur est obligé de serrer de plus en plus près le prix de revient des produits qu'il fabrique. Il ne lui suffit pas de savoir acheter la matière première; de savoir la vendre quand elle est transformée en produit manufacturé; il ne lui suffit pas de savoir fabriquer, au sens général du mot; ce n'est pas assez qu'il sache également, et à propos, ne pas craindre d'engager des capitaux, sous la forme de capitaux fixes, de machines, d'outillage nouveau, afin de perfectionner la fabrication.

Il est absolument indispensable qu'il évite tous les frais inutiles, qu'il s'assure toutes les recettes, même subsidiaires et en apparence très secondaires, qui viendront diminuer son prix de revient. Il lui faut pratiquer l'économie la plus stricte, éviter toute perte de temps dans la manutention des marchandises, dans celle des matières premières. Il est évident qu'une perte de temps du fait de l'ouvrier entraîne le paiement inutile d'une portion de salaire. Toute perte de temps faisant demeurer les matières premières plus longtemps en cours de fabrication, leur imposant des déplacements inutiles à l'intérieur de l'usine ou de la fabrique, ne se traduit pas seulement par de la main-d'œuvre inutilement dépensée; cela prolonge l'immobilisation de ce capital circulant qu'est la matière première. Il en résulte forcément une augmentation du prix de fabrication.

§ 1. — L'organisation logique de l'usine.

Et c'est sous toutes ces influences que l'industriel moderne a dû, de plus en plus, organiser logiquement son usine, disposer économiquement ses ateliers, ses machines, de manière à ce que les transformations successives et souvent multiples que doit subir la matière première se fassent dans un ordre logique, sans retour en arrière, sans immobilisations inutiles, sans transports coûteux et ne correspondant à rien de profitable.

Comme de juste, et ainsi qu'en toute matière à peu près, les premiers industriels qui ont compris ces vérités et qui les ont pratiquées, ont fait eux aussi de « la prose sans le savoir ». Depuis lors, on a méthodisé la compréhension instinctive qu'ils avaient eue des nécessités de la fabrication et de l'industrie moderne; les publications se sont multipliées sur l'organisation et la direction des usines, sur l'installation des ateliers, l'ordre qu'il faut suivre logiquement, suivant les fabrications, dans l'installation matérielle de ces ateliers, des machines, des appareils divers à travers lesquels circulera la matière première, depuis sa première transformation jusqu'à sa transformation définitive en manufacture.

Les Allemands, qui apportent toujours énormément de méthode dans toutes leurs pratiques industrielles, possèdent un certain nombre de livres sur ce sujet, et notamment une étude due à M. Albert Ballewski, *Der Fabrikbetrieb*. Nous ne citons qu'une de ces publications à titre d'exemple; il en existe bien d'autres. Les principes généraux sur lesquels on doit s'appuyer dans cette organisation de l'usine moderne, c'est notamment d'éviter aux ouvriers les déplacements inutiles, en même temps que les allées et venues inutiles des matières premières, ou encore des pièces détachées destinées à prendre place ultérieurement dans un tout; on doit aussi voir à ce que les produits manufacturés n'aient pas à parcourir un long chemin après leur terminaison jusqu'à l'emmagasinage.

Les profanes ne s'imaginent point le gain de temps, le gain d'argent, qui peut résulter de ce fait qu'une pièce en cours de fabrication, au sortir de son passage dans une première machine, trouvera immédiatement la machine à laquelle elle doit alors être livrée, ou l'atelier par lequel elle doit maintenant passer pour subir une nouvelle transformation. La pièce en usinage, pour employer le mot technique pittoresque, dans les différentes opérations qu'elle a à subir, suivra un parcours direct, commençant à un bout de l'usine pour finir à l'autre, avec des parcours intermédiaires aussi brefs que possible entre les divers ateliers, machines ou traitements.

Nous pourrions ajouter (mais c'est bien simple à comprendre et cela nous entraînerait d'ailleurs quelque peu dans des détails technologiques) que les machines, que l'on emploie maintenant de façon si courante, doivent être placées de telle manière que la force motrice qui leur arrive ne subisse qu'une déperdition aussi minime que possible entre la station génératrice et elles-mêmes. Il faut également que tout soit disposé de façon à ce que la manutention des pièces brutes, des pièces en usinage, des produits manufacturés terminés ou des matières premières, se fasse aisément.

Dans toutes les usines modernes que nous pourrions visiter, nous retrouverions l'application de ces principes si importants. Si, avec M. Fraser, par exemple, nous visitions les grandes usines américaines Westinghouse, nous trouverions ce qu'il appelle « l'idée fondamentale de la concordance des moments ». Chaque atelier est informé à l'avance du travail qu'il aura à exécuter à un moment précis, l'état d'avancement de son travail étant solidaire du travail de celui des autres ateliers. Tout est ordonnancé méthodiquement : à l'une des extrémités des immenses halls qui forment les ateliers, vous verrez apporter des pièces brutes, à peine ébauchées ; à l'autre extrémité de cette série d'ateliers, vous apercevrez la machine finie et emballée, que l'on charge sur wagon ou sur camion pour son expédition.

Dans les plus petits détails, vous retrouvez cette ordonnance et cette suite méthodique. Si nous parcourions à nouveau ces fabriques de chaussures dont nous avons parlé antérieurement, nous verrions immédiatement, à la suite de l'équipe qui découpe les talons, l'équipe des ouvriers qui rognent et ébarbent ces talons. Jetons un coup d'œil sur une fabrication toute différente, celle des câbles électriques servant au transport du courant, câbles isolés. Bien entendu, nous visitons une usine installée suivant les derniers progrès. Les matières premières arrivent au rez-de-chaussée ; et, de traitement en traitement successif, de machine en machine, elles remontent, sous la forme de produits de plus en plus manufacturés, si l'on peut dire, jusqu'aux magasins, qui se trouvent au sommet de l'établissement. Aussi bien, les ateliers du rez-de-chaussée se partagent en deux séries : d'un côté les ateliers où arrive le cuivre, et où il subit ses premiers traitements ; de l'autre ceux où arrive le caoutchouc brut, et où il passe par les premiers procédés de transformation.

Nous trouverions un exemple curieux de cette organisation méthodique dans l'industrie de l'alimentation, qui en est encore, en France tout particulièrement et souvent en Europe, à suivre les méthodes les plus primitives de l'industrie d'il y a plusieurs siècles. Nous voulons parler des abattoirs ; abattoirs américains installés sur le mode industriel, et non point abattoirs barbares dans leurs méthodes de travail comme on en trouve un peu partout.

Ainsi que le rappelait récemment notre collègue de la Société des Ingénieurs civils, M. de Goer, le grand abattoir industriel se présente précisément sous la forme d'un véritable bâtiment industriel, ressemblant aussi bien à une filature ou à un tissage qu'à une usine de fabrication de montres. Tout au plus aperçoit-on à l'extérieur une rampe, qui donne accès à l'étage supérieur, et qui révèle à un œil expérimenté la destination de ce bâtiment. C'est qu'en effet ces abattoirs possèdent souvent jusqu'à 6 et 7 étages ; et, pour respecter cette logique du passage de la matière première sans retour en arrière à travers les divers procédés de traitement, c'est par l'étage supérieur que les animaux de boucherie pénètrent dans l'établissement, au moyen de la rampe dont nous parlions.

Ce commencement des opérations à la partie supérieure de l'établissement permet une évacuation rapide des divers produits de la fabrication, presque sous la seule influence de la gravité, ou tout au moins grâce à ces dispositifs de transport dont nous dirons un mot. L'animal une fois tué, saigné, écorché, débarrassé de tous les produits accessoires, descendra finalement, en fin de fabrication, à l'étage tout à fait inférieur, où l'attend une chambre froide de conservation.

§ 2. — L'établissement du prix de revient.

Nous ne donnons là que quelques exemples rapides, prouvant la nécessité de l'organisation méthodique que nous avons indiquée, et montrant comment on la pratique maintenant même, dans des industries généralement en retard comme celle de l'abatage des animaux. Indiquons, d'ailleurs, d'un mot que, pour obtenir cette économie stricte de la fabrication qui s'impose de plus en plus, il faut également de plus en plus que l'industriel contrôle minutieusement tous ses frais généraux ; qu'il sache établir avec une exactitude parfaite son prix de revient, par des écritures méthodiques elles aussi, la tenue des fiches d'attachements qui le renseignent de façon constante sur le coût des matières premières, de la main-d'œuvre et du reste incorporés dans chaque produit fabriqué.

Des spécialistes, que l'on appelle volontiers en Belgique des ingénieurs commerciaux, sont maintenant à la tâche pour perfectionner ces méthodes comptables, qui viennent appuyer de la façon la plus utile les méthodes industrielles proprement dites. Notre collègue M. Waxweiler s'est occupé beaucoup de faire connaître dans le monde européen le rôle de l'ingénieur commercial aux États-Unis, et les services qu'il peut rendre. Et il a insisté avec raison sur l'organisation, la méthodisation, la systématisation. De son côté, un industriel extrêmement avisé des États-Unis, M. Frédéric Winslow Taylor, s'est préoccupé des principes d'organisation scientifique des usines ; et, d'ailleurs, il a fait porter plus particulièrement ses recherches sur les relations de l'employeur et de l'employé, auxquelles nous consacrerons un chapitre ; il a rapporté des expériences très curieuses qu'il a faites personnellement, des transformations qu'il a réalisées dans certaines usines en vue de tirer parti de la méthode et de l'organisation méthodique, pour augmenter le rendement de la main-d'œuvre.

§ 3. — Les transports dans l'usine.

Dans le but même pour lequel on a disposé logiquement les diverses phases de la fabrication, on s'est mis à appliquer les moyens de transport perfectionnés au déplacement de la matière première, des produits bruts, ou même des produits manufacturés, à l'intérieur de l'usine. Non seulement, pour cela, on a multiplié les voies ferrées ordinaires dans les cours des usines, à travers les ateliers ; non seulement on a disposé, à la partie supérieure de ces ateliers, des ponts-roulants de toutes sortes, des ponts-roulants électriques à commande si commode, prenant les charges les plus lourdes en un point quelconque d'un atelier et les transportant soit à l'extrémité de cet atelier, soit même dans d'autres ateliers ; mais encore on a mis à contribution les câbles porteurs, le *telférage* (sorte de dispositif automatique électrique assurant la mise en marche et l'arrêt automatique des petits wagonnets transportant les charges). On a multiplié également, à l'intérieur de l'usine, les monorails, sortes de petits chemins de fer aériens ne comportant qu'un seul rail, sur lequel peuvent circuler des chariots spéciaux auxquels les charges à déplacer sont suspendues par en dessous, de manière à assurer un équilibre stable.

Dans ces conditions, non seulement (comme c'est toujours le cas quand on met la machine à contribution) on épargne à l'ouvrier le port de poids et de charges très pénible; mais encore on accélère étrangement les déplacements, et on les rend extraordinairement peu coûteux. Dans toutes les usines bien organisées, on rencontre maintenant des monorails, des petites voies ferrées, des câbles porteurs, ou encore des chaînes sans fin, des courroies porteuses, des sortes de trottoirs roulants.

Dans l'usine Westinghouse, en Pensylvanie, fabrique admirablement spécialisée et outillée où l'on construit les freins bien connus, les moules servant à la fabrication de pièces fondues sont transportés jusqu'au cubilot même, qui va leur fournir le métal en fusion, par une chaîne sans fin, sorte de trottoir roulant auquel nous faisions allusion. La pièce moulée reviendra de la même façon; et, durant ce parcours, elle commence à se refroidir pour pouvoir se démouler. Dans les fameuses usines Carnegie, les lingotières recevant la fonte en fusion qui sort du haut fourneau sont entraînées elles aussi par une chaîne sans fin; elles arrivent à un bassin rempli d'eau où se fait le refroidissement, automatique comme le transport.

Les abattoirs américains que nous visitions il y a un instant possèdent tout un réseau de monorails avec des aiguillages nombreux, qui permet les déplacements des animaux au fur et à mesure qu'on les tue, qu'on les dépouille, qu'on les transforme. Et c'est à ces monorails que l'on doit en partie ce merveilleux résultat, que souvent un bœuf entrera au frigorifique, bon pour la consommation, une demi-heure après qu'il a été assommé.

Que d'ailleurs on ne s'y trompe point : c'est encore pour arriver à une fabrication plus économique, sous l'influence bienfaisante de la concurrence ; pour obtenir un plus grand rendement de la main-d'œuvre humaine ; que l'on a imaginé les usines modernes essentiellement propres, bien éclairées, aux planchers souvent cirés, aux larges fenêtres. Le confortable que l'on donne de plus en plus aux ouvriers ou ouvrières, si, malheureusement, il ne se traduit pas toujours par des relations bienveillantes des employés vers les employeurs, du moins permet forcément à ces collaborateurs de fournir un effort plus profitable.

CHAPITRE XX

L'utilisation des déchets et des sous-produits.

La dilapidation primitive et sa longue persistance. — Les recettes à tirer des déchets pour diminuer le prix de revient. — Les innombrables sous-produits qu'on utilise de plus en plus. — Ceux qui restent à utiliser.

Au début des sociétés, l'homme pratique toujours une dilapidation effrénée des ressources, modestes d'ailleurs, que lui offre la nature. C'est l'histoire des peuples pasteurs se déplaçant de terrain de pâture en terrain de pâture; laissant leurs troupeaux ronger l'herbe jusqu'à la racine, ne se préoccupant aucunement de la reformation de ces pâturages primitifs. Ils sont normalement obligés en conséquence de disposer d'étendues énormes pour vivre bien misérablement.

§ 1. — Disparition de la dilapidation primitive.

Dans l'industrie primitive, nous retrouvons cette caractéristique de la dilapidation; ces pratiques se sont modifiées peu à peu au cours des âges; la culture a été une des premières formes de l'esprit d'épargne, de production véritable. A l'heure présente l'industrie et l'industriel doivent tirer parti de tout. Pressés par la nécessité d'arriver à fabriquer à aussi bon compte que possible, c'est-à-dire à meilleur compte que le concurrent, ils' ont à chercher, dans des recettes accessoires, un abaissement du prix de revient qui leur permette d'abaisser le prix de vente, tout en gardant un léger bénéfice. Ces recettes accessoires, ils les trouvent dans l'utilisation, soit par eux-mêmes, soit par d'autres à qui ils les écoulent, des déchets divers, des sous-produits de leur fabrication, dont jadis on n'avait pas songé à tirer parti, alors que pourtant ils peuvent assurer des avantages réels à la production et à la consommation humaines.

Il va de soi que ces pratiques, cette habitude d'utiliser les déchets, les sous-produits, bénéficient doublement à la Société; cela augmente la masse des richesses mises à notre disposition; cela nous permet d'épargner sur ce que l'on appelle quelquefois les richesses naturelles.

Il y a là une des caractéristiques tout à fait dominantes des mœurs industrielles modernes; et on nous permettra d'en donner quelques exemples, pour bien montrer au lecteur que partout, dans toutes les industries, on cherche tout au moins à arriver à ce résultat d'utiliser tous les déchets de la fabrication; et que par ailleurs, dans un très grand nombre d'industries déjà, on y est arrivé avec des résultats remarquables.

En fait, en dépit de leurs pratiques industrielles le plus souvent si perfectionnées, ce n'est pas aux États-Unis que l'on trouve les meilleurs exemples de cette utilisation des déchets et sous-produits. L'Américain est par nature dilapidateur; il y a été incité par les ressources tout à fait exceptionnelles qu'il rencontrait dans ces terres neuves que lui fournissait le nouveau continent. Exactement à l'opposé des pratiques yankees, nous pourrions signaler celles de l'industrie allemande : M. Victor Cambon, que nous avons déjà cité, et qui est très avisé dans ses observations, a bien montré que les Allemands et les Américains, qui se ressemblent pourtant à beaucoup d'égards, se différencient ici de la façon la plus nette. L'Américain gaspille toutes les matières premières qu'il travaille, en économisant, il est vrai, formidablement sur la main-d'œuvre; l'Allemand cherche à tirer la quintessence des choses, à utiliser tous les sous-produits d'une fabrication.

Quand on parle de cette utilisation des sous-produits et des bénéfices qu'elle peut assurer, on songe tout naturellement à une industrie devenue particulièrement puissante, et qui, dès ses débuts, a rencontré un succès assez réel : nous voulons parler de l'industrie du gaz d'éclairage. Le fait est que, grâce à la mise à contribution des sous-produits, c'est-à-dire à leur utilisation, à leur vente, le gaz revient à un prix invraisemblablement faible aux usines qui le fabriquent; cela en dépit du coût de pose des canalisations et des distributions. Le prix de vente peut donc lui-même être assez modéré.

On a non seulement comme sous-produit le coke, mais encore le goudron, et de très nombreuses substances plus ou moins volatiles, qui passent dans les eaux de condensation en général, mais dont la récupération méthodique est faite maintenant suivant des procédés logiques et heureux. Voici par exemple l'ammoniaque, qui peut rendre tant de services dans la culture; ce sont aussi des sulfates, cyanures, ferro-cyanures, du soufre, des oxydes de fer, du bleu de Prusse, etc.... On sait également qu'on tire parti du graphite laissé dans les cornues, et que les poussières des usines à gaz sont agglomérées avec du goudron pour être transformées en briquettes. Nous venons de prononcer le mot de briquettes : nous n'avons guère besoin de rappeler que maintenant les poussières de houille sont pour la plupart soigneusement recueillies, agglomérées, comprimées, et se transforment soit en briquettes qu'on brûle dans nos foyers industriels, soit en boulets qu'on consume dans nos foyers domestiques.

Tout naturellement les diverses industries chimiques donnent lieu à la récupération d'un nombre considérable de sous-produits. Dans la préparation de la soude artificielle par le procédé Leblanc, pour obtenir le sulfate de soude, on devait faire agir l'acide sulfurique sur le sel marin; cela donnait comme sous-produit de l'acide chlorhydrique. Cet acide, on l'a utilisé en fabriquant du chlore, que l'on a fixé sous la forme d'hypochlorite décolorant. Dans la puissante industrie chimique allemande, on se trouve en présence de toute une série de sous-produits qui deviennent la matière première d'une autre fabrication, au grand bénéfice de chacun. Dans les fameuses usines de Leverkusen, les produits pharmaceutiques, qui se fabriquent pourtant en quantités énormes, ne sont que des sous-produits des fabrications principales. De même, les fameuses usines de la Vieille-Montagne tirent parti du gaz sulfureux qui se dégage des fours de grillage du minerai de zinc, et produisent de l'acide sulfurique ; ce qui les a entraînées ultérieurement à installer une fabrication de superphosphates utilisant une partie de cet acide. Ces mêmes usines fabriquent divers oxydes qui entrent dans la préparation des couleurs.

§ 2. — Exemples d'utilisation des sous-produits.

L'utilisation des sous-produits se présente sous les formes les plus diverses. On la pratique notamment de plus en plus à l'heure présente en tirant parti, soit de la chaux, soit de gaz combustibles, soit de vapeurs que l'on serait tenté d'envoyer au condenseur ou dans l'atmosphère. Ne pouvons-nous rappeler, pour l'industrie de la sucrerie, les combinaisons si ingénieuses connues sous le nom de triple, quadruple ou quintuple effet. La caractéristique et le grand avantage de la méthode consistent en ce que les vapeurs évaporées d'un jus sucré par un premier échauffement, passent dans un second appareil, où elles vont servir à évaporer partiellement un autre jus ; et ainsi de suite. D'où économie considérable sur les dépenses causées par l'évaporation, qui ne demande pas de combustible spécial.

Pour les hauts fourneaux, dans cette voie de l'utilisation des sous-produits, on est arrivé, sinon partout, du moins de façon générale, à tirer parti de ce que l'on appelait justement autrefois les gaz perdus : gaz de la combustion qui s'échappaient par le haut du haut fourneau. Aujourd'hui, on les épure ; on ne se contente plus d'aller les brûler sous les chaudières, ni même de les employer directement à réchauffer le vent, c'est-à-dire l'air qu'on envoie à la base du haut fourneau ; on les emploie dans des moteurs à explosion, qui fournissent la force motrice en quantité, l'électricité, l'éclairage dans l'usine métallurgique ou même autour d'elle à une certaine distance. Par tonne de fonte produite, le haut fourneau est susceptible de donner 2.500 mètres cubes de ce gaz. Disons, pour bien faire comprendre les avantages de cette combinaison, qu'en Allemagne, par exemple, en tirant parti des gaz jadis perdus de tous les hauts fourneaux, on pourrait trouver, de façon constante, une puissance de 1.200.000 chevaux-vapeur.

Cette utilisation des gaz des hauts fourneaux se fait aux usines de Denain-Anzin, aux aciéries d'Outreau, où sont créées ainsi de véritables stations centrales électriques distribuant le courant de toute part. On peut tirer parti de façon analogue des gaz produits dans la fabrication du coke métallurgique. Il ne faut pas oublier au surplus que, pour cette fabrication du coke métallurgique, on emploie le plus généralement maintenant des fours à récupération ; et que l'on peut recueillir de la sorte du goudron, des eaux ammoniacales, des benzols, dont les usages sont généralement connus. Une fabrique de coke métallurgique, bien installée sur ces principes, arrive à tirer chaque année, de ces sous-produits, des centaines et des centaines de milliers de francs. Aussi bien, même dans les stations de force motrice imaginées par l'ingénieur allemand Mond, non seulement on peut arriver à utiliser, pour fabriquer des gaz pauvres, des combustibles qui seraient autrement des déchets, à n'employer que comme remblais ; mais encore on a la possibilité de recueillir, de récupérer le sulfate d'ammoniaque, et d'abaisser le prix du gaz et de la force motrice fabriquée dans le gazogène et le moteur.

Quoique nous soyions dans la nécessité de passer vite sur ces exemples d'utilisation des déchets et sous-produits, nous devons rappeler les services que rend la turbine à vapeur à cet égard ; surtout avec la combinaison d'accumulateurs de calories imaginée par l'ingénieur français Rateau. Les vapeurs d'échappement, qui étaient jusqu'ici considérées comme inutilisables et inutilisées, sont mises en réserve et peuvent faire tourner une turbine, fournir pour ainsi dire gratuitement la force motrice. Il ne manque pas maintenant de centrales électriques pour vendre leurs vapeurs d'échappement pour le chauffage à domicile chez la clientèle des environs.

Devons-nous rappeler les efforts souvent heureux que l'on fait pour récupérer l'étain des vieilles boîtes de fer-blanc, boîtes de conserves en général : rien qu'aux États-Unis, on extrait, dans le courant d'une année, plus de 5.500 tonnes d'étain de ces déchets, ce qui représente une valeur d'au moins 15.000.000 de francs. On cherche de même à tirer parti de tous les déchets agricoles. C'est ainsi que l'on peut fabriquer du gaz pauvre pour l'alimentation de moteurs à explosion, à l'aide de feuilles, de foins avariés ; que, actuellement, l'on commence d'arriver à des résultats très intéressants avec ce qu'on peut appeler les pailles de maïs aux États-Unis. On a imaginé, en Angleterre, un procédé grâce auquel on peut agglomérer pour ainsi dire les déchets de sciage des planches servant aux emballages, et en constituer du bois aggloméré, qui sert ensuite lui-même à la fabrication de caisses à bon marché. On a su tirer parti de la pulpe pour l'alimentation du bétail, et par suite diminuer le prix de revient et le prix de vente du sucre.

Ne pourrions-nous encore, à ce propos, retourner aux abattoirs industriels américains ? Nous y verrions que rien ne se perd ; ce qui justifie le fameux proverbe américain que « dans le porc, il n'y a que le cri que les abattoirs n'ont pas encore trouvé à utiliser ». Non seulement on tire parti, et bon parti, des cornes, des onglons, des tendons, des peaux et du reste ; mais encore on décante les matières contenues dans les panses et les intestins des animaux ; une partie est solubilisée et utilisée comme engrais ; une autre reprise, pressée, séchée, sert au chauffage de générateurs. L'importance de ces sous-produits est telle que, sans eux, les abattoirs perdraient par la vente de la seule viande, environ 19,3 °/₀ du prix d'achat des troupeaux. Avec la vente des sous-produits, ces mêmes abattoirs réalisent des bénéfices très considérables. Dans l'ensemble des abattoirs de Chicago, le prix de vente total de la viande proprement dite atteint à peu près 3.100.000.000 de francs ; et les déchets divers, le saindoux, les huiles animales, les peaux et le reste fournissent quelque 800.000.000 de francs.

Ce qui montre bien la nécessité où l'on est, dans une industrie en progrès, de tirer parti des sous-produits, c'est l'évolution à cet égard de l'industrie des grands abattoirs, ou *saladeros*, de la République Argentine : il n'y a pas très longtemps, en réalité, que tout d'abord on n'utilisait que la peau des animaux ; ensuite, on a tiré parti de la viande, pour en faire des extraits ou de la viande desséchée (tasajo). Aujourd'hui, rien n'est perdu. Même les tripes et les boyaux sont envoyés en Europe pour fabriquer des saucisses ; et ce dont on ne peut tirer parti directement est réduit en poudre et vendu comme engrais. Les os sont expédiés pour servir à la fabrication du noir animal, ou entrent dans l'industrie de la tabletterie.

N'oublions pas non plus que bon nombre d'exploitations minières aujourd'hui installent, sur le carreau même de la mine, des stations centrales électriques comme en France à Ronchamps, où elles tirent parti, pour le chauffage de chaudières et la fabrication de courant, de combustibles tellement mauvais qu'ils étaient considérés comme de purs déchets, et ne pouvaient auparavant être utilisés, le prix du transport devant trop remonter leur valeur.

Qu'on ne se figure point que l'industrie s'arrête dans cette voie : ce sont chaque jour des utilisations nouvelles, des récupérations nouvelles de déchets. Tout récemment, le célèbre chimiste allemand, M. Otto Witt, signalait l'énorme valeur possible des résidus industriels encore inutilisés ; il indiquait les directions innombrables dans lesquelles on pouvait s'engager pour réaliser des bénéfices considérables, qui rejailliraient sur tous les consommateurs.

CHAPITRE XXI

Les relations entre employeurs et employés dans l'industrie moderne.

Les modifications des relations entre patron et ouvrier sous l'influence de la grande industrie. — Les erreurs commises par les ouvriers: les avantages à eux assurés. — Diminution des bénéfices de l'entrepreneur, augmentation de salaires. — Les conflits, les grèves.

Il n'est guère besoin de dire que l'évolution qui s'est faite, le passage de la petite, ou même de la moyenne industrie de jadis, à la grande industrie, à la machinofacture, a étrangement modifié les relations entre employeurs et employés, patrons et ouvriers. Du fait seul qu'il s'agit de vastes entreprises, de grands chantiers, d'ateliers énormes où la population ouvrière se presse, il va de soi que ces ouvriers sont beaucoup moins connus, si même ils le sont quelque peu, du chef réel de l'entreprise. Il est juste de dire que la conduite même de l'entreprise se répartit entre de nombreux sous-ordres, chefs d'ateliers, ingénieurs, sous-ingénieurs, comme on voudra les appeler; et que, eux, sont obligés de prendre connaissance du personnel qu'ils ont sous la main s'ils veulent en tirer un bon parti.

Néanmoins cet anonymat de la direction a modifié étrangement les sentiments réciproques. Il faut ajouter que, dans les grandes entreprises modernes, la discipline s'impose beaucoup plus stricte que dans les petites entreprises familiales; et c'est même certainement là une des causes pour lesquelles les ouvriers, au début du machinisme et de la formation de la grande industrie moderne, ont montré une hostilité très marquée contre les grands ateliers.

§ 1. — Les conditions nouvelles de travail dans la grande industrie.

Ces inconvénients, ou, si l'on veut, ces particularités, sont largement compensées par les avantages considérables que l'employé, l'ouvrier trouvent dans les conditions nouvelles de travail. Nous venons de prononcer le mot de machine; le machinisme a eu une part spéciale dans les modifications que nous avons en vue.

Nous avons montré par ailleurs de façon très détaillée [1], ici nous avons indiqué en quelques mots comment la mise à contribution de cette machine a fait que la main-d'œuvre incorporée dans chaque produit est étrangement plus faible que jadis, par unité considérée; par contre, en même temps que la part musculaire de l'ouvrier diminue, sa part intellectuelle augmente. Les preuves de ces affirmations sont innombrables; et quiconque est au courant de la technique moderne peut les retrouver.

1. V. *la Machine et la main-d'œuvre humaine.*

"C'est ainsi que, dans la fabrication du gaz suivant les procédés tout à fait modernes, les frais de main-d'œuvre ont été réduits de 75 % environ par rapport aux procédés de fabrication antérieurs. Grâce aux transporteurs aériens de toutes sortes que l'on utilise constamment à l'heure actuelle pour les mouvements de terre, le débarquement ou l'embarquement du charbon, l'embarquement des minerais, etc..., pour des opérations où il fallait 350 hommes, on s'en contente maintenant d'une dizaine.

Il y a d'ailleurs là une des raisons de l'hostilité longtemps montrée par l'ouvrier à la machine, et aussi des dissensions qui, en conséquence, survenaient entre employeurs et employés. L'ouvrier et même bien des gens paraissant éclairés, ne comprenaient pas que les emplois ouverts à chaque individu pouvaient augmenter, en dépit de cette diminution de main-d'œuvre, sous l'influence de la machine, pour chaque objet fabriqué.

Nous ne rappellerons pas les discussions qui se sont produites pendant des années et des années à ce sujet; nous ne dirons rien de ces véritables insurrections qui s'étaient faites contre la machine, de ces déclamations de tant de publications, de journaux, de socialistes, qui voulaient voir faire la guerre à la machine, soi-disant au profit de l'ouvrier. La preuve est faite aujourd'hui, et bien faite, non pas seulement par le raisonnement, mais par l'examen de faits innombrables : les occupations se sont multipliées pour les bras et pour les intelligences, au fur et à mesure que les machines devenaient de plus en plus nombreuses.

Nous avons dit déjà que l'abaissement du prix de production a développé la consommation dans des proportions telles qu'il a fallu activer étrangement la production; plus que ne pouvaient le donner les machines mises d'abord en fonctionnement. On pourrait montrer également que, sous l'influence du machinisme grandissant, une foule d'industries nouvelles se sont créées, qui ont eu besoin de bras; et l'on peut dire que les bras font défaut, au lieu d'être en excédent. Nous pourrions signaler par exemple le cas de l'industrie automobile, après celui de l'industrie du cycle. Que ce nous soit donc une occasion de nous élever contre ce préjugé qui voudrait que la grande industrie moderne ait développé les chances de chômage pour l'ouvrier. La vérité est exactement le contraire, ainsi que nous l'avons démontré, également par l'observation des faits, dans une étude spéciale sur le chômage [1].

Que l'on consulte tous les ouvrages écrits sur cette question par des gens autorisés, notamment les travaux admirables de Levasseur sur les Classes ouvrières; et l'on y verra qu'avec la petite industrie ancienne, si, sans doute, en apparence, on était à l'abri de la concurrence, les chances d'occupation étaient d'autant plus minimes que la concurrence ne jouait pas, que les corporations formaient des milieux fermés où le développement était à peu près impossible. Les jours fériés étaient extraordinairement nombreux; la misère était grande en même temps que les salaires étaient bas.

1. V. *le Chômage et son remède*, Alcan, éditeur, Paris.

Il y a d'ailleurs une raison de laquelle nous avons dit un mot; c'est que les chômages sont beaucoup moins à craindre pour l'ouvrier de la grande industrie moderne que pour celui de l'industrie moyenne, même de la petite industrie. Cette grande industrie (c'est une de ses caractéristiques) est obligée d'*investir* un capital de premier établissement énorme dans son installation, et tout particulièrement dans ses machines. Il lui est impossible de laisser ce capital dormir; ou tout au moins elle ne s'y décide qu'à la dernière extrémité. Et c'est pour cela qu'il est courant, même dans les périodes de crise, quand les prix sont bas et que les bénéfices disparaissent, de continuer à produire dans les grandes usines modernes; on produit à perte, on *fait du stock*, comme l'on dit, pour l'écouler plus tard; à seule fin de continuer à faire fonctionner les machines qui se détérioreraient dans l'immobilité, et aussi de trouver, dans un prix de vente même très bas, de quoi compenser l'amortissement et l'intérêt du capital engagé dans l'entreprise.

C'est en présence de ces modifications, entraînées par l'avènement de la grande industrie, que beaucoup se sont plaints, beaucoup se plaignent encore, en ignorant complètement les phénomènes dont ils parlent, de l'évolution de l'industrie moderne. Ils songeraient comme à un idéal à un retour aux anciennes corporations; alors qu'il a été bien démontré que ce régime des corporations, c'était la mise en servage aussi bien des ouvriers et employés que des patrons et employeurs; alors qu'il a été prouvé que ce même régime supprimait tout progrès, faisait payer très cher au consommateur. Et l'ouvrier fait toujours partie des consommateurs.

§ 2. — Rémunération du travail et du capital.

A coup sûr, avec la grande industrie moderne (on ne saurait trop y insister) il faut étrangement plus de capital qu'avec la petite industrie de jadis; et l'on peut en conclure, quand on examine les choses superficiellement, que ce capital étant plus indispensable que jamais, exige une rétribution très élevée, en proportion même de son importance; qu'il vient rogner d'autant la rétribution du travail.

Émile Levasseur et M. Carrol Wright ont étudié de très près cette question; et ils ont constaté qu'effectivement, avec les procédés perfectionnés, avec la machine, la part du capital dans la fabrication d'un objet déterminé a augmenté très sensiblement; tandis que celle qui représente le salaire de l'ouvrier a diminué beaucoup; ils ont ajouté et prouvé d'ailleurs que le profit du patron a diminué encore bien davantage que ce salaire de l'ouvrier. Mais ceci, ce sont les proportions calculées par rapport à un nombre déterminé d'objets fabriqués. Si l'on considère au contraire une période de travail donnée, on s'aperçoit que l'ouvrier a vu augmenter prodigieusement son salaire; en même temps que tous les objets qu'il a besoin d'acheter pour entretenir son existence ont baissé de prix en proportion inverse, par suite des perfectionnements de la production industrielle.

Aussi bien, l'examen de ce qui se passe autour de

nous, l'étude des faits économiques et sociaux qui nous entourent, nous montre que la rémunération du capital, calculée sous la forme d'un tant pour cent par rapport aux sommes immobilisées, a diminué étrangement; et que d'autre part elle représente une somme bien faible en comparaison de ce' que les opérations industrielles assurent comme salaire aux ouvriers. Les exemples sont multiples. Nous pourrions tout simplement considérer le fonctionnement des compagnies de chemins de fer; en particulier en envisager une comme la Compagnie des chemins de fer du Sud de la France, qui pendant des années et des années, est demeurée sans distribuer aucun dividende à ses actionnaires, et ne leur a même distribué que 1,20 °/₀ du jour où elle a fait relativement de bonnes affaires. Cela alors que son personnel touchait régulièrement ses appointements, sans jamais les avoir vus diminuer.

Nous pourrions examiner, avec un technicien des plus autorisés, M. Couriot, l'industrie des mines. Nous verrions que, dans l'ensemble, si l'on tient compte des années successives pendant lesquelles les bénéfices sont extrêmement variables, et pour une même compagnie, à plus forte raison, pour des compagnies diverses, on s'aperçoit que les exploitations houillères en France ne touchent, comme rémunération, que 3,40 °/₀ à peu près du capital immobilisé dans ces vastes entreprises.

Évidemment, du moins pour les entreprises déjà existantes, celles pour lesquelles le capital s'est prêté, qui sont en état d'exploitation, on pourrait supprimer complètement les bénéfices; ce qui aurait forcément pour résultat d'augmenter le salaire des ouvriers collaborateurs de ces exploitations. Toutefois, ce serait tuer dans l'œuf la formation nouvelle de capitaux en faveur d'entreprises industrielles ; les épargnants, les capitalistes futurs, en présence de cette spoliation, ne seraient plus incités à prêter leurs économies, ni d'abord à en former, ce qui constitue toujours en somme une privation, un effort pénible que l'on s'impose.

Il ne faut point perdre de vue que les 3,40 °/₀ dont nous venons de parler sont composés, pour la plus grosse part, non pas de ce que les économistes appellent le « profit » du chef d'entreprise, la rémunération essentiellement aléatoire de son esprit d'initiative, de son talent d'organisation et de conduite des affaires ; ces 3,40 °/₀ représentent toute la rémunération des exploitations houillères ; et en premier lieu, une rétribution normale du capital de 1.200 millions immobilisé dans ces exploitations. Si le mot ne prêtait pas à double sens, on pourrait dire que les 3,40 °/₀ servent à fournir le « salaire », c'est-à-dire la rémunération, la rétribution des 1.200 millions épargnés antérieurement par des capitalistes petits ou grands ; et si l'on ne veut point que le capital épargné par ce collaborateur indispensable de la production que l'on appelle le capitaliste se retire, se refuse à cette collaboration, il est nécessaire qu'il trouve une rémunération lorsqu'il se prête. C'est qu'en effet le capitaliste qui l'a formé, qui le possède en légitime propriété, s'en prive, se met hors d'état d'en tirer parti personnellement à aucun égard, quand il l'engage dans une société. De plus, il risque de le perdre en totalité ou en partie.

On touche ici à l'erreur coutumière des socialistes, qui veulent supprimer la rétribution du capital, sous prétexte que celle-ci constitue une « rente gratuite » pour le capitaliste; ils s'imaginent que le chef d'entreprise se réserve et touche les 3,40 % dont nous parlions à l'instant, en conséquence même du nombre d'ouvriers qu'il fait travailler; que le travail des ouvriers s'exerce pour lui procurer ce bénéfice. Ils oublient que le chef d'entreprise est obligé de prendre à son service des capitaux, de plus en plus importants, au fur et à mesure de l'évolution de l'industrie moderne.

Sans doute la rémunération du capital, comme nous le disions, mais seulement sous l'influence de la liberté et de la concurrence, a diminué de façon considérable; même depuis quarante ou cinquante années, encore bien davantage depuis le commencement du xixᵉ siècle. Mais il faut qu'il en subsiste une. Et du jour où elle serait estimée trop faible pour les épargnants, sans même qu'on en arrive à la confiscation totale de cette rémunération au profit du salarié, l'épargnant renoncerait à s'imposer cette privation, cet ajournement de jouissance qu'est la formation du capital. Il va de soi au surplus que, pour les capitaux qui jouent le rôle de chef d'entreprise, capitaux immobilisés sous forme d'actions, et courant les risques les plus absolus, la rémunération doit comporter, en dehors de l'intérêt proprement dit, un dividende, une chance de bénéfice, qui soit susceptible de compenser ces risques et d'exciter le capitaliste à les courir.

Nous avons, au surplus, vu ce qu'est l'industrie primitive sans capital ; celui-ci ne se forme et ne se prête aux entreprises industrielles que s'il a la possibilité, parfois la certitude (comme c'est le cas pour les obligations) d'être rémunéré. Il serait donc terriblement dangereux pour le salarié que la masse des capitaux diminuât ; à plus forte raison que le capital disparût : les ateliers se fermeraient ou se réduiraient à un minimum. Le montant total des salaires distribuables baisserait dans des proportions formidables, en même temps que le taux du salaire de chacun.

Que l'on supprime ces bénéfices, qu'on les répartisse aux ouvriers ; et le salaire de ceux-ci s'en augmentera simplement de 70 centimes par jour ; alors qu'ils se figurent volontiers que le capitaliste se réserve la grosse part.

Les capitalistes, n'étant plus rémunérés, se retireraient. Comment le personnel ouvrier, abandonné à lui-même, se procurerait-il les 1.200 millions nécessaires pour mettre en exploitation les usines leur fournissant ce supplément de salaire ?

§ 3. — Les discussions entre patrons et ouvriers.

Cette évolution industrielle amenant l'accumulation d'un grand nombre de travailleurs dans un même chantier, un même atelier, a poussé tout naturellement à la formation des associations spéciales que l'on appelle des Trade-Unions, des Syndicats, etc. Une partie de ces trade-unions, au moins pendant un certain temps, se sont contentées de soutenir leurs adhérents par des secours divers ; mais nous devons reconnaître que, sous l'influence de l'aveuglement et de l'ignorance des questions économiques, la plupart des syndicats en sont arrivés maintenant à être des armes de guerre, dans les conflits que les employés cherchent constamment à faire surgir avec leurs employeurs.

Il y a là non point une conséquence de l'industrie moderne, mais une conséquence des erreurs qui se sont répandues dans les esprits, en présence d'un régime industriel dont on ne comprend pas la valeur pour tous les intéressés. Des hommes comme Karl Max, qui ont pourtant saisi parfois les phénomènes d'évolution industrielle, ont soutenu que l'employeur, avec la grande industrie, avait la faculté de maintenir le taux du salaire à la somme strictement nécessaire pour assurer l'existence de l'ouvrier et de sa famille. C'était dire qu'ils estimaient que le salaire n'augmenterait pas ; que les ouvriers ne tireraient aucun bénéfice de l'accroissement de la production, de la diminution des prix de revient et de vente. Or, en dehors du bénéfice évident que l'ouvrier, en tant que consommateur, tire de cette diminution des prix de toutes choses, il est bien démontré aujourd'hui que les salaires, depuis le commencement du xviiie siècle, et surtout depuis la seconde moitié du xixe siècle, époque où le machinisme s'est développé plus que jamais, ont augmenté dans des proportions incroyables.

Là encore, les chiffres se présentent en foule. Le regretté Levasseur a consacré à cette question tout un volume[1]. M. Yves Guyot, de son côté, et, d'autre part, M. Paul Leroy-Beaulieu, ont multiplié les démonstrations de faits; les enquêtes les plus probantes ayant été exécutées un peu dans tous les pays par les Offices du Travail eux-mêmes. Nous ne saurions avoir l'ambition de développer tout ce côté de la question; mais nous pourrions, à titre d'exemple, citer encore cette industrie minière dont nous parlions tout à l'heure. Nous y verrions, pour la France notamment, qu'en 1845, le salaire annuel du mineur était de 550 francs. Dès 1875, il dépassait 1.050 francs; et, en 1902, il s'élevait à 1.240 francs, pour monter encore depuis lors. Dans une de ses enquêtes sur les salaires et la durée du travail, l'Office du Travail français a montré que, entre 1875 et 1891, pour les ouvriers maçons divers, le taux de l'augmentation a été compris entre 20 et 40 %. Pour les ouvriers charpentiers, elle a été de plus de 30 %; pour les serruriers, les forgerons et les différentes autres catégories, l'augmentation correspondante était comprise généralement entre 25 et 40 %.

On trouverait de même des preuves de la diminution des heures de travail, se réalisant sans intervention de l'État; pour s'en rendre compte, il n'y a qu'à songer à la semaine anglaise, pratiquée aujourd'hui couramment en Grande-Bretagne; alors que, dans les usines du commencement du XIXᵉ siècle où apparaissaient rapidement les premières manifestations de l'industrie moderne, les patrons avaient

1. *Le Salariat et le Salaire*, Doin, éditeur, Paris.

cru utile d'abord d'imposer au personnel des journées de 14, 15, 16 heures quelquefois.

C'est la liberté, la libre application des progrès industriels et économiques, qui a entraîné toutes ces modifications, comme conséquence logique de l'évolution de l'industrie. A coup sûr, en dépit de cette évolution et de ses bienfaits réels, les conflits auxquels nous faisions allusion ne sont pas devenus rares, tant s'en faut. Ces conflits, ce sont les grèves.

Or, en France, par exemple, alors qu'en 1892 le nombre n'en avait été que de 261, dès 1906 le nombre correspondant était de 1.300 ; on ne se maintient pas toujours à ce chiffre énorme, mais couramment on voit 170.000 à 200.000 ouvriers englobés dans des grèves de toutes sortes en une année. En Allemagne, le chiffre de 1900 etait de 1.468 grèves, et il a pu atteindre 3.228 en 1910. Sans doute, au temps de la petite industrie, la grève se produisait de temps à autre; plus souvent que le vulgaire ne le pense. Mais elle est devenue particulièrement fréquente depuis que la liberté des coalitions a été reconnue en 1824 pour la Grande-Bretagne, en 1864 pour la France, et qu'elle s'est imposée partout.

Il est bien certain que cette fréquence des grèves est un résultat de l'évolution industrielle même : en ce sens du moins que, dans les grands ateliers, dans les grandes entreprises, tout particulièrement dans les exploitations minières, parmi les dockers des ports, les ouvriers « se sentant les coudes » se laissent aller plus volontiers à essayer d'imposer leurs volontés aux employeurs. D'ailleurs, c'est dans ces milieux que l'influence des syndicats se fait plus facilement sentir (et c'est une raison pour lesquelles les socialistes s'élèvent à l'heure actuelle contre la petite industrie à domicile).

On peut parfaitement concevoir la grande industrie moderne sans des grèves aussi fréquentes. Leur raréfaction serait un grand bien pour tout le monde; car ces conflits et ces cessations de travail entraînent des pertes pour les ouvriers, qui sont privés de leurs salaires; pour les industriels, qui voient leur matériel immobilisé et ne peuvent plus satisfaire leur clientèle; pour cette clientèle, qui est obligée de payer plus cher ce dont elle a besoin. Que l'on n'oublie pas que la grande grève houillère qui a sévi en Grande-Bretagne tout récemment, a fait perdre au pays plus de 300.000.000 de francs, rien que du fait de la diminution de l'extraction et des ventes de combustible; sans parler du reste, et des incidences innombrables d'un conflit semblable.

<h1 style="text-align:center">CHAPITRE XXII</h1>

<h2 style="text-align:center">Les efforts faits par la grande industrie
en faveur de ses collaborateurs.</h2>

L'intérêt du patron à payer de bons salaires, son désir raisonné d'assurer à son collaborateur un *standard of life* élevé. — L'hostilité contre le salariat; les tentatives de modifications et d'améliorations du salaire. — Le problème de l'apprentissage.

Nous avons dit rapidement comment et combien la grande industrie a amélioré la situation de son collaboratenr ouvrier. Grâce à la machine et aux progrès techniques, grâce aux capitaux accumulés qui ont servi à réaliser ces progrès et à multiplier les machines, l'ouvrier est de moins en moins la bête de somme qu'il était autrefois, lors même qu'il avait un métier nécessitant des connaissances professionnelles; son muscle agit de moins en moins, son intelligence de plus en plus. Et sous l'influence de ces nouvelles pratiques, l'industriel a compris, quand il ne le sentait pas, qu'il avait intérêt, intérêt pécuniaire et direct, à satisfaire de plus en plus ce collaborateur; il avait profit à améliorer sa situation matérielle, sa vie, ce que les Anglais appellent le *standard of life*.

S'il veut, en effet, que ce collaborateur soit à

même de diriger intelligemment, efficacement, de surveiller sûrement les machines coûteuses et à grande production que le patron lui confie, il faut absolument que cet ouvrier puisse, à l'aide d'un salaire élevé, aussi élevé que possible, se bien nourrir, se bien vêtir, maintenir son organisme en bon état, cultiver l'animal, comme a dit Spencer ; car le bon animal est la base indispensable de l'intelligence et de la bonne direction. L'industriel a constaté, par des expériences successives, par l'éducation qu'il s'est faite peu à peu lui-même au fur et à mesure de l'évolution définitive vers la grande industrie, que, en dépit du faible rôle musculaire qui est confié maintenant au collaborateur ouvrier, celui-ci (on pourrait dire à cause même de ce faible rôle musculaire et du grand rôle intellectuel qu'on lui confie) peut influer puissamment sur la production, sur sa qualité, sur sa quantité, sur la conservation des machines, sur le rendement des énormes capitaux fixes incorporés dans les usines et ateliers modernes.

§ 1. — Paternalisme, modalités diverses de rémunération.

Nous sommes, avec cette conception, bien loin des pratiques que les industriels anglais du commencement du XIXe siècle avaient cru habile de suivre. C'est certainement sous l'influence de cette compréhension logique des besoins de l'industrie (en même temps, nous voulons bien le reconnaître, que sous l'action de sentiments généreux), qu'il s'est

fait à une certaine époque, vers le milieu du
xixᵉ siècle surtout, toute une évolution dans l'esprit
de maints industriels, cherchant à procurer à l'ouvrier un intérieur sain, agréable, lui concédant des
avantages matériels multiples, pour compléter et
augmenter son salaire. Cela a été l'époque de la
multiplication des économats, des maisons ouvrières.
des corons, des distributions de combustible, etc.

Il faut bien avouer que ces pratiques, auxquelles
on a donné souvent le nom de paternalisme, n'ont
pas toujours mené au résultat que l'on cherchait.
L'esprit d'indépendance se développait, en effet,
chez le collaborateur ouvrier; il ne voulait point
de ce qui lui semblait être une aumône, et de ce
qui, d'autre part, paraissait le mettre davantage
sous la dépendance de son employeur. Et, peu à
peu, cet ouvrier a pris à réclamer, comme la chose
la plus importante pour lui, des augmentations
de salaire (en même temps souvent que des diminutions d'heures de travail). En fait, les demandes
d'augmentations de salaire sont la cause principale
des grèves qui dévastent l'industrie moderne.

Nous avons dit que les salaires s'étaient accrus
de façon constante, surtout durant la dernière moitié
du xixᵉ siècle. Mais l'ouvrier s'est également élevé,
et fréquemment, contre le salaire même, c'est-à-dire
la forme de rétribution qui s'appelle le salariat. Il
lui a adressé de vifs reproches; et c'est pour répondre à ces reproches que, dans la grande industrie
moderne, on a tenté, de façons diverses, de modifier
le salariat, d'y substituer une rétribution nouvelle
présentant des caractères bien spéciaux.

Il ne faut pas oublier que le salariat est une sorte de rétribution qui n'a été imposée par personne, dont le type a été élaboré par des efforts successifs poursuivis depuis des siècles ; en raison d'une compréhension instinctive des avantages que ce mode de rétribution peut présenter pour l'ouvrier, pour celui qui n'a pas d'avances, qui n'a pas de capital, et qui a besoin de toucher rapidement l'équivalent de l'effort qu'il a fourni. Ce qui, en effet, est la caractéristique du salaire, c'est d'être avancé par l'employeur, moyennant les capitaux par lui accumulés où qu'il s'est procurés au moyen de l'emprunt. Cette avance est faite sans que l'ouvrier, le salarié, ait à se demander quand et comment seront vendus, réalisés, les produits fabriqués avec son concours. Ce salaire est *certain*, peut-on dire ; non seulement il sera payé à une date déterminée, fixée à l'avance, à la fin de la journée, de la semaine, de la quinzaine, du mois ; mais encore il n'est sujet à aucun aléa ; il est indépendant des bénéfices ou des pertes que le chef d'entreprise peut subir, du fait de la production dont l'ouvrier a été le collaborateur.

Or, les ouvriers se plaignent des inconvénients (car il y en a) de cette certitude. Ils voudraient être associés aux bénéfices qui sont réalisés lors de la vente du produit ; sans, d'ailleurs, demander à partager les pertes qui, souvent, se produisent lors de cette réalisation et aux dépens du chef d'entreprise ! Comme, d'ailleurs, ce chef d'entreprise est désireux d'intéresser l'ouvrier à la réussite des opérations et de l'industrie dont il est le collaborateur ; on a cherché, de côté et d'autre à modifier le salaire, ainsi que nous le disions, à trouver de nouvelles modalités qui feraient que la rétribution serait plus ou moins proportionnelle aux bénéfices de l'entreprise ; ou, tout au moins, à imaginer des modalités dans lesquelles il serait plus tenu compte de la productivité du travail de l'ouvrier, et des efforts qu'il a faits.

Il faudrait un livre pour examiner ces modalités inverses ; à commencer par la fameuse participation aux bénéfices. Dans bien des circonstances, on a essayé de cette participation ; mais elle n'a donné que d'assez pauvres résultats. Bien entendu, on ne réussirait pas à la faire accepter par les ouvriers, si cette participation aux bénéfices supposait aussi une participation aux pertes. Et c'est une des raisons de l'impossibilité de cette forme de salariat. D'une manière générale, d'ailleurs, les ouvriers, lorsqu'on leur répartit les bénéfices en fin d'année, trouvent qu'on leur donne bien peu ; ils sont tout prêts à critiquer la façon dont l'entreprise a été menée ; et, pour un peu, ils réclameraient la communication de tous les livres, la surveillance de la conduite de l'affaire ; quitte, bien entendu, à se désintéresser de la chose et à réclamer leur salaire dans son entier, si l'entreprise se solde en perte en fin d'année.

Ce n'est que dans des cas tout particuliers que la participation aux bénéfices est susceptible de réussir ; et nous pourrions citer de nombreux exemples où ce sont les ouvriers eux-mêmes qui ont demandé la suppression de cette participation, en faisant consolider dans leurs salaires les distributions de bénéfices qui leur étaient accordées en fin d'année. D'ailleurs, c'est uniquement dans la grande industrie que l'on peut se payer le luxe de rémunérer largement le collaborateur ouvrier, notamment en lui accordant une participation aux bénéfices; et là encore, cette grande industrie a bénéficié à l'ouvrier.

Bon nombre de patrons, désireux, comme nous le disions, d'intéresser leurs ouvriers à la réussite de l'affaire, de réveiller ou de surexciter leur zèle, ont imaginé diverses formes de salaires à prime; nous les avons examinées dans un livre spécial[1]. D'une façon générale, dans ce salaire à prime, on récompense, par un sursalaire, l'économie de temps que l'ouvrier payé normalement à l'heure aura réalisée dans la fabrication d'un produit. Cela revient à partager entre le chef d'entreprise et l'ouvrier l'économie sur la durée de fabrication qui a été obtenue par cet ouvrier.

Il y a aussi des salaires différentiels; on donne à l'ouvrier une récompense, une prime fixe pour l'exécution d'un travail, s'il n'a pas dépassé le temps que l'on a déterminé comme étant raisonnable pour produire un objet donné. Il y a bien d'autres modalités que l'on a essayé d'introduire comme correctifs au salariat pur : à commencer par l'échelle mobile, qui est la consécration d'une sorte de proportionnalité directe et plus ou moins exacte entre la rétribution de l'ouvrier et le prix de vente des produits fabriqués avec son concours. Nous devons dire que

---

1. *Illusions socialistes et réalités économiques*, Rivière, éditeur, Paris.

toutes ces modalités diverses n'ont donné que des résultats bien minces, sauf quand on s'est trouvé dans un milieu tout à fait exceptionnel, dans une industrie où l'on pouvait faire appel à des collaborateurs de choix.

On parle également à notre époque d'actions de travail : c'est une manière indirecte de participation aux bénéfices, que l'on voudrait à l'heure actuelle imposer législativement au patron. Cela revient à assurer à l'ouvrier une part dans l'intérêt et le dividende distribués au capital ; alors, d'ailleurs, que ce capital court tous les risques, tandis que l'ouvrier, devenu actionnaire sans avoir versé aucuns fonds, ne courrait aucun risque positif.

§ 2. — Coopération.

A propos de ces efforts faits par la grande industrie en faveur de ses collaborateurs, nous ne mentionnerons que d'un mot la coopération. La coopération n'a point, en réalité, été inventée par la grande industrie pour associer le collaborateur ouvrier à la réussite de l'entreprise ; elle a plutôt été imaginée par les salariés eux-mêmes, ou ceux qui cherchent à les diriger dans telle ou telle voie, afin de battre en brèche l'organisation industrielle traditionnelle, et notamment celle qui est à la base de la grande industrie moderne : le capitalisme. La coopération suppose les producteurs ouvriers s'associant, réunissant leurs connaissances professionnelles et leurs bras, ne consentant point à se soumettre à la direction, à l'autorité d'un chef d'entreprise, dans le but de garder pour eux tous les bénéfices de l'œuvre qu'ils comptent fonder, de l'industrie qu'ils veulent pratiquer.

Il est facile de comprendre qu'il y a là négation véritable de la grande industrie : celle-ci s'impose pourtant de plus en plus, parce que, avec elle seule, avec de vastes établissements, de nombreuses machines, on peut fabriquer à bon marché, en fabriquant par grandes quantités; ce qui n'empêche d'ailleurs que, en fabriquant à bon marché, on distribue des salaires de plus en plus élevés, ainsi que nous l'avons dit. Il va de soi que les associés ouvriers qui forment une coopérative ne peuvent pas apporter avec eux les capitaux indispensables pour l'achat des machines, du matériel, pour les aménagements et les immobilisations diverses; ils ne peuvent produire que suivant des modalités primitives. Et l'on peut dire, sans exagération, que la coopérative de production (la seule dont nous ayons à nous occuper ici) est une forme arriérée, un retour en arrière dans l'évolution sociale et industrielle. Les tentatives qui ont été faites n'ont pour ainsi dire jamais réussi, sauf pour des industries très spéciales, qui ne nécessitaient pas de grosses mises de fonds ; et encore à condition que les coopérateurs pussent apporter avec eux les fonds indispensables, en se révélant comme de véritables capitalistes doublés d'ouvriers.

Au surplus, dans la coopération, on répugne beaucoup à se donner un chef, alors qu'une tête est absolument indispensable pour triompher des difficultés si grandes qui s'imposent dans la pratique actuelle de l'industrie, dans l'achat des matières premières, dans leur transformation et leur vente à point nommé.

§ 3. — Apprentissage.

Il semble à certains esprits que la grande industrie moderne néglige, sous une certaine forme, de se préparer ces collaborateurs qu'elle réclame tant, et dont elle a tant besoin. On reproche en effet aux pratiques industrielles modernes, du fait de la mise à contribution du machinisme, d'avoir fait disparaître en très grande partie l'apprentissage. Au point de vue des faits, il y a bien là une certaine vérité. On ne trouve plus guère dans l'industrie moderne l'apprenti tel qu'il existait il y a cinquante ou soixante ans, passant plusieurs années dans un atelier à apprendre les procédés divers de la fabrication complète d'un objet déterminé. Mais il faut songer aux conditions toutes spéciales dans lesquelles la fabrication se fait maintenant; il faut penser à la machine, dont l'action a été si considérable à tant d'autres égards, et qui a rendu l'apprentissage presque inutile à l'heure présente.

Ce qu'on demande en effet à l'ouvrier, c'est de conduire cette machine, qui ne s'applique qu'à la production bien spécialisée d'une portion d'un objet; ou, si l'on veut, qui ne contribue qu'à effectuer une des opérations nombreuses qui seront indispensables à la fabrication complète de cet objet. A la base du machinisme, à la base de l'industrié moderne, la spécialisation se retrouve constamment; et, dans ces conditions, il est très facile, même pour un non initié, d'apprendre très rapidement à conduire une machine qui a l'air compliquée; précisément parce que ce sont toujours les mêmes opérations assez peu nombreuses que le surveillant de la machine voit faire sous ses yeux, doit surveiller, diriger, assurer, grâce au jeu de son intelligence et de son observation.

Cet apprentissage facile est tellement une vérité industrielle, que, lorsque l'industrie des cycles s'est établie à Coventry, alors qu'on manquait de bras, comme si souvent, dans l'industrie moderne, les fabricants de cycles ont pu mettre à contribution des maçons, des ouvriers sans connaissances mécaniques aucunes, et leur inculquer rapidement ce qu'il fallait pour en faire d'excellents directeurs de machines spécialisées. Au surplus, quand on sait conduire une machine donnée, on peut très facilement passer à la conduite d'autres machines faisant une opération tout autre, sous réserve d'un peu d'intelligence et d'application; on a acquis, dans le premier travail, la connaissance du machinisme en général.

En tout cas, ce qui apparaît bien dans l'industrie moderne, c'est que les intérêts sont solidaires entre tous les facteurs de la production, comme dirait un économiste. L'ouvrier est intéressé à ce que le patron fasse de bonnes affaires, parce que cela réagit sur la hausse des salaires, sur l'intensité de la production, sur le nombre de bras dont on a besoin. Il est intéressé à ce que cette grande industrie se procure facilement des capitaux et des machines, qui réclameront des collaborateurs ouvriers. Et de son côté le grand industriel est tout particulièrement désireux de satisfaire ce collaborateur; parce que, quand il a autour de lui un personnel au courant de la fabrication, lui permettant une production intense, cela assure des bénéfices d'autant plus élevés et aux capitaux englobés dans l'entreprise, et au chef d'entreprise lui-même, et aux actionnaires qui sont réellement les chefs d'entreprises des grandes industries modernes.

CHAPITRE XXIII

Le marché international et le régime douanier.

Les efforts faits jadis et encore aujourd'hui pour gêner la concurrence, l'origine et les manifestations modernes du protectionnisme. — L'opposition entre ces pratiques et le progrès industriel. — Trusts et kartels : un hommage à la grande industrie.

Qu'on ne s'étonne point de nous voir parler ici du régime douanier. Nous avons insisté (et nous croyons que ce n'est pas trop longuement) sur la nécessité des débouchés, et sur l'influence des marchés largement ouverts; le progrès industriel et le régime douanier réagissent puissamment sur ces débouchés.

Tout le progrès technique et industriel, le machinisme et ses avantages innombrables, la grande industrie moderne et ses bienfaits précieux, ont été dus à la concurrence : c'est en somme, du moins de façon essentielle, la suppression du régime des corporations et de la routine qu'il entraînait, qui a permis cette évolution féconde que nous avons suivie de chapitre en chapitre. Il est vrai que, sous bien des influences, qui étaient des excuses, la plupart des gens avaient pris en horreur la concurrence, sans comprendre que, finalement, elle ne pouvait avoir que de bonnes conséquences pour chacun. Ces partisans de la limitation de la liberté ne se rendaient point compte qu'elle sacrifiait le grand nombre à quelques-uns, et que ces derniers, sous un régime de monopole, souffraient bientôt eux-mêmes des privilèges dont ils avaient espéré profiter.

Il va de soi, et nous l'avons montré en quelques mots, que cette horreur de la concurrence se manifestait naturellement entre les villes différentes encore bien plus que dans l'intérieur d'une ville donnée. On en était arrivé à des conceptions et à des pratiques absolument contraires à celles des anciens Romains dans leur vaste Empire. Dans cet Empire qu'ils considéraient, il est vrai, comme une unité, ils n'avaient établi que des taxes fiscales, destinées à assurer des recettes au Trésor; et non point à préserver de la concurrence telle industrie ou telle région contre tel producteur d'une autre.

§ 1. — Le protectionnisme limitant concurrence et progrès.

En France tout particulièrement, et dans les pays où l'évolution sociale se faisait de façon analogue, les seigneurs, les petits souverains locaux, avaient cru avoir intérêt à pratiquer le plus généralement ce que nous appelons maintenant le protectionnisme : frapper de taxes à l'entrée les produits manufacturés qui venaient du dehors. Les industriels de leurs domaines étaient pour eux une source de revenus, et ils ne voulaient point que cette source de revenus vînt à péricliter. Ce n'était qu'exceptionnellement, et pour se procurer par ailleurs des ressources, que ces seigneurs créaient des marchés et des foires où ils autorisaient, en vertu de privilèges spéciaux, les marchands de l'étranger à venir et à débiter leurs produits. A coup sûr, et au fur et à mesure que se préparaient les nations, que se formait très lentement une sorte d'unité nationale, le souverain essayait de faire disparaître ce qu'on peut appeler le protectionnisme local; ce qui n'était pas toujours facile, si l'on en juge par la répartition en grandes divisions douanières de la France encore à la fin du xviiie siècle. Qu'on excuse ce mot de « douanières », qui est un peu un anachronisme. En tout cas, tout le monde sait généralement que les péages s'opposaient aux transactions de province à province en France, ces péages ayant généralement pour but de gêner la concurrence entre producteurs de régions différentes.

Il va de soi que, si l'on a été fort long à faire disparaître les obstacles à la concurrence dans le commerce national, il en a été bien davantage dans le commerce international. Et, à l'heure actuelle, il en reste des traces considérables pour presque tous les pays du monde. A part un seul pays, la Grande-Bretagne, que l'on peut considérer comme franchement libre-échangiste, où par conséquent la concurrence de l'industrie étrangère n'est gênée par aucun droit à la frontière, où il existe seulement des droits fiscaux sur des marchandises non produites à l'intérieur du pays, droits fiscaux destinés à assurer des recettes au Trésor; à part également certaines nations comme la Belgique et la Hollande, où la protection de l'industrie nationale est très faible; on peut dire que partout on cède à cette illusion de la protection, qui vient atténuer en très grande partie les avantages de cette industrie moderne, l'abaissement du prix de revient et du prix de vente; qui vient atténuer en partie les bénéfices que donnent les perfectionnements de l'industrie des transports.

Il est d'ailleurs curieux de remarquer que le régime douanier protecteur réagit de deux manières sur la grande industrie; et même dans deux sens quelque peu opposés, ce qui peut sembler bizarre. Ce régime douanier protecteur gêne effectivement la grande industrie en la mettant dans une mauvaise situation pour écouler ses produits, ou une partie de ses produits, sur les marchés extérieurs, sur le marché international. Mais d'autre part ce même régime a poussé les industriels à former d'immenses ententes, d'immenses entreprises à caractère spécial qu'on appelle les trusts ou les kartels (suivant qu'on est en pays anglais ou allemand) : vastes entreprises et combinaisons où l'on met à contribution les progrès techniques, où l'on pratique la production en grand.

Ce que nous avons dit, et ce que nous ne pouvons dire en quelques mots du protectionnisme suffit à faire comprendre qu'il est exactement l'opposé du progrès industriel, et l'ennemi de l'évolution de la grande industrie dans laquelle le monde entier a été pourtant emporté depuis un siècle. Aussi bien, dans les pratiques et dans les théories protectionnistes, tout est contradiction. Nous n'en voudrions prendre comme exemple que Colbert, qui a été un des grands ancêtres de la doctrine protectionniste. Il a contribué à établir de façon plus stricte que jamais le régime des corporations et de la routine dans l'industrie; d'autre part, il a établi une réglementation et une tarification terribles sur les produits manufacturés venant de l'étranger; ce qui n'empêche qu'il a fait des efforts pour supprimer les péages intérieurs qui gênaient la concurrence.

Il a créé en effet ce qu'on a appelé les Cinq grosses Fermes; autrement dit une agglomération de provinces acceptant de reporter les droits de douane à leur frontière commune, pour faire disparaître la gêne des péages intermédiaires. D'un autre côté enfin (nous avons eu l'occasion de l'indiquer), il a fondé de grandes manufactures, qui étaient comme les précurseurs de la grande industrie. Il a compris que, pour ces grandes manufactures, il fallait de larges débouchés; et c'est pour cela qu'il a créé des compagnies coloniales, qui devaient aller vendre au loin les produits fabriqués dans la métropole; il a distribué aussi largement qu'il l'a pu des primes à l'exportation de produits fabriqués pour faciliter la vente sur le marché international. On retrouve d'ailleurs cette pratique des primes à l'exportation dans maints pays protectionnistes actuels : ce qui prouve que les contradictions sont toujours de rigueur dans les esprits protectionnistes.

Les inconvénients de ces pratiques et de cette tarification, cette gêne au commerce international et à la concurrence, peuvent se comprendre déjà si l'on réfléchit que c'est la concurrence qui nous a donné le progrès industriel moderne et la grande industrie, moderne elle-même. Dans l'histoire du commerce, on trouverait des preuves de détail de ce que nous avançons; on verrait par exemple, durant la première moitié du XIXe siècle en France, que l'on était dans l'obligation de faire venir d'Angleterre des ouvriers puddleurs, pour pratiquer cette industrie de la métallurgie dont on voulait faire une industrie nationale, en se défendant contre l'importation des produits fabriqués en Angleterre même; le progrès technique ne pouvait se réaliser qu'avec le concours de ceux que l'on voulait tenir à distance. On pourrait parcourir également l'histoire commerciale de la France à l'époque du fameux traité de commerce avec l'Angleterre en 1860 : on y verrait qu'à la suite de ce traité et de ceux qui ont été signés peu de temps après avec les autres pays étrangers, l'évolution industrielle s'est faite en France avec une rapidité remarquable, au grand bénéfice de la consommation et de la production.

On pourrait consulter aussi l'histoire de la Grande-Bretagne au moment ou Huskisson d'abord, Cobden et Robert Peel ensuite ont dirigé l'évolution du pays, du protectionnisme vers le libre-échange. On verrait que la Grande-Bretagne, depuis lors, a pris la tête des autres nations au point de vue de toutes les manifestations industrielles, quelles que soient les inquiétudes que certains Anglais ont pu manifester ces temps derniers au point de vue de la concurrence des pays étarngers. On y verrait que c'est à la liberté des échanges, à la concurrence, aussi largement entendue que possible (et cependant alors que l'on se heurte aux barrières douanières des autres pays), qu'on doit l'essor prodigieux pris en Angleterre par l'industrie des mines, par celle de la construction navale, par l'industrie métallurgique, et tant d'autres.

Malgré tout, dans les pays qui sont demeurés protectionnistes, ou qui sont sont retournés au protectionnisme, comme la France, l'industrie s'est développée; la grande industrie y occupe une place remarquable, et a fait disparaître en grande partie l'industrie de jadis. Cela tient à ce que le progrès s'impose. Ce progrès se fait moins facilement, voilà tout, quand on met sur sa route des obstacles législatifs et volontaires. Le fait est que cette tarification douanière nuit étrangement à l'abaissement du prix de revient et du prix de vente, toutes choses égales d'ailleurs bien entendu; et c'est une des raisons pour lesquelles l'industrie française, par exemple, fabrique si coûteusement.

Ainsi que l'a si bien dit notre maître, M. Paul Leroy-Beaulieu, le protectionnisme, c'est la négation ou la suppression, tout au moins l'atténuation très grave et très nuisible, de cette spécialisation qui est à la base de la grande industrie et de la production économique. « Une des principales objections au régime protectionniste, c'est que, en réduisant l'industrie à un marché restreint, il ne permet pas à la division du travail d'être poussée au point où elle atteint le maximum de la productivité par tête ».

Bien entendu si le pays où sévit le protectionnisme a de très vastes dimensions et une population considérable, comme c'est le cas pour les États-Unis, ce protectionnisme joue moins son rôle néfaste; parce que le marché est parculièrement vaste et les débouchés très larges. Que l'on remarque au surplus que

le protectionnisme est exactement l'opposé du perfectionnement des moyens de transport, perfectionnement qui est en lui-même une manifestation de
l'évolution industrielle moderne, et qui, d'autre
part, comme nous l'avons indiqué, réagit, si heureusement sur l'extension des débouchés, sur l'abaissement du prix de revient et du prix de vente. Il n'y a
pas longtemps que le Gouvernement français, se refusant à abaisser le droit de douane sur le blé (le tarif
protecteur de 7 francs, qui rehausse d'autant le prix
du pain pour le consommateur français), a demandé
aux compagnies de chemins de fer de consentir des
abaissements de prix de transport provisoires, pour
compenser la cherté du blé due aux tarifs protecteurs.

§ 2. — Ententes, trusts, kartels.

Ajoutons encore un mot pour justifier ce que nous
disions tout à l'heure de la relation qu'il y a entre
le protectionnisme et la formation des trusts et des
kartels, qui est une forme toute spéciale de la
grande industrie dans un milieu artificiel. Les trusts
et les kartels ne sont pas autre chose qu'une entente,
une fusion d'entreprises diverses, généralement
grandes entreprises déjà; fusion qui s'opère à l'abri
de la muraille protectionniste, et qui a pour but de
permettre à ceux qui font partie du trust et du kartel de *contrôler* comme on dit en anglais, de tuer la
concurrence intérieure; tout en bénéficiant, bien
entendu, de ce que la concurrence extérieure est partiellement éliminée par le tarif douanier protecteur.

Cette fusion, cette formation d'un trust suppose
que les divers intéressés peuvent s'entendre, ou

tout au moins que la majorité d'entre eux s'entendent, pour créer une combinaison de cette sorte. Mais il va de soi qu'ils n'y ont réellement intérêt, qu'ils n'ont la possibilité de le faire, que si la muraille protectionniste existe ; c'est, en effet, elle qui va leur permettre de relever leur prix de vente de la marge que leur donne le tarif protecteur, par rapport au prix de revient ; et cette muraille protectionniste les met à l'abri des concurrents étrangers, qui, sans cela, auraient tôt fait d'affranchir le consommateur de la mise en servage que veut lui imposer le trust.

Nous devons reconnaître (et c'est en cela précisément que le trust et le kartel se rattachent à la question de la grande industrie) que ces combinaisons d'industriels et d'usines tendent à perfectionner le plus possible les procédés de fabrication, à chercher les méthodes qui abaissent le prix de revient. Elles y sont poussées tout simplement par le désir d'avoir des bénéfices aussi élevés que possible ; c'est-à-dire qu'elles veulent élargir la marge qui existe entre le prix de revient qu'elles peuvent atteindre, et le prix de vente qui leur est assuré du fait du tarif. On peut ajouter d'ailleurs que, à l'intérieur du marché protégé, les combinaisons ne réussissent pas à englober tous les producteurs ; et il se fait sentir une concurrence interne qui pousse encore les trusts et kartels à perfectionner leurs méthodes de production. De la sorte, ils arrivent à produire en grand, économiquement, avec les procédés les plus perfectionnés, suivant les méthodes que nous avons indiquées comme caractéristiques de la grande industrie. C'est même pour cela que certains défenseurs des trusts et des kartels ont prétendu que ces combinaisons avaient des profits manifestes pour le consommateur, puisque le prix de revient était notablement abaissé.

Toutefois, il ne faut pas oublier ici que la concurrence ne vient pas obliger les producteurs abaissant le prix de revient, à faire bénéficier le consommateur sous la forme d'un abaissement du prix de vente : nous parlons du moins du consommateur national. Afin d'atteindre ce gain aussi élevé que possible que nous indiquions à l'instant, les trusts et les kartels, dans leurs usines, dans leurs ateliers, produisent par masses énormes : nous en avons des exemples en Allemagne, et tout particulièrement aux États-Unis. Le fameux Steel Trust est arrivé à organiser des usines d'une puissance et d'un perfectionnement extraordinaires ; il produit par masses fantastiques qui effraieraient les producteurs mêmes de la Grande-Bretagne. D'où, abaissement considérable du prix de revient, comme nous le disions. Mais il produit en si grande quantité qu'il ne peut plus trouver à écouler complètement sa production sur le marché intérieur ; surtout étant donné que ce marché, c'est-à-dire le consommateur, est surchargé par le faix de la protection, qui relève le prix de vente.

C'est pour cela que les trusts et les kartels, en Allemagne ou aux États-Unis, sur tous les marchés protégés, arrivent à pratiquer cette monstruosité qu'on appelle le *dumping*. C'est vendre bon marché à l'extérieur, afin d'écouler l'excédent de production qui ne peut être vendu sur le marché intérieur ;

vendre à un bon marché extrêmement bas, si on le compare au prix que le trust peut imposer au consommateur national grâce au tarif douanier protecteur. La modification du régime douanier américain va faciliter grandement la lutte qu'on y veut mener contre les trusts.

Cette question du dumping a été étudiée notamment par notre confrère, M. Raffalovich, et par M. Raynaud. Ce dernier a montré, par exemple, que le fer en barres est vendu en Allemagne 125 marks et écoulé à l'extérieur 100 marks; que les clous, en Allemagne, se vendent 250 marks, alors qu'au delà des frontières ils ne sont plus payés par le consommateur étranger que 100 marks. On fait ainsi la conquête du marché étranger aux dépens du consommateur national. Innombrables sont les exemples de cette pratique du dumping que nous pourrions donner, aussi bien aux États-Unis que dans l'Empire allemand.

En tout cas, on avouera que cette façon de procéder monstrueuse, qui est nuisible au pays, puisqu'elle est nuisible à chacun des consommateurs, retombant en renchérissement sur la vie de chacun et finalement sur toutes les productions, sur toutes les industries, n'en est pas moins un hommage rendu aux qualités de la grande industrie : car le bon marché auquel les trusts et les kartels peuvent vendre à l'extérieur une partie de leurs produits, tient précisément aux proportions énormes sur lesquelles ils produisent, aux applications des méthodes de la grande industrie qui sont faites dans les usines, dans les ateliers, sur les chantiers de ces kartels et de ces trusts,

CHAPITRE XXIV

Les grandes industries dans le passé et dans le présent.

L'industrie agricole; la subsistance de la petite entreprise. — La lenteur de l'évolution; le machinisme et ses avantages. — Grandes fermes et immenses troupeaux. — Moulins modernes; élévateurs, beurreries perfectionnées, abattoirs, fabriques de conserves. — Filature et tissage, broches et métiers.

Sous les mêmes influences générales, les progrès et les transformations se sont accomplis à peu près identiquement dans toutes les industries. On poursuivait le même but, ce fameux abaissement du prix de revient dont nous avons parlé à tant de reprises, parce que cela s'imposait, et par suite la production en grandes masses, à l'aide de procédés mécaniques. Du moment où le but était le même, les procédés employés également ne devaient guère varier. Si l'on examinait par le menu chacune des manifestations industrielles, chacune des industries diverses pratiquées par l'homme pour satisfaire à ses innombrables et divers besoins; si l'on consultait un ouvrage tout récent sur l'Évolution industrielle, et surtout agricole, depuis cent cinquante ans, ouvrage dû à M. Georges Renard et à

M. Albert Dulac[1], on y trouverait des exemples des phénomènes généraux que nous avons essayé de caractériser.

Pour notre compte, en arrivant à la fin d'un livre déjà long, nous ne saurions nous allonger encore et entraîner le lecteur dans l'examen de faits multiples pour lui démontrer, par l'étude des industries les plus diverses, que l'évolution industrielle s'est bien faite suivant les modalités, les phases que nous avons tenté de mettre en lumière. On nous permettra, par contre, de parcourir quelques industries principales, pour appuyer par des exemples bien typiques, dans un domaine tout à fait concret, ce que nous avons annoncé à un point de vue plus général et en lui donnant souvent l'allure abstraite.

§ 1. — L'évolution de l'industrie agricole.

Il est, en somme, assez logique de commencer cet examen rapide par cette industrie dont nous parlions à l'instant, l'industrie agricole, ou l'agriculture. Ainsi que l'avaient fort justement aperçu les économistes qui ont formé l'École des Physiocrates (mais en exagérant la part de vérité qu'ils avaient mise en lumière), c'est bien le sol, par conséquent l'agriculture, qui fournit la plus grande partie des matières premières ensuite transformées par les autres industries, et qui nous donne la plupart des substances nécessaires à la satisfaction de nos besoins, surtout de nourriture. On peut donc dire qu'elle est la base

1. Alcan, éditeur, Paris.

dē la vie sociale. Et le fait est, que dans les civilisations primitives jadis, dans les civilisations primitives que nous pouvons suivre à l'heure actuelle, c'est par des manifestations culturales ou par des tentatives d'élevage, que l'industrie agricole commence de se manifester et de se perfectionner en se substituant à la cueillette, à la chasse.

Pour cette industrie agricole, il y a du reste des particularités assez bizarres au premier abord. D'une part, la petite industrie y a subsisté beaucoup plus qu'ailleurs ; et il est même bien des gens pour affirmer que cette petite industrie, sous la forme de la culture maraîchère par exemple, est susceptible de fournir des résultats encore meilleurs que la grande culture ; par suite des soins tout spéciaux que le producteur donne aux terrains qu'il a mis en culture, aux plantes qu'il a semées, aux récoltes qu'il espère.

En réalité, il nous semble que, comme ailleurs, le domaine de la petite industrie n'est qu'assez restreint dans l'avenir ; elle doit se localiser sur un terrain tout particulier. Dans l'ensemble, nous constatons une évolution industrielle dans le même sens que dans les autres industries, avec concentration, emploi des machines et des procédés techniques ou chimiques perfectionnés ; mais la seconde observation qu'il faut faire, c'est que cette industrie agricole, dans son évolution, est certainement en retard par rapport aux autres industries. Elle possédait plus de traditions ; elle pouvait donc en vivre, et s'y est facilement endormie. On sait que le misonéisme règne assez volontiers dans le domaine agricole ; c'est ainsi que, jusqu'à notre époque pour ainsi dire, même dans des pays très civilisés, on a conservé souvent la vieille charrue de nos pères.

L'évolution a commencé de se faire, et déjà depuis bien des années; elle continue, elle s'accentue, elle nous mène dans les mêmes voies que l'évolution des autres industries. Au point de vue des machines tout au moins, c'est surtout par les États-Unis que cette évolution a débuté; bien entendu nous mettons de côté le moulin à van servant à séparer le blé après le battage, et qui a été imaginé dans la vieille Europe. Nos lecteurs doivent savoir quel développement extraordinaire la fabrication, et aussi l'emploi comme de juste, de ces machines agricoles ont pris aux États-Unis, au Canada, et même dans l'Amérique du Sud, partout où l'agriculture n'avait pas ces longues traditions auxquelles nous faisions allusion, et qui l'empêchaient d'adopter des méthodes et des instruments tout nouveaux. Nous avons dit que c'est même dans cette fabrication des machines agricoles que les Américains ont trouvé les premiers, certains des principes de la grande industrie moderne, et notamment l'interchangeabilité des pièces.

Le grand rendement, et l'abaissement du prix de revient, ont suivi l'introduction de ces machines agricoles. C'est ainsi que M. Dulac, dans l'ouvrage cité plus haut, peut rappeler que la moissonneuse-lieuse, en une seule journée, avec le concours d'un seul homme, mais il est vrai deux attelages de deux chevaux, moissonne six à sept hectares, alors qu'avec la faux un ouvrier ne peut au plus moissonner qu'un demi-hectare dans sa journée. Il ne faut pas oublier que la moissonneuse-lieuse, par définition, fournit les gerbes toutes liées, le blé ramassé et prêt à être transporté dans la grange.

Pour la machine à battre, qui est en fait originaire de l'Europe du Nord (puisque le premier type en est dû à un ingénieur écossais), elle s'est perfectionnée étrangement depuis lors, par simplification de son mécanisme : augmentation de l'automatisme, diminution du rôle de l'ouvrier, application du transport également automatique, et pour le blé qui s'ensache lui-même, et pour la paille qui est accumulée sur la meule ou dans la grange, grâce à un transporteur spécial, solidaire de la machine à battre. A ce propos on a rappelé que, au moyen du fléau, un homme ne bat dans sa journée que trois hectolitres de grain, tandis que la batteuse à vapeur, desservie par 10 hommes il est vrai, en donne au moins 150 dans le même temps.

Encore doit-on se souvenir que la distribution du courant électrique, produit soit par de grandes centrales hydroélectriques, soit par de petites stations hydrauliques remplaçant les vieux moulins, permet de distribuer le courant à la ferme, et de l'appliquer aussi bien à la commande des charrues et d'appareils divers qu'à celle d'une batteuse, permettant d'obtenir l'hectolitre de blé à un prix notablement inférieur à celui du battage à vapeur. Le labourage à vapeur est loin de s'être généralisé en France et dans une foule de pays européens. Il ne tient de place importante guère qu'en Allemagne ; mais, bien entendu, il en est tout différemment dans les pays neufs, aux États-Unis, dans l'Argentine, etc... Cela tient en très grande partie aux inconvénients de ce mode de labourage; inconvénients qui disparaîtront certainement avec la mise à contribution de ce courant électrique dont nous parlions. Les difficultés auxquelles on se heurte pour le labourage mécanique, tant qu'on n'aura pas réalisé la charrue traînée ou actionnée par un petit moteur automobile, c'est le morcellement des propriétés; il est vrai que, grâce à des associations comme il en existe déjà, cette forme de machinisme et de grande industrie par conséquent, s'introduit de façon assez sensible dans beaucoup de milieux.

Nous pouvons signaler bien d'autres manifestations de l'industrialisation de l'agriculture (en entendant ce mot industrialisation au sens d'adoption des procédés de la grande industrie). Nous pourrions noter particulièrement le développement croissant, et pour ainsi dire triomphant, qu'a pris à l'heure actuelle l'emploi des engrais chimiques, appropriés par des études minutieuses aux diverses terres, aux diverses cultures. Le résultat également de l'évolution industrielle a amené à constituer aux États-Unis, dans l'Argentine et ailleurs, des immenses exploitations agricoles, ces grandes fermes dont nous avons eu l'occasion de dire un mot, dans lesquelles on fait de la concentration, de la production intense par grandes masses, avec tous les avantages qui en résultent. C'est également de la concentration industrielle, que ces immenses troupeaux de moutons, de bœufs ou de chevaux que l'on trouve dans la République Argentine, que l'on rencontre aussi en Australie et dans d'autres pays. Dans ces grandes exploitations, on pratique maintenant la tonte mécanique du mouton, au lieu de la tonte à la main; et, comme toujours, cette application du machinisme et des pratiques de l'industrie moderne amène une production plus sûre, meilleure; les toisons et la peau de l'animal sont plus ménagées et le prix de revient est diminué considérablement.

Machinisme également et grande industrie, que ces immenses élévateurs à céréales des États-Unis, de l'Argentine ou d'ailleurs, qui reçoivent mécaniquement le blé, à l'aide de transporteurs, de courroies, de tubes aspirateurs, qui le nettoient, le trient, le classent mécaniquement aussi, et qui, mécaniquement, le déversent dans les wagons, dans les flancs des steamers, pour qu'ensuite ce chargement soit repris mécaniquement au point de débarquement.

Sous l'influence de toutes ces transformations, le prix du blé a baissé dans des proportions considérables; là où ce prix est relevé artificiellement par des taxes douanières, il n'en a pas moins baissé sous cette influence. L'abaissement du prix a été dû en très grande partie à l'augmentation du rendement; augmentation de rendement qui a été nettement accusée par M. Daniel Zolla dans son livre sur *Le Blé et les Céréales*[1]. Même en France, où l'industrie agricole a très lentement évolué, où la protection douanière a presque toujours joué pour maintenir l'état de routine de cette industrie,

1. Doin, éditeur, Paris.

le rendement à l'hectare entre 1810 et 1905 par exemple est passé de quelque 10 hectolitres à près de 13 hectolitres en moyenne.

§ 2. — Transformation des industries alimentaires.

Il est assez difficile de dissocier les industries alimentaires de l'industrie culturale, car elles ont l'agriculture pour base plus que toutes les autres. Nous les trouvons mettant en œuvre les produits agricoles et utilisant pour cela de plus en plus les procédés de la grande industrie, les perfectionnements que nous avons indiqués de façon sommaire, les machines de toutes sortes. La meunerie nous donnerait un bel exemple à cet égard.

Les moulins modernes ont une intensité de production qui ne rappelle que de loin les moulins du commencement du XIXe siècle. Non seulement ce sont souvent des milliers de sacs de farine qu'ils produisent à la fin de chaque journée de travail; mais encore on y rencontre une diversité de machines plus ingénieuses les unes que les autres, donnant l'illusion d'appareils mécaniques qui auraient de l'intelligence et du tact, et qui savent distinguer ce qu'on leur confie; on est arrivé notamment, dans la mouture à cylindres, à isoler sûrement le germe du blé, bien plus sûrement et autrement rapidement et économiquement qu'on ne pourrait le faire à la main, si on prenait chaque grain de blé pour en faire sortir ce germe. Les appareils trieurs parviennent à faire un choix entre le grain de blé en bon état, les grains de blé plus ou moins déformés, et les graines de toutes sortes qui sont souvent mélangées à ce blé.

Dans cette immense catégorie des industries alimentaires, nous pourrions visiter la laiterie-beurrerie moderne. De plus en plus (la transformation s'étant faite avec une rapidité très rare), on tend à y substituer les traitements mécaniques aux traitements à la main d'autrefois. L'écrémeuse centrifuge est commandée par un appareil à vapeur, par un moteur à pétrole, quand ce n'est pas par un moteur électrique. Mécaniquement aussi, au sens le plus strict du mot, se fait le barattage. Ce sont des procédés tout à fait industriels, techniques, scientifiques même, que l'on applique dans les préparations qui serviront à faire monter la crème. On procède par ensemencement comme dans un laboratoire scientifique. La machine se retrouve tout aussi bien pour mettre le beurre en petites mottes comprimées, que pour transporter, là où l'on en a besoin, le lait ou le petit lait. La machine également donne la cave frigorifique, dans laquelle lait ou beurre sont conservés à l'abri de toutes transformations malsaines. On commence même de pratiquer la traite mécanique; souvent existe à la ferme une petite usine électrique, pour l'éclairage notamment.

Dans ces abattoirs vraiment modernes dont nous avons parlé plus haut, joue le machinisme; partout la grande industrie; et on arrive à une production d'une intensité qui se traduit aisément par quelques chiffres. Les fameuses fabriques de conserves, ou *Packing Houses*, ont un budget de dépenses annuelles qui dépasse 3.750.000.000 de francs, dont

200.000.000 de salaires aux ouvriers. La valeur des animaux traités et transformés est de 3.400.000.000 de francs. Dans ces établissements, qui sont à la fois des boucheries, des charcuteries et des fabriques de conserves, on engouffrera à la fois dans une marmite 3.000 kilogrammes de viande et de sang de bœuf, que, par concentration, cuisson, on transformera en extrait de viande. Nous n'avons pas besoin de dire que cela s'opère dans une marmite géante, une caractéristique de la grande production étant les outils énormes dont nous avons parlé.

Sans aller même aux États-Unis, dans certaines grandes usines et maisons de produits alimentaires bien connues en France, se trouve un outillage extraordinaire, avec l'emploi constant de la machine pour tous les usages, toutes les transformations. Les confitures se font dans d'immenses marmites autoclaves, dont les mouvements sont commandés mécaniquement; le bourrage de la chair destinée à constituer les saucissons se fait également à la machine. La machine écosse les petits pois, sous la surveillance de quelques femmes; la matière première, c'est-à-dire les petits pois dans leur cosse, arrivant par tombereaux de façon continue, pendant des journées et des journées, durant la saison de la récolte. A la machine également sont fabriquées les boîtes de conserves que l'on va utiliser; à la machine se ferment, se sertissent ou se soudent ces boîtes de conserves, une fois qu'elles sont pleines; à condition bien entendu que, au contraire de ce qui s'est passé en Bretagne, l'ouvrier consente à cette collaboration de la machine, si profitable pourtant pour lui.

Nous pourrions signaler encore, comme une des applications du machinisme triomphant dans les industries alimentaires, cette industrie frigorifique dont le champ s'étend chaque jour, industrie due à un Français, M. Tellier, mais qui n'a pris son ampleur que dans les relations des États-Unis et surtout de l'Argentine, de l'Australie, de la Nouvelle-Zélande avec la Grande-Bretagne : le développement, le perfectionnement de l'évolution moderne ayant été favorisés par la liberté des échanges. C'est grâce à cette industrie du commerce de la viande transformée, que la Grande-Bretagne, chaque année, reçoit des centaines de milliers de carcasses de moutons et de quartiers de bœufs ; que la consommation de la viande y est plus élevée que nulle part ailleurs ; et que la mortalité est particulièrement faible dans une population bien nourrie.

§ 3. — Évolution des industries du vêtement.

Dans l'industrie du vêtement, c'est-à-dire dans la filature et le tissage, les transformations les plus heureuses et les plus caractéristiques elles-mêmes se sont faites. Nous n'avons guère besoin d'insister sur le rôle pour ainsi dire primordial que joue le vêtement dans la vie humaine, en aidant l'être humain à se défendre contre les agents extérieurs et leurs effets nocifs. C'est pour cela d'ailleurs que, depuis bien longtemps, depuis presque l'origine de l'industrie la plus élémentaire, l'homme a fait des efforts pour imaginer les tissus ; dès longtemps, il est arrivé à ces outils déjà perfectionnés qu'on appelait le fuseau et le rouet, pour préparer le fil avec les fibres textiles ; dès longtemps, il a imaginé des métiers à tisser, primitifs certainement, tels qu'on les retrouve chez les peuplades du centre de l'Afrique ; mais lesquels ont étroitement inspiré les métiers perfectionnés les plus automatiques que nous mettons aujourd'hui à contribution. Cette industrie du vêtement, de la filature et du tissage est d'autant plus intéressante à considérer au point de vue auquel nous nous plaçons ici, qu'elle a été le champ d'application des premières véritables machines et des premières commandes mécaniques de métiers, durant l'ère nouvelle, vers la fin du xviiie siècle.

Les chiffres et les données les plus exactes abonderaient pour caractériser l'évolution qui s'est faite dans cette industrie du vêtement. A l'enquête de M. Carrol Wright, nous pourrions emprunter, pour la filature, les chiffres comparatifs de 93 et de 0,56 pour le prix de revient respectif de la filature à la main ou à la machine ; pour le tissage, nous aurions, dans cette même enquête, les chiffres de 135 et de 2,51, accusant une économie qui paraît invraisemblable. En comparant, d'autre part, une filature de coton de 1856, qui bénéficiait déjà d'une partie de l'évolution dont nous jouissons presque pleinement à l'heure actuelle, avec une filature moderne, la différence s'accuse de la façon la plus éloquente.

La filature de 1856, avec ses 30.000 broches, employait une puissance motrice de 200 chevaux vapeur. Il est vrai que le personnel devait être en conséquence fort nombreux. Dans cette usine, peu de lumière, peu d'air, peu d'hygiène ; des transmissions par engrenages, par arbres ; les travailleurs, occupés 60 heures par semaine au moins ; les broches tournaient tout au plus à 6.000 révolutions par minute, et souvent à 3.500 seulement, chaque broche produisant 200 à 225 grammes par semaine ; d'autre part, le coût de premier établissement de chaque broche était de 1.250 francs.

Aujourd'hui, notre filature aura au moins 80.000 broches ; et ce n'est pas beaucoup, eu égard aux dimensions que l'on donne aux usines. L'établissement sera sain, économique ; la matière première y observera une suite logique dans ses déplacements ; il faudra, d'ailleurs, 2.500 chevaux de puissance distribués normalement par des moteurs électriques ; les ouvriers ne travailleront plus que 55 heures par semaine ; les broches tourneront de 9.500 à 11.000 révolutions par minute, et, par semaine, elles donneront 450 grammes de filé. Le coût par broche, la dépense d'établissement ne sera plus que de 27 francs ; ce qui n'empêche qu'il faut, pour cette usine, un capital d'établissement très élevé, par suite de ses aménagements multiples.

Le coût de la matière première représente maintenant environ les 3/4 du filé, la fabrication se faisant avec une économie incroyable. Une broche fait autant de travail que 40 rouets des anciennes fileuses. Une ancienne fileuse touchait 40 centimes par jour. Vers 1856, le salaire quotidien était environ de 3 francs ; et, à l'heure actuelle, il dépasse 6 francs. Le coût de la main-d'œuvre incorporée dans un kilo de filé a bien plus que diminué de moitié depuis le milieu du XIXe siècle.

C'est dans ces conditions que l'on arrive à ce que les filés produits dans le monde, au courant d'une année, représentent près de 8.000.000.000 de francs. C'est pour répondre à cette consommation, ou, si l'on veut, pour assurer cette production, que l'on trouve dans l'industrie du coton tout au moins, où les statistiques sont plus faciles à faire, 57.000.000 de broches en fonctionnement en Grande-Bretagne. 31.000.000 aux États-Unis, 11.000.000 en Allemagne, 8.000.000 en Autriche, près de 9.000.000 en Russie, plus de 6.000.000 dans l'Inde, quelque 7.000.000 en France. Que l'on songe, pour se rendre compte de l'extension admirable de l'industrie sous l'influence des facteurs que nous avons indiqués, que l'outillage de la Grande-Bretagne, vers 1850, n'était que de 21.000.000 de broches, de 28.000.000 en 1856; et que ce nombre de broches fournissait à cette époque le même résultat qu'auraient donné plus de 90.000.000 d'hommes au travail. Alors que cependant les broches travaillaient étrangement moins vite à cette époque que maintenant, et produisaient par conséquent beaucoup moins. Nous pouvons de même montrer les métiers à coton qui, en 1856, étaient seulement au nombre de 300.000 en Grande-Bretagne; ils dépassent actuellement le chiffre de 725.000 dans le même pays.

On estime actuellement que la valeur des étoffes de coton fabriquées dans le monde est largement supérieure à 23.000.000.000 de francs; le chiffre correspondant est de 4.000.000.000 environ pour la laine, de 2.250.000.000 pour la soie, de 5.000.000.000 pour le lin. Et, bien entendu, cette production n'a pu être atteinte que parce que l'écoulement des produits se fait proportionnellement à leur fabrication ; cet écoulement étant permis grâce à l'abaissement des prix sur lesquels nous avons insisté déjà tant de fois.

Ce bon marché est tel que, maintenant, dans une foule de circonstances, non seulement on ne fait plus réparer les vêtements, les tissus détériorés, mais encore très souvent, les gens aux ressources les plus modestes ne se donnent plus la peine de laver ou de faire laver le linge de corps : tout simplement parce qu'il est plus économique d'en acheter du neuf. C'est sous l'influence également de l'abaissement des prix que la consommation du pain blanc s'est introduite un peu partout, au grand bénéfice de la santé ; que les farines, fabriquées à bon marché, se transforment en biscuits de toutes sortes, dont la préparation se fait mécaniquement et dont la cuisson se fait mécaniquement aussi. Et ce bon marché serait bien supérieur encore, si la concurrence vraie, avec la liberté du marché international, n'était pas gênée ou annihilée dans bien des cas par les tarifs douaniers protecteurs.

CHAPITRE XXV

Les grandes industries dans le passé et dans le présent (*suite*).

Les industries minières; l'exploitation de la houille et le machinisme. — L'industrie aurifère. — Le minerai de fer. — La métallurgie, l'acier à bon marché. — Son rôle dans les instruments de transport. — Constructions et terrassements.

Les transformations qui caractérisent l'industrie moderne se sont faites, comme nous le disions, dans presque toutes les industries, à part peut-être quelques industries d'art demeurées traditionalistes, parce qu'elles n'ont pas besoin de produire à bon marché, et qu'elles ne peuvent pas produire en très grande quantité, sûres qu'elles seraient de ne pas trouver une clientèle suffisante. Il ne nous est donc pas difficile de prendre d'autres exemples.

§ 1. — Évolution des industries minières.

Et nous ne pouvons manquer, étant donnée l'importance de cette grande industrie, de dire quelque chose des industries minières.

La plus puissante d'entre elles, certainement, la plus nécessaire pour ainsi dire, au moins jusqu'à présent, c'est l'industrie houillère ; elle nous fournit en effet le combustible indispensable à ces machines à vapeur qui ont contribué à la transformation économique et sociale que nous étudions depuis le commencement de ce livre. Mais ce qu'il y a d'assez curieux et d'assez logique, c'est que c'est précisément dans cette industrie houillère que la machine à vapeur a commencé de jouer son rôle et de faire ses preuves. Nous n'avons pas à raconter l'histoire de cette machine à vapeur ; on se rappelle les services qu'elle a très rapidement rendus au point de vue de l'extraction de l'eau, de l'épuisement des mines, comme on dit ; au fur et à mesure même que la consommation du charbon allait en se développant, il était absolument indispensable de trouver des procédés d'épuisement pratiques et bon marché ; il fallait descendre plus bas, pour · aller chercher cette houille que nous devons exploiter maintenant à des profondeurs bien autrement grandes qu'au commencement du XIXᵉ siècle, et, à plus forte raison, qu'à la fin du XVIIIᵉ siècle.

Presque tout est machinisé dans cette industrie houillère ; et nous sommes loin de l'époque où · les ouvriers devaient remonter de marche en marche, même avec les échelles oscillantes, quand ils quittaient le travail, et descendre presque aussi péniblement pour aller le reprendre. Les machines d'extraction sont venues leur donner un confort véritable, en même temps qu'elles ont permis la remontée rapide et à bon marché des produits de l'exploitation. Et si tel accident, entraînant la chute d'une cage, jette une émotion, d'ailleurs légitime, à l'heure présente dans le monde des travailleurs ; on doit tout au moins songer aux accidents innombrables qui se produ. saient, alors qu'on n'avait pas ces machines d'extraction, aux fatigues constantes qui s'imposaient jadis au personnel.

Avec les machines à vapeur perfectionnées que l'on possède à l'heure actuelle, et les pompes également perfectionnées, on peut descendre à ces profondeurs énormes qui sont presque coutumières des exploitations houillères actuelles, et qui ont été étudiées dans un volume remarquable de M. de Launay[1]. L'abaissement du coût de production du charbon a été augmenté encore par le fait que l'on a pu utiliser, à l'intérieur de la mine, le traînage mécanique des wagonnets ; sous l'influence des compresseurs d'air mus par des moteurs à vapeur également, la ventilation s'est perfectionnée au bénéfice de la santé de l'ouvrier, en luttant contre l'envahissement du grisou et les chances d'explosion ; en abaissant aussi la température, qui se serait élevée formidablement au fur et à mesure qu'on descendait plus profondément sous terre.

En dehors même de la machine à vapeur, qui a joué ce rôle primordial, il ne faut pas oublier que des découvertes scientifiques de toutes sortes, à commencer par l'emploi des lampes de sécurité, à continuer par l'usage des explosifs de sécurité eux-mêmes, sont venues diminuer étrangement les chances d'accidents pouvant frapper le mineur. Pendant ce temps, son salaire augmentait : nous en avons déjà

1. Flammarion, éditeur, Bibliothèque de Philosophie scientifique, R. de Launay, *la Conquête minérale*.

dit un mot antérieurement. L'électricité, produite soit hydrauliquement, soit dans des stations centrales utilisant les déchets de la mine, est venue améliorer encore l'exploitation, abaisser le prix de production (en tant qu'il ne s'agit pas de la part du salaire), faciliter étrangement la distribution de la force motrice à l'intérieur de la mine et des galeries ; force motrice commandant aussi bien des ventilateurs que des pompes d'épuisement, actionnant des wagonnets, des plans inclinés, quand ce n'est pas la perforatrice, les machines à *sous-caver* et à exploiter mécaniquement le gisement de houille. L'électricité est venue transformer complètement l'éclairage, du jour où l'on a compris qu'elle ne présentait guère de danger, même dans une atmosphère grisouteuse.

Assurément, le coût complet de l'extraction d'une tonne de houille a des tendances à augmenter sensiblement à l'heure actuelle. La cause en est un accroissement de salaire qui est dû en partie aux exigences de l'ouvrier, aux lois sociales qui interviennent pour lui assurer toutes sortes d'avantages ; et aussi, il ne faut pas l'oublier, aux plus grandes profondeurs auxquelles on l'exploite. Au surplus le rendement par ouvrier baisse partout. Mais sans les perfectionnements techniques, sans l'évolution de l'industrie, la machination et le reste, il eût été impossible d'exploiter les gisements très profonds ; et l'humanité se serait trouvée à peu près dépourvue de combustible.

Tout au contraire, et en dépit des difficultés de toutes sortes rencontrées, difficultés dont on triomphe de mieux en mieux, la production de houille a augmenté dans des proportions invraisemblables. Il faut songer d'une part que la production houillère en Grande-Bretagne ne dépassait guère 2.150.000 tonnes en 1160, 2.600.000 tonnes en 1700, 4.770.000 tonnes en 1750; qu'encore en 1829 elle n'était que de 16.000.000 de tonnes à peu près, et qu'elle s'était élevée péniblement aux environs de 55.000.000 de tonnes vers 1850. En 1880, on était au chiffre de 147.000.000 de tonnes. Mais, depuis lors, l'accroissement s'est fait très rapide, sous l'influence justement des progrès scientifiques et industriels de toutes sortes. On obtenait 180 millions de tonnes en 1890, 268.000.000 en 1910, chiffre déjà dépassé à l'heure où nous écrivons.

Pour l'Allemagne, on est passé, depuis 1842 (il est inutile de remonter plus loin pour accuser le progrès) de 11.000.000 de tonnes à quelque 22 millions de tonnes aux dernières statistiques; les chiffres correspondants ont été de 3.000.000 et de 23.500.000 pour la Belgique; de 4.000.000 et de 38.000.000 pour la France, dont l'industrie houillère est pourtant bien modeste. Pour les États-Unis, en 1842, on extrayait de leur sol quelque 3.000.000 de tonnes de houille; à l'heure actuelle, on dépasse largement les 440.000.000; il faut tenir compte, il est vrai, de l'énormité du territoire de la Confédération et des conditions particulièrement favorables que présentent jusqu'à présent les gisements houillers exploités. Néanmoins, on ne peut perdre de vue que (par suite en partie de ces conditions spéciales) les houillères des États-Unis sont plus machinisées que celles des autres pays.

Est-il besoin de dire que le consommateur tire avantage de cette exploitation intense? Le fait est que la valeur des charbons extraits dans le courant d'une année dépasse 10.000.000.000 de francs. Cette industrie, qui s'est si puissamment développée, occupe des centaines de milliers d'ouvriers.

Pour l'industrie aurifère, nous aurions des constatations aussi concluantes à faire. Nous y verrions, entre autres choses, que les progrès scientifiques et chimiques ont permis de tirer parti de minerais qui, auparavant, dans l'Afrique du Sud en particulier, auraient été pleinement inutilisables; cela a permis de donner des occupations à une population énorme, la main-d'œuvre que l'on trouve étant même insuffisante. Alors qu'il fallait que le commerce se développât puissamment pour que la vie sociale s'améliorât (par suite de la loi des débouchés), il fallait indispensablement aussi que l'instrument des échanges, la monnaie, fût plus abondant lui-même. Or, on a eu la bonne fortune de pouvoir développer étrangement la production du métal précieux formant par excellence la base de la monnaie, l'or; si bien que la valeur de cet or ne s'est pas accrue, qu'on en a eu toujours assez pour répondre aux besoins du commerce, étant donné d'autre part le développement de l'emploi des substituts de la monnaie, les billets de banque, etc... Le fait est que, depuis 1600 jusque vers 1880, la production totale de l'or n'avait guère dépassé 29 milliards de francs (nous prenons 1600 comme début de la période, parce que c'est le moment où l'on possède l'accumulation du métal précieux venu de l'Amérique). Or, rien que dans la période 1890-1899, le total de la production de dix années seulement était de bien près de 10.000.000.000 de francs; et enfin, entre 1900 et 1910, la production correspondante a dépassé largement 20.000.000.000 de francs. Ici encore l'évolution industrielle, accompagnée ou favorisée par la concentration et les grandes exploitations, est venue nous donner à bon compte un produit dont nous avions grand besoin.

Nous pourrions signaler également le minerai de fer, dont la production est particulièrement intense aujourd'hui, pour répondre naturellement aux besoins de la métallurgie et des constructions métalliques de toutes sortes; production que l'on désire pourtant augmenter encore, puisque l'on se plaint de la rareté de ce minerai de fer. N'oublions pas ici, comme pour l'or, les transformations de l'industrie qui permettent de traiter des minerais de plus en plus pauvres, de tirer parti des ressources naturelles qui étaient auparavant hors de notre portée; en même temps que d'abaisser considérablement le prix de revient du produit, en en développant la consommation.

Ce produit, c'est l'acier, c'est le fer, c'est la fonte; nous aurions dû plutôt commencer par cette dernière, puisque c'est elle qui est à la base de l'industrie moderne, en dépit des transformations de celle-ci; le haut fourneau s'étant d'ailleurs modifié, transformé, amélioré de façon prodigieuse, en prenant des proportions qui font oublier l'ancêtre du haut fourneau imaginé au xiiie siècle. Nous n'en sommes plus maintenant à la production par vingt-quatre heures de 2 à 3 tonnes, qui était encore coutumière des hauts fourneaux au commencement du XIXᵉ siècle même; on leur a donné des proportions et une productivité croissant sans cesse, qui les a menés à 100, à 200, à 400 tonnes par vingt-quatre heures; et actuellement, dans certains pays tout au moins, cette production est de 700 tonnes. Cela se traduit, comme de juste, ainsi que toute concentration, par un abaissement étrange du prix de revient du produit et de son prix de vente. Cela grâce aussi au chargement mécanique du haut fourneau, à la captation de ces gaz perdus, dont nous avons parlé antérieurement (gaz perdus qui sont des sous-produits); à la diminution de la main-d'œuvre incorporée dans chaque tonne de fonte, par suite des dispositifs mécaniques de toutes sortes que l'on met à contribution.

Cet automatisme, cette machinisation, nous les trouvons également de plus en plus dans les appareils et dispositifs divers qui servent à transformer la fonte en fer, ou plus généralement en acier. Ce n'est même plus le convertisseur Bessemer, pourtant mû mécaniquement, assurant une économie prodigieuse dans le combustible dépensé; ce ne sont plus les fours Martin et Siemens du type classique; ce sont d'immenses fours sur sole oscillante, comme ceux du type Talbot; fours à travail continu, pesant dans leur ensemble, avec leur contenu, 600 tonnes, mais dont la manœuvre hydraulique est particulièrement rapide et commode; fours qui peuvent traiter en une seule fois 160 tonnes de métal.

Et c'est grâce à toutes ces transformations, aux

proportions immenses des usines métallurgiques que nous avons visitées parfois dans le cours de ce livre, que l'acier, qui était encore vers 1860 un produit de luxe, est devenu à l'heure présente un produit à bon marché de consommation courante. La fonte, qui, vers 1860, coûtait environ 125 francs la tonne, oscille maintenant entre 70 et 90 francs; une tonne de fonte ne comporte pas 4 francs de main-d'œuvre. Grâce à l'abaissement des prix, ou plutôt pour assurer cet abaissement des prix, la production a augmenté dans des proportions invraisemblables: en 1830 le monde fabriquait environ 1.500.000 tonnes de fonte; à l'heure actuelle c'est 70.000.000 au moins qu'il faut compter.

Pour l'acier, comme de juste (la fonte se fabriquant en réalité pour nous donner de l'acier, puisque le fer proprement dit se consomme de moins en moins), en 1847, par exemple, le quintal d'acier naturel se vendait 83 francs en France, le quintal d'acier fondu 157 francs. Actuellement on ne fabrique plus, pour ainsi dire, que de l'acier fondu, et son prix ne dépasse jamais 150 à 200 francs, mais à la tonne. Il est juste de dire qu'en 1850 la production totale d'acier dans le monde n'était guère que de 70.000 tonnes, qu'elle se limitait encore à 620.000 tonnes en 1870, qu'elle atteignait 10.500.000 environ en 1890, et qu'elle approche maintenant de 50.000.000 de tonnes. C'est grâce à cela, à cette baisse de prix, à cette production énorme, solidaire de la baisse du prix, que l'on peut maintenant employer l'acier, notamment sous la forme d'acier moulé, aux usages les plus divers.

C'est à l'évolution que nous avons suivie et tâché d'expliquer que nous devons les énormes bateaux en acier, les puissantes locomotives, les rails qui sillonnent le monde, les machines mêmes de toutes sortes que nous employons pour les fabrications les plus diverses, les engrenages taillés dans les blocs d'acier, les machines-outils se livrant aux fabrications les plus variées. D'autant que nous ne sommes plus seulement en présence de l'acier, mais *des* aciers les plus divers, des alliages d'acier dans lesquels on incorpore de plus en plus des métaux rares, qui nous donnent les aciers à outils et à taille rapide, et nous permettent de résoudre encore mieux les innombrables problèmes de la mécanique.

§ 2. — La transformation des moyens de transport.

Il n'y a pas d'exagération à dire que l'industrie des transports modernes, les moyens de transports accélérés qu'on met à contribution à l'heure présente, et qui réagissent si puissamment et si heureusement sur l'abaissement du prix des choses, notamment par le transport des marchandises diverses à grande allure; sont dus en très grande partie aux transformations mêmes de la métallurgie, et à l'usage rendu possible de façon normale de l'acier. C'est à cet acier, aux aciers spéciaux en même temps qu'aux méthodes de travail perfectionnées, que l'on doit l'automobile. C'est à l'acier également que l'on doit la marine commerciale actuelle, et les chemins de fer tels que nous les utilisons.

27.

Il faut dire au surplus que ces moyens de transports par mer ou par voie ferrée ont évolué dans le même sens que les autres industries. Ils ont procédé à la concentration autant que possible.

Pour la marine notamment, on a adopté des unités de plus en plus puissantes, pour lesquelles les frais de construction et les frais de propulsion, à vitesse égale, sont étrangement plus faibles qu'avec les anciens navires; pour lesquelles on peut adopter des machines gigantesques, où le cheval-vapeur dépense proportionnellement moins de combustible. C'est ainsi que l'on est arrivé aux transatlantiques de 270 mètres de long, et aux *cargos* intermédiaires, bateaux à marchandises prenant en même temps des passagers, de 200 mètres et plus de longueur, dont le chargement en marchandises atteindra souvent 28.000 à 30.000 tonnes. On en est venu sans hésitation à consacrer un capital d'établissement de 20.000.000, 30.000.000 de francs, 40.000.000, 50.000.000 de francs même à une de ces usines de transport flottantes qu'on appelle un grand navire moderne. On est parvenu, rien que depuis un demi-siècle environ, à ce que le fret de la marchandise ordinaire entre Marseille et Hong-Kong, qui était à peu près de 625 francs, soit tombé à 50 francs la tonne, et souvent moins.

On a multiplié du reste les instruments de transports, en même temps que, grâce à la spécialisation, et tout particulièrement en Grande-Bretagne, le prix de revient de la tonne de bateau s'abaissait constamment, par suite des perfectionnements de la construction navale. C'est sous l'in-

fluence de ces perfectionnements et de cet abaissement des prix, que la flotte de la Grande-Bretagne, rien que depuis 1875, a passé de 6.000.000 à
11.500.000 tonneaux nets de jauge.

Pour les chemins de fer, la concentration n'a pas
été aussi facile, parce que l'on est limité par la largeur de voie et le gabarit des ouvrages d'art. Néanmoins, aux Etats-Unis surtout, on est arrivé à des
locomotives de 200 et 300 tonnes de poids, qui peuvent remorquer des trains de 2.000, 3.000, et quelquefois 4.000 tonnes. Même avec des dimensions et
des poids plus modestes de trains ou de machines,
on a puissamment abaissé le prix du transport sur les
voies ferrées de la vieille Europe. Et pour arriver à
cela, pour établir le million de kilomètres de chemin de fer environ qui existe à la surface du monde,
on n'a pas hésité à dépenser quelque 200.000.000.000
de francs, retombant sur chacun sous la forme d'une
économie prodigieuse dans le prix des choses.

Nous pourrions citer encore l'exemple de l'industrie spéciale de la construction, des terrassements,
pour montrer quelles transformations se sont faites,
toujours en vertu des mêmes principes, plus ou
moins sentis quand ils n'étaient pas compris. Au
travail des bras, on a substitué le travail des exca-
vateurs de toutes sortes, des dragues; chaque instrument de travail présentant un débit qu'il aurait
été absolument impossible de réaliser à bras d'hommes; puisque l'on n'aurait pas eu la faculté de réunir sur un même point (nous entendons la faculté
matérielle, à cause de l'espace restreint dont on
aurait disposé) assez de travailleurs, s'aidant de la

pelle et de la pioche, pour donner un cube d'extraction équivalent à celui d'un seul appareil dragueur ou excavateur. C'est ainsi qu'a pu s'exécuter le canal de Suez; c'est ainsi que se creuse et se termine actuellement le canal de Panama. Cette transformation et cette évolution précieuses de l'industrie de la construction et des terrassements réagissent puissamment, comme on le pense, sur l'industrie des transports; toutes les manifestations économiques et sociales étant solidaires les unes des autres.

CHAPITRE XXVI

Les grandes industries dans le passé et dans le présent (*suite et fin*).

La sucrerie et son évolution scientifique. — Les industries chimiques. L'électrolyse. La fabrication de l'acide sulfurique. — Le gaz d'éclairage. — L'industrie électrique ; centrales et transport de courant. — L'industrie du papier. — L'imprimerie.

Qu'on nous permette d'insister, et d'envisager rapidement, il est vrai, mais isolément, une grande industrie moderne qui tient une place énorme dans notre notre vie sociale, et qu'il aurait peut-être paru plus logique à certains de placer parmi les industries agricoles. Nous voulons parler de l'industrie de la sucrerie, et tout particulièrement de la sucrerie de betterave, qui a donné l'exemple en matière d'initiative, de transformation, d'évolution industrielle ; qui est un fruit de la science s'associant à l'industrie ; et qui a triomphé de conditions étrangement plus difficiles que l'industrie du sucre de canne. Celle-ci, à l'heure actuelle, tire bénéfice des épreuves subies par l'industrie de la betterave, des efforts faits par les industriels en vue de créer d'abord, de perfectionner ensuite leur production.

§ 1. — L'industrie de la sucrerie et ses progrès.

Cette histoire de l'évolution de sucre de betterave a été écrite récemment de main de maître, sous le titre de « Histoire centennale du sucre de betterave[1] », dans un volume édité en commémoration même du centenaire de la fabrication du sucre indigène, c'est-à-dire européen. C'est le Syndicat des fabricants de sucre de France, aidé par des spécialistes éminents, qui a consacré ce monument à l'histoire du sucre de betterave; ce qu'il y a de bien remarquable dans cette histoire, c'est que, dès ses débuts mêmes, on y trouve une application de la science s'associant à l'industrie, comme suite de découvertes antérieurement faites, mais peu appliquées, et sous l'impulsion de cet esprit puissant qu'était Napoléon Ier.

Nous avons eu occasion à plusieurs reprises de parler de cette industrie du sucre de betterave : et le fait est que, chez elle plus que partout ailleurs, on rencontre non seulement la concentration, non seulement le machinisme, mais encore l'automatisme gagnant chaque jour du terrain, le contrôle du laboratoire sur la fabrication industrielle, l'association intime de la science avec l'industrie; l'abaissement invraisemblable du prix de revient, et l'accroissement de consommation, quand une législation mal comprise ne vient pas rehausser les prix aux dépens du consommateur indigène. Chez elle on trouve des progrès techniques immenses par leur

1. Fortier et Marotte, éditeurs, Paris.

résultat, et qui, naturellement, sont toujours basés soit sur l'économie de combustible, soit sur l'obtention d'un meilleur rendement, c'est-à-dire une utilisation plus complète de la matière première, soit encore une mise à profit de ces sous-produits sur lesquels on ne saurait trop insister.

On avait commencé par les râpes, on a continué par les presses; on est arrivé (nous ne disons pas on a terminé, car le progrès se poursuit à l'heure actuelle même) au procédé de diffusion, qui a fait disparaître râpes et presses. Pour l'épuration des jus et des sirops, on est passé par des procédés successifs, suivant une évolution qui correspondait à un progrès continu. On a employé d'abord l'alcool et la chaleur, puis l'acide sulfurique, enfin la chaux; on en est arrivé à la carbonatation, en parvenant à des procédés continus augmentant étrangement le rendement d'une campagne.

Pour l'épuration, on a mis à contribution la noir animal; on en est au filtre-presse, au filtre mécanique, qui donne beaucoup plus économiquement des résultats bien meilleurs. Pour l'opération de l'évaporation, que nécessite finalement la fabrication du sucre, l'utilisation de la vapeur sous pression est venue permettre de grands progrès; mais ils ont été bien autres avec les appareils d'évaporation dans le vide, et surtout avec cette admirable combinaison due à Pecqueur qui consiste à distiller successivement avec une même vapeur et sans emploi de combustible nouveau. Ce sont ces fameux effets multiples dont nous avons prononcé le mot antérieurement.

A l'heure actuelle même, on introduit de nouvelles transformations, de nouveaux procédés, soit de détail, soit de principe. Si bien qu'un spécialiste, M. Charles Camuset, rappelait que les premières générations de fabricants de sucre se refusaient à l'emploi des appareils mécaniques, par crainte de compliquer leur industrie ; alors que les générations futures doivent se préparer, encore bien plus que leurs devanciers, à l'application de toute une série de perfectionnements, en vue de tendre inlassablement vers la diminution du prix de revient. C'est sous l'influence de ces progrès de toutes sortes que le prix du sucre en gros, qui était de 3 fr. 60 le kilogramme vers 1812, s'est abaissé successivement au prix qui permet maintenant à tout le monde pour ainsi dire d'en manger, sinon encore d'en manger à sa faim.

Nous faisons, bien entendu, abstraction des taxes et des impôts intérieurs ou des barrières douanières qui relevaient artificiellement le prix de ce sucre.

Pour bien comprendre la lenteur d'évolution de l'industrie moderne, même dans le courant du XIXe siècle, il faut songer que la production du sucre de betterave, au total, en 1871, n'atteignait même pas 950.000 tonnes ; mais, à la suite de progrès continus et successifs, elle s'élève à près de 9.000.000 de tonnes, dépassant de beaucoup, au moins pour l'instant, la production du sucre de canne. Qu'on ne perde pas de vue, du reste, comme nous le laissions entendre, que l'industrie du sucre de canne est en train de tirer parti de tous les perfectionnements successivement apportés à la production du sucre de betterave; et, comme elle dispose d'une matière première beaucoup plus riche, il est certain qu'avant peu elle sera de nouveau une concurrence redoutable au sucre de betterave, en dépassant pour son compte les 9.000.000 de tonnes dont nous parlions pour ce dernier sucre.

§ 2. — L'industrie chimique.

Nous rattachions tout à l'heure l'industrie sucrière à l'industrie chimique : or, dans cette industrie chimique, au moins autant que dans l'industrie sucrière, il s'est fait, au XIXe siècle, une puissante évolution, due aux divers facteurs que nous avons mis en lumière. On a eu le secours de la science, de la chimie du laboratoire, venant apporter leur concours à la chimie de l'usine ; les synthèses tout particulièrement furent mises à contribution de la façon la plus utile; mais il n'a pas suffi des découvertes scientifiques, il a fallu aussi d'énormes capitaux pour permettre, comme cela a été le cas spécialement en Allemagne, de poursuivre longtemps, avant d'en trouver une rémunération, des recherches coûteuses, durant des années et des années ; puis il a fallu immobiliser d'autres capitaux, sous la forme d'un matériel toujours exposé à pouvoir se démoder rapidement, et pour lequel on devait par conséquent prévoir un amortissement rapide, résultant de découvertes nouvelles.

Au commencement du XIXe siècle, la grande industrie chimique a été basée sur la production de l'acide sulfurique, puis du carbonate de soude par le procédé Leblanc. L'acide sulfurique obtenu à bon marché allait permettre de se procurer notamment le sulfate de fer, le sulfate de cuivre, le sulfate d'alumine, les aluns, et beaucoup d'autres substances ; le carbonate de soude jouait un rôle d'une utilité primordiale dans la fabrication des savons, du verre, dans l'industrie du blanchiment, dans la papeterie ; et son obtention à bon marché devait avoir des influences fécondes. Une évolution, pour ne pas dire une révolution, particulièrement heureuse, a été due à la découverte de Solvay, produisant le carbonate de soude à l'aide d'un procédé plus économique.

Puis la production industrielle du courant électrique est devenue possible, grâce aux travaux des savants, grâce aux sacrifices pécuniaires faits pour mettre au point les diverses méthodes, pour créer en même temps des usines fournissant le courant à bon marché ; et l'on s'est trouvé dans la possibilité de produire industriellement et économiquement l'hydrogène et l'oxygène, par décomposition de l'eau, les sulfates de potassium et d'ammonium, le chlorate de potasse, le permanganate, diverses couleurs minérales, des produits organiques, et bien d'autres choses.

L'électricité et l'électrolyse sont intervenues dans bien d'autres fabrications devenues rapidement industrielles ; le carbure de calcium, l'aluminium sont arrivés à s'obtenir à bon compte ; tandis que les méthodes nouvelles réagissaient même sur la métallurgie. Nous n'avons guère besoin d'ajouter, après ce que nous avons dit antérieurement, que l'industrie des matières colorantes dérivées du goudron de houille notamment, est venue prendre une ampleur extraordinaire, toujours au bénéfice du consommateur ; tandis que l'industrie des parfums entrait dans une voie nouvelle, et par des perfectionnements divers, et par la méthode des synthèses. La préparation des gaz liquéfiés devenait chose facile, tout particulièrement pour l'acide carbonique ; et bientôt l'on allait fabriquer l'air liquide, dont les emplois se développeront certainement dans de multiples directions. Nous ne pouvons non plus oublier la production des nitrates artificiels extraits de l'air atmosphérique sous des formes diverses, qui a nécessité elle aussi l'immobilisation de capitaux énormes, dans des usines hydroélectriques et dans des installations spéciales.

Il nous est impossible, enfin, de ne pas rappeler d'un mot le développement de cette industrie de l'acide sulfurique, dont on a dit qu'elle mesure l'importance industrielle d'un pays. C'est peut-être la plus importante de toutes les industries chimiques ; elle porte sur quelque 4.000.000 de tonnes, a des clients un peu partout, notamment dans l'agriculture pour la fabrication des superphosphates, du sulfate d'ammoniaque ; elle sert à la préparation des autres acides : acide azotique, acide chlorhydrique, etc.

Dans cette industrie, nous pourrions faire des observations de détail confirmant constamment les idées générales que nous avons émises au point de vue de l'évolution industrielle. Nous verrions notamment la production de l'acide sulfurique augmenter dans des proportions invraisemblables, seulement dans la dernière moitié du XIXe siècle, pour répondre aux besoins de la consommation, et parce que cette consommation peut se satisfaire à des prix de plus en plus bas.

C'est ainsi qu'en Angleterre, en 1867 encore, la production de cet acide n'était que de 155.000 tonnes, tandis qu'elle atteignait 600.000 tonnes en 1878 et 1.000.000 de tonnes en 1900. Pour l'Allemagne, on est passé de 75.000 à 960.000 tonnes ; pour la France de 125.000 à 500.000 tonnes. Comme le disait un jour fort bien le Dr Drosser, dans la *Revue Économique Internationale*[1], cette industrie, qui n'est point d'origine moderne, a subi toutes les phases de l'évolution qu'on pourrait appeler classique en matière industrielle ; elle a évolué depuis les commencements empiriques jusqu'à la perfection technique : perfection qui, d'ailleurs, est encore susceptible de s'améliorer, puisque des inventions nouvelles se superposent aux inventions les plus récentes et les plus remarquables.

La fabrication de l'acide sulfurique a débuté par la production à domicile chez l'alchimiste du Moyen Age ; elle a été ensuite pratiquée par les corporations, avec une technique peu différente ; à partir de 1740, la manufacture d'une certaine importance a fait son apparition dans cette industrie, spécialement en Angleterre ; puis on est arrivé à la grande industrie moderne. Et, ainsi que le dit précisément

1. Août 1909.

notre auteur, c'est par l'amélioration de sa production et l'abaissement du prix de revient et du prix de vente, que l'industrie de l'acide sulfurique a été à même de satisfaire à la demande constamment croissante. Nous ne referons pas, après tant d'autres, l'histoire technique de l'acide sulfurique ; mais nous rappellerons d'un mot que le procédé aux chambres de plomb avait causé une première révolution ; et que le procédé par contact vint transformer encore complètement cette industrie, en réalisant la fabrication avec un minimum de travail manuel, un maximum de travail intellectuel et de capital, et une utilisation plus parfaite de la matière prise comme matière première : celle-ci pouvant être de qualité inférieure et donner un excellent acide.

§ 3. — L'éclairage, l'électricité.

Dans ces industries chimiques, d'autres exemples s'offriraient : à commencer par cette industrie du gaz, qui, sous l'influence de la concurrence comme toujours, s'est perfectionnée jusqu'à lutter presque avantageusement à l'heure actuelle contre l'éclairage électrique. Au moment même où nous écrivons, les procédés de fabrication du gaz d'éclairage sont en train de subir de nouvelles transformations, qui ont toujours les mêmes caractéristiques que nous indiquions à l'instant : diminution du travail musculaire pour l'ouvrier, fabrication par grandes masses, obtention d'un meilleur produit de façon plus rapide, d'un produit plus sûr dans sa composition, surveillé qu'il est par le laboratoire de l'usine. Il faut dire que le laboratoire, envisagé en général, est venu aussi au secours de l'industrie du gaz en lui donnant les fameux manchons à incandescence, par utilisation de ces terres rares qui avaient si longtemps paru sans emploi possible.

La concurrence jouant encore amène l'industrie électrique à chercher un abaissement constant du prix de revient de cet éclairage. Non seulement elle centralise les stations, pour économiser sur le combustible, ou pour obtenir le cheval-vapeur par chute d'eau à meilleur marché ; mais encore elle invente tous les jours de nouvelles lampes avec des filaments d'une nouvelle composition, permettant de consommer moins de courant pour obtenir le même éclairage. L'industrie électrique en elle-même serait un exemple concluant à donner pour prouver ce que nous avons avancé. Surtout, si nous examinons les stations centrales distribuant force motrice et éclairage, étendant leur clientèle, et cherchant par conséquent des débouchés au loin, grâce à la faculté précieuse que le courant électrique a maintenant de pouvoir se transmettre à très grande distance, sous haut voltage.

Ce haut voltage, cette distribution à distance du courant, donnant le mouvement ou la lumière, a permis de tirer parti de ces ressources naturelles que sont les chutes d'eau en montagne ; chutes d'eau de faible volume, de faible débit, mais de grande hauteur. C'est pour ces stations de force hydraulique de la haute montagne, que l'on s'est vu bien longtemps, jusqu'à nos jours, peut-on dire, dans l'impossibilité de trouver la clientèle nécessaire; c'est cette difficulté qui avait arrêté M. Bergès dans ses premières tentatives d'application des turbines hydrauliques. D'ailleurs, dans l'utilisation de ces richesses naturelles, on se heurte comme toujours à cette nécessité que les économistes essayent de faire comprendre à chacun, qu'il faut un capital énorme pour tirer pratiquement parti de ce que nous offre la nature, en apparence de façon gratuite.

§ 4. — Papier, impression.

Dans l'industrie du papier, nous pourrions suivre, notamment depuis le commencement du XIXe siècle, l'évolution que nous avons essayé de synthétiser ici. Nous y verrions la machine, sous la forme de la première machine continue à papier inventée par un ouvrier, Louis Robert, s'introduire bien difficilement dans cette industrie, parce qu'elle va la révolutionner, parce qu'elle va imposer aux chefs d'entreprise des dépenses considérables dans l'achat d'un matériel nouveau. Sous l'influence de cette machine d'abord, puis des inventions successives qui ont permis la fabrication du papier de bois, soit au procédé chimique, soit au procédé mécanique, le prix du papier s'est abaissé dans des proportions invraisemblables, en permettant à l'heure actuelle une véritable débauche d'impression. C'est peut être le plus bel exemple qu'on puisse donner de l'industrie moderne centralisée, fabriquant de façon continue à l'aide de machines qui portent d'ailleurs ce qualificatif caractéristique, produisant des masses de produits manufacturés à un prix extraordinairement bas. A l'heure actuelle, la fabrication du papier dans le monde se fait dans quelque 2.800 fabriques possédant 4.200 machines continues fabriquant environ 46.000.000 de quintaux de papier, qui représentent une valeur d'environ 2.000.000.000 francs.

Nous aurions pu encore, si nous ne nous étions déjà fort étendu sur ces exemples concrets, dire un mot de l'industrie de l'imprimerie; qui est née pourtant avec le machinisme, mais qui ne s'est développée en réalité, qui n'a réellement abaissé les prix de production de la première heure, que le jour où les machines à rendement élevé, à production continue, commandées par un moteur, le plus généralement à vapeur, ont pu introduire la fabrication en grand dans cette industrie.

La machinisation s'est étrangement développée depuis lors avec les machines à composer, dont nous ressentons à l'heure actuelle les bienfaits, aussi bien le consommateur que le compositeur lui-même, qui s'accoutume aisément à la conduite de cette machine dont il devient le surveillant. Tandis que la presse de Gutenberg tirait 300 feuillets par jour, par journée de quatorze heures, la presse dite à retiration (qui est aujourd'hui considérée comme une machine bien vieillie) arrivait à 700 feuillets à l'heure. Quant aux rotatives, qui ont débuté en donnant de 15.000 à 18,000 feuilles à l'heure, elles arrivent maintenant à fournir jusqu'à 50.000 exemplaires d'un journal de huit pages; journal livré plié, mis sous bandes, les exemplaires tirés étant comptés au fur et à mesure. C'est le comble de l'automatisme.

CHAPITRE XXVII

L'Avenir de la grande industrie moderne.

Le niveau de notre existence matérielle et la satisfaction de nos besoins physiques. — Bien-être, hygiène. — Occupations multiples et hauts salaires. — Les abaissements de prix nouveaux à attendre; rapidité et abondance nouvelles de la production. — Le moindre effort. — Intérêt individuel et intérêt général.

Si l'on n'est pas aveugle ou de parti pris, il est impossible de ne pas constater, en même temps que de ne pas comprendre, les précieux bienfaits que nous devons à cette grande industrie moderne; à cette évolution qui a commencé de se faire vers la fin du XVIII⁰ siècle, et qui, sans être terminée à l'heure présente, a déjà donné une moisson d'avantages innombrables au consommateur, à l'ouvrier, au producteur même.

§ 1. — Les conséquences de l'industrialisation sur l'ouvrier et le consommateur.

Les déclamations auxquelles se laissait aller Sismondi, tout en se retrouvant encore dans certaine littérature tendancieuse, ne sont vraiment plus de circonstance. Une des conséquences les plus directes de cette industrialisation (qui sans doute nous impose une vie autrement fébrile, autrement *agitée* que la vie de nos ancêtres), est précisément d'avoir élevé étrangement le niveau de notre existence, le *standard of life*, pour employer l'expression anglaise dont le correspondant français n'existe guère. Le consommateur, c'est-à-dire tout le monde ; en y comprenant cet ouvrier qui se plaint encore souvent de l'industrie moderne, sans se rendre compte qu'elle lui a donné beaucoup plus qu'il ne se figure dans son atelier, et à plus forte raison aussi à titre de consommateur) ; chacun des individus vivant à l'heure actuelle dans les sociétés civilisées, jouissant de cette grande industrie, est en réalité au milieu d'un luxe incroyable auquel il participe de la façon la plus large, mais d'ordinaire en le méconnaissant ou en l'ignorant.

Le plus misérable pour ainsi dire de nos contemporains peut aujourd'hui se payer un moyen de transport rapide, confortable, qui ferait étrangement envie aux grands seigneurs voyageant encore au xviiiᵉ siècle dans leurs carrosses sur les routes de France. L'ouvrier aux ressources les plus maigres n'est plus obligé de se loger dans le voisinage immédiat de l'usine, ou ne se voit plus imposer le matin avant le travail, le soir en sortant de l'atelier, de longues marches, dont la fatigue venait se superposer à celle de la journée de travail ; il a à sa disposition le cycle, qui, moyennant un prix d'achat très faible, un prix d'amortissement extrêmement réduit, lui donne la possibilité de regagner son logis à grande vitesse, de retrouver son intérieur, de se reposer, ou de se livrer à des occupations domestiques.

L'alimentation, en dépit des barrières douanières trop souvent maintenues ou même rehaussées, est variée, saine, au moins de façon générale, au profit des gens à bourse modeste. Alors qu'autrefois (et cet autrefois ne remonte pas à un siècle) tant de gens dans nos campagnes étaient obligés de ménager leurs chaussures, et de marcher le plus souvent pieds nus; à l'heure présente, chacun des plus pauvres a une ou deux paires de chaussures pour son année.

Sans doute ce bien-être, ce confortable ce n'est pas toujours l'élégance ; on ne trouve rien d'ordinaire, dans le vêtement confectionné, qui rappelle les dentelles et les jabots des seigneurs du xviiiᵉ ou du xviiᵉ siècle. Mais, dans le paysan qui passe, nous ne retrouvons plus « l'animal farouche » dont pouvait parler à juste titre La Bruyère. Ce n'est même plus la toute petite bourgeoise, c'est l'ouvrière, le travailleur des champs, qui peuvent se payer des vêtements où la soie, sinon naturelle, du moins artificielle vient satisfaire l'œil, lui donner une sensation agréable.

Sous l'influence de l'abaissement des prix de revient divers, grâce à la métallurgie, à l'industrie houillère moderne, grâce aux transformations des moyens de transport; grâce aux chemins de fer qui sont une application de la grande industrie, et qui ont bénéficié des transformations dont nous prononcions le nom à l'instant, le voyage de vacances, le séjour à la campagne quelques jours, sinon quelques semaines, sont maintenant à la portée de presque tout le monde, au grand bénéfice de l'hygiène.

Si nous considérons l'individu dans la société moderne sous la forme du salarié, de l'ouvrier entendu aussi largement que possible; nous voyons que, par l'évolution de l'industrie, les salaires ont augmenté, continuent d'augmenter constamment; et que c'est d'ailleurs sous cette influence, en même temps que sous celle de l'abaissement du prix de vente de presque tous les objets consommés, que le *standard of life* a pu se relever, comme il l'a fait. C'est autrefois en réalité, avant l'ère du machinisme, de l'usine, du grand atelier, de l'industrie concentrée, de l'industrie moderne en un mot, que l'on trouvait tant de bras qui ne pouvaient s'occuper; que les pauvres ou les misérables abondaient; qu'ils n'étaient pas retenus à l'atelier, comme s'en plaignent aujourd'hui tant d'ouvriers, et pouvaient demeurer à leur domicile, mais sans y trouver de quoi occuper leurs bras et gagner leur vie.

§ 2. — L'influence sur le producteur et le capitaliste.

Ce serait encore plutôt le producteur et le capitaliste qui auraient le moins profité de l'évolution de l'industrie moderne, si on ne les considère pas dans leur rôle de consommateurs. Sous l'influence de la concurrence grandissante, de l'abondance du capital, qui est encore une forme de concurrence entre capitalistes; les bénéfices réellement exceptionnels et considérables ont disparu. Pour arriver à cette grande production; à cette vente sur des proportions énormes qui est absolument indispensable à l'industrie moderne, le producteur, le chef d'entreprise, et aussi le capitaliste, sont obligés de limiter leurs bénéfices, sous peine de voir se détourner la clientèle. C'est ce qui explique notamment la baisse de l'intérêt qui s'est manifestée de façon continue jusqu'à la fin du xix° siècle.

Cela ne voulait pas dire que l'intérêt allait continuer de baisser; et effectivement il se tient, depuis bien des années, à un taux moyen sans grandes variations. Les bénéfices que font le producteur et le capitaliste se dispersent maintenant entre un nombre élevé d'individus; tout simplement parce, tandis que se faisait la concentration de l'industrie, il se réalisait en sens inverse une déconcentration du capital; ou du moins le nombre des capitalistes devenait chaque jour plus nombreux; c'était la multiplication de ces petits capitalistes qui permettait, par la forme des sociétés anonymes notamment, l'accumulation de grands capitaux, indispensables à la grande industrie.

Si nous paraissons si grand admirateur de cette industrie, cela ne veut pas dire que nous croyions qu'elle n'est plus susceptible de perfectionnements, ni que nous considérions qu'elle donne au monde le bonheur, entendu au sens philosophique. Nous sommes dans le domaine matériel et nous prétendons ne point en sortir. Il s'est agi pour l'homme de satisfaire aux besoins matériels eux-mêmes qui s'imposaient à lui avec une extrême urgence; il s'agissait simplement de satisfactions physiques. Et la grande industrie moderne vient les lui assurer aussi complètement que possible, en diminuant de plus en plus l'effort qui s'impose à l'homme pour répondre à ces besoins divers.

§ 3. — Les nouvelles transformations à attendre.

Il est parfaitement admissible que des perfectionnements se produisent encore dans l'organisation, dans les méthodes de l'industrie moderne. Autant qu'il est possible én aucune matière de faire des prévisions, il semble que la suite de l'évolution déjà si avancée ne peut se continuer que suivant les mêmes modes. Il y a beaucoup à faire encore pour permettre l'augmentation des consommations ; il s'en faut que chacun ait autant de choses qu'il en désire, autant de satisfactions matérielles qu'il peut lui être agréable ou utile d'en avoir. Il est bon de se rappeler que, sans mettre l'indigestion à la hauteur d'un principe, les besoins de l'homme sont indéfiniment extensibles, étant donné qu'ils peuvent se varier à l'infini.

Précisément, au point de vue tout à fait matériel, il s'en faut étrangement que nous soyons en présence de phénomènes de surproduction, comme le répètent sans cesse les gens qui n'ont guère réfléchi. Beaucoup d'êtres humains, à l'heure actuelle, ne mangent pas encore du pain blanc, ou n'en mangent pas autant qu'ils le voudraient. La preuve que le blé peut baisser de prix et trouver toujours des consommateurs, c'est qu'à l'heure présente la consommation du maïs (aliment de qualité inférieure certainement) diminue devant la consommation de la farine de blé aux États-Unis.

Il s'en faut également que la consommation du sucre, même dans les pays où l'on en mange beaucoup, soit arrivée à son maximum. Il s'en faut que chacun mange autant de viande qu'il serait bon pour lui permettre de lutter contre les germes qui flottent autour de nous et qui nous envahissent, à commencer par les germes de la tuberculose. Il y a encore, dans une foule de pays dont la civilisation est bien peu avancée, des populations misérables sans vêtement ou presque, qui souffrent du froid; et on les trouverait facilement, sans descendre bien loin dans le sud de notre Algérie.

Il faut que le machinisme se développe, notamment dans le domaine de l'agriculture; on est en bonne voie en cette matière, sous la forme des applications de l'automobilisme; de même on a commencé à pratiquer la cueillette du coton à la machine. L'agriculture peut bénéficier d'une foule de découvertes scientifiques, et les expériences que l'on poursuit depuis bien des années au sujet de l'influence du courant électrique sur la végétation peuvent donner des résultats utiles au point de vue auquel nous nous plaçons. Le prix de la force motrice, du courant électrique appliqué à tous les usages, doit s'abaisser encore; la constitution d'usines centrales mieux entendues, comme on commence d'en trouver aux États-Unis, envoyant leurs conducteurs de distribution sur des surfaces très vastes, peuvent faire bénéficier le consommateur d'une production sur de plus vastes proportions. On est, d'ailleurs, en train d'améliorer les méthodes de transport du courant.

D'autre part, combien de sous-produits dont nous ne tirons pas parti, dont tout au moins on ne tire parti qu'exceptionnellement? On pratique la politique de la dilapidation; les Américains commencent de s'en apercevoir. Les tentatives que l'on a faites, récemment, pour tirer des eaux d'égout toutes les graisses résiduaires utilisables au point de vue industriel, sont bien une preuve du champ énorme qui s'ouvre encore à l'utilisation des sous-produits divers. On peut étrangement augmenter la rapidité, pourtant déjà très grande, de nos moyens de transport; et, en augmentant cette rapidité ne pas augmenter le prix de revient, ce qui en fait est un abaissement du prix, le temps étant un facteur avec lequel il faut compter, surtout quand il s'agit de capitaux sous la forme de produits périssables. La rapidité de toutes les fabrications peut croître; la preuve en est ce métier à filer à anneaux, imposant, il est vrai, un peu de brusquerie à la matière première, mais qui a un débit bien plus élevé que les métiers antérieurs. L'automatisme des machines peut faire des progrès; la preuve en est également des métiers à tisser nouveaux, qui peuvent être au nombre d'une cinquantaine sous la direction d'une ouvrière, d'un apprenti et d'un contremaître.

Les procédés de synthèse, qui ont donné déjà des résultats si précieux, pourront être certainement de plus en plus mis à contribution; le camphre synthétique est déjà à peu près entré dans la consommation; que l'on songe également, qu'après des

années et des années d'études, il est vrai, des
industriels allemands sont arrivés à fabriquer le
caoutchouc synthétique, qui se présente dans les
meilleures conditions. La nature nous offre en abondance des matières premières ; c'est à nous d'apprendre à les utiliser, à produire, sous la forme
la plus économique possible, de quoi satisfaire à
ces besoins matériels dont nous parlions tout à
l'heure. Il est possible que l'éclairage au moyen des
bactéries, par exemple, nous donne des résultats
précieux ; il n'est pas impossible de songer à la
production directe de l'électricité, en partant par
exemple du charbon. La formation des nitrates
empruntés à l'air nous montre sans doute une voie
dans laquelle on s'engagera avec le plus grand profit. Bien entendu, en tout cela, rien de gratuit :
toujours l'effort indispensable imposé à l'homme.
C'est grâce aux écoles déjà faites, et dans les voies
déjà suivies, qu'il peut arriver à ce que cet effort
soit plus productif, autrement dit à ce que, suivant
le mot des économistes, il réalise le moindre effort
pour un résultat donné.

Tout le progrès déjà acquis, tout le progrès que
nous pouvons escompter dans l'avenir, nous le
devrons non seulement à l'esprit d'invention, à
l'ingéniosité de l'homme, mais encore à cette bienfaisante concurrence qu'on avait essayé jadis
d'annihiler, et que quelquefois encore des esprits
rétrogrades songent à faire disparaître. Pour que
la société et l'industrie modernes se développent, il
ne faut pas de communisme, pas de socialisme, pas
de collectivisme ; pas de suppression de l'initiative

individuelle; pas de protectionnisme non plus, dont nous avons montré l'effet nocif sur la concurrence. Il faut l'intérêt individuel s'harmonisant forcément avec l'intérêt général; pas de dilapidation; tirer le meilleur parti possible de tout ce qui est à notre portée, mettre à la disposition de chacun plus de richesses, de bien matériels. Elles sont toutes en puissance dans le milieu où nous vivons; c'est l'industrie qui les en fait sortir à notre profit; et, comme l'a dit Seguin, un homme de génie qui a apporté sa puissante contribution à l'évolution industrielle, « l'évolution du monde est faite de l'évolution de l'industrie. »

FIN

TABLE DES MATIÈRES

Bibliothèque de Philosophie scientifique

DIRIGÉE PAR LE Dr GUSTAVE LE BON

SCIENCES PHYSIQUES ET NATURELLES

BACHELIER (Louis), Docteur ès sciences. Le Jeu, la Chance et le Hasard.

BELLET (Daniel), prof^r à l'École des Sciences politiques. L'Évolution de l'Industrie.

BERGET (A.), professeur à l'Institut océanographique. La Vie et la Mort du Globe (6e m.).

BERTIN (L.-E.), de l'Institut. La Marine moderne (54 figures) (5e mille).

BIGOURDAN, de l'Institut. L'Astronomie (50 figures) (5e mille).

BLARINGHEM (L.). Les Transformations brusques des êtres vivants (49 figures). (5e mille).

BOINET (D^r), prof^r de Clinique médicale. Les Doctrines médicales (6e mille).

BONNIER (Gaston), de l'Institut. Le Monde végétal (230 figures) (8e mille).

BOUTY (E.), de l'Institut. La Vérité scientifique, sa poursuite (5e mille).

BRUNHES (B.), professeur de physique. La Dégradation de l'Énergie (7e mille).

BURNET (Dr Étienne), de l'Institut Pasteur. Microbes et Toxines (71 fig.) (5e mille).

CAULLERY (Maurice), professeur à la Sorbonne. Les Problèmes de la Sexualité.

COLSON (Albert), professeur à l'École Polytechnique. L'Essor de la Chimie (5e m.)

COMBARIEU (J.), chargé de cours au collège de France. La Musique (10e mille).

DASTRE (Dr A.), de l'Institut, professeur à la Sorbonne. La Vie et la Mort (13e mille).

DELAGE (Y.), de l'Institut et GOLDSMITH (M.). Les Théories de l'Évolution (7e mille).

DELAGE (Y.), de l'Institut et GOLDSMITH (M.), La Parthénogénèse.

DELBET (P.), professeur à la F^é de Médecine de Paris. La Science et la Réalité.

DEPÉRET (C.), de l'Institut. Les Transformations du Monde animal (7e mille).

ENRIQUES (F.). Les Concepts fondamentaux de la Science.

GUIART (D^r). Les Parasites inoculateurs de maladies (107 figures) (5e mille).

HÉRICOURT (Dr J.). Les Frontières de la Maladie (8e mille).

HÉRICOURT (Dr J.). L'Hygiène moderne (10e mille).

HOUSSAY (F.), professeur à la Sorbonne. Nature et Sciences naturelles (7e mille).

JOUBIN (Dr L.), professeur au Museum. La Vie dans les Océans (45 figures) (5e mille).

LAUNAY (L. de), de l'Institut. L'Histoire de la Terre (10e mille).

LAUNAY (L. de). La Conquête minérale.

LE BON (Dr Gustave). L'Évolution de la Matière, avec 63 figures (24e mille).

LE BON (Dr Gustave). L'Évolution des Forces (42 figures) (13e mille).

LECLERC DU SABLON (M.). Les Incertitudes de la Biologie (21 figures).

LE DANTEC (F.). Les Influences Ancestrales (12e mille).

LE DANTEC (F.). La Lutte universelle (10e m.)

LE DANTEC (F.). De l'Homme à la Science (8e mille).

MARTEL, directeur de *La Nature*. L'Évolution souterraine (80 figures) (6e mille).

MEUNIER (S.), professeur au Muséum. Les Convulsions de la Terre. (35 fig.) (5e m.).

OSTWALD (W.). L'Évolution d'une Science, la Chimie (8e mille).

PICARD (Émile), de l'Institut, professeur à la Sorbonne. La Science moderne (11e mille).

POINCARÉ (H.), de l'Institut, prof^r à la Sorbonne. La Science et l'Hypothèse (24e mille).

POINCARÉ (H.). La Valeur de la Science (18e mille).

POINCARÉ (H.). Science et Méthode (11e m.).

POINCARÉ (H.). Dernières Pensées (8e mill.)

POINCARÉ (Lucien), d^r au M^{re} de l'Instruction publique. La Physique moderne (15e m.).

POINCARÉ (Lucien). L'Électricité (11e mille).

RENARD (C^t). L'Aéronautique (68 figures) (6e mille).

RENARD (C^t). Le Vol mécanique. Les Aéroplanes (121 figures).

ZOLLA (Daniel), professeur à l'École de Grignon. L'Agriculture moderne.

PSYCHOLOGIE, PHILOSOPHIE ET HISTOIRE
Voir la liste des ouvrages page 3 de la couverture.

4053. — Paris. — Imp. Hemmerlé et Cie. — 3-14.